职业经济研究

齐经民 等 著

经济日报出版社
· 北 京 ·

图书在版编目（CIP）数据

职业经济研究 / 齐经民等著 . -- 北京 : 经济日报出版社，2025.5

ISBN 978-7-5196-1381-5

Ⅰ . ①职… Ⅱ . ①齐… Ⅲ . ①职业—经济学—研究报告 Ⅳ . ①C913.2 ②F24

中国国家版本馆 CIP 数据核字（2023）第 228953 号

职业经济研究

ZHIYE JINGJI YANJIU

齐经民　等 著

出版发行：经济日报出版社
地　　址：北京市西城区白纸坊东街 2 号院 6 号楼
邮　　编：100054
经　　销：全国各地新华书店
印　　刷：三河市国英印务有限公司
开　　本：710mm × 1000mm　1/16
印　　张：17.5
字　　数：286 千字
版　　次：2025 年 5 月第 1 版
印　　次：2025 年 5 月第 1 次
定　　价：66.00 元

本社网址：www. edpbook. com. cn，微信公众号：经济日报出版社

本书如有印装质量问题，由我社事业发展中心负责调换，联系电话：（010）63538621

前　言

多年来，我们一直研究职业经济问题，探究合理提高和实现职业效益的可持续发展的富裕之路。党的二十大以来，时逢全面建设社会主义现代化国家新征程，面对新时代新发展阶段的新要求，职业经济研究面临新的发展机遇。我们在多年职业经济研究认知的基础上，探究新时代新征程的全体人民共同富裕之道，这本《职业经济研究》就是在新时代新发展阶段持续研究职业经济的一个新成果。

本书研究内容围绕五个部分：（1）聚焦新时代新征程全体人民共同富裕发展要求。（2）传承创新中华优秀传统文化。（3）探究总结职业经营成功之道。（4）补充完善职业经济学内容要点。（5）探索培养高质量人才。

不足之处欢迎批评、指正。在此基础上我们会继续深入探究职业经济的内容，诸如职业经济关系、职业效益影响因素、职业效益评价、职业效益提高和实现、职业经济秩序和规律、职业经济学教育、职业经济管理及其政策，以及一系列的细分问题。欢迎有志于此的专家、学者加入，为发展职业经济学研究与教育事业贡献一份力量。

燕山大学职业经济研究中心主任

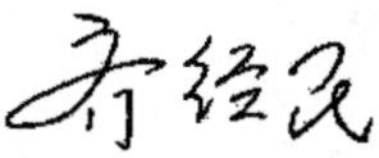

2025 年 4 月 9 日

目 录

第一章

职业经济研究的基本问题

改革开放以来，笔者一直关注从业致富活动的问题，立足我国、面向世界，针对资源有限与可持续求富发展等矛盾，从经济学的视角探究人们合理从业致富的职业经济问题。包含职业经济的现象问题、基本要点、学科特性及其作用、系统方法和应用的系列内容，探索可持续发展的从业富裕生活之路，[1]助力人们合理从业、永续美好富裕的幸福生活。

一、职业经济研究的来源

职业经济研究源于中华优秀传统文化，源于人生持续求富生活的实践要求。

1. 源于中华先贤的经济文化

中华民族在地球家园生息发展已经有几千年的文明历史，先人们在生活中积累了大量经典的经济文化，代代相传。笔者从小就从父辈人身上得到见证，他们从早到晚，操持忙碌，如经营房前屋后等农田，生产粮食、蔬菜、水果等农作物，遵照节气时令安排农事，精耕细作，求得好收成，要求我们消费讲节约、不乱花钱、细水长流吃穿不愁等。这些都是从祖上传下来的，中华先贤很早就提出了一系列的关于人生的经济文化，诸如下列。

（1）中华先贤经济文化的要点

西周的《国语·周语》中说，“夫利，百物之所生也，天地之所载也”，说的是利益表现为各种东西的财富，来源于天地之中。[2]战国的《管子·水地》中说，“地者，万物之本原，诸生之根菀也”，[3]说的是万物来源于土地，土地是产生万物的根本。这里主要讲的是财富来源。

《管子·八观》中说，“民非作力毋以致财，天下之所生，生于用力，用力之所生，生于劳身”，“力地而动时，则国必富”。[4]说的是民不用力劳作

[1] 笔者研究指出，富裕是人类生活一直追求的一个基本目标，大多数人还没有完全富裕起来，摆脱贫困，求富发展，仍是人类社会发展所需要解决的一大基本问题，讲求职业经济是一条基本的求富之路。见齐经民．贫困人口致富探讨——论讲求职业经济问题［J］．社科纵横，1997（1）：33.

[2] 胡寄窗．中国经济思想史简编［M］．北京：中国社会科学出版社，1981：4.

[3] 胡寄窗．中国经济思想史简编［M］．北京：中国社会科学出版社，1981：130.

[4] 赵靖．中国经济思想史述要（上）［M］．北京：北京大学出版社，1998：138、139.

就不能生财致富，国家之所以生存，就在于人民用力劳作生产财富，按农时利用土地大量生产谷物，国家就富了。西周的《大戴礼·武王践祚·履屦铭》中说，“慎之劳，劳则富”，[1]说的是辛勤的劳动使人富裕。这里主要讲的是富民富国之道。其中，就“土地＋劳力”的“力地而动”的财富来源的经典之说，比英国17世纪的威廉·配第（William·Petty）的“劳动是财富之父，土地是财富之母”的生财之说早约2000年。

北魏先贤贾思勰在他的农书《齐民要术·种谷》中说，“顺天时，量地利，则用力少而成功多”“任情反道，劳而无获”，[2]说的是农业生产要遵循自然节气变化秩序和规律，利用好土地资源条件，因地制宜，不失时机地进行农业生产，用较少的耗费获得较多的收入，强调不能违背自然节气变化秩序和规律与土地资源条件进行农业生产，否则会没有收成，白白浪费生产资源。这蕴含了土地有限，要充分认识“度”“量”和利用好的思想。这里主要讲的是如何实现农业生产的经济效益，包含了“天人合一”的思想，是中华优秀传统文化中的一部分。

鲁国的《墨子·七患》中说，“固本而用财，则财足”“生财密，用之节”，[3]这里的“本”是指农业生产，说的是国家和人民的贫富取决于生财与用财的两个方面，农业生产搞得好，财富的使用消费又适当，财富就充足，并强调增加生产与节约消费。战国的《大学》中说，[4]“生财有大道，生之者众，食之者寡，为之者疾，用之者舒，则财恒足矣”，说的是生财用财之道，生财的人多，消费的人少，生财的人勤奋劳作，消费的人节俭，财富就会经常保持充足。这与上述的墨子之说是一致的。先秦诸子有这样认识的人不少，荀况说的是“强本节用”，[5]主要讲的是做好生产与消费而保持财富充足的门道。

上述可知，中华先贤很早就对关于财富来源、富民富国、经济效益、生产与消费等诸多基本经济问题作了阐述，言简意赅，形成了中国的经济学，是先贤们的思想集成。为后人留下厚重的经济文化财富，值得珍惜。人生经

[1] 胡寄窗．中国经济思想史简编［M］．北京：中国社会科学出版社，1981：284.
[2] 石声汉．齐民要术（上）［M］．石定扶，谭光万补注．北京：中华书局，2015：81.
[3] 赵靖．中国经济思想史述要（上）［M］．北京：北京大学出版社，1998：72.
[4] 刘俊田．四书全译［M］．贵阳：贵州人民出版社，1988：21.
[5] 赵靖．中国经济思想史述要［M］．北京：北京大学出版社，1998：2.

济之道，万变不离其宗，历经沧桑，更显精要，值得我们传承和发扬光大。中华先贤的经典经济思想是人类的先见之明，奠定了人生基本的经济思想，这是职业经济研究的根基和思考的一个源泉。

（2）财富来源的生财公式与约束条件[1]

在中华先贤的经典经济思想文化中，包含深刻的丰富的思想内涵，其中，蕴含一个财富来源的生财公式与约束条件，见式（1–1）和式（1–2），值得提炼与发扬光大。

$$土地 + 劳身 \rightarrow 财富（管子） \quad（1–1）$$

$$土地 + 用力 \rightarrow 财富（贾思勰） \quad（1–2）$$

式（1–1）源于管子的“力地而动”之劳身，式（1–2）源于贾思勰的作物生产用地与用力，两者所表达的都是农本思想主导中国古代的财富生产，谷物是财富的象征，财富源于劳作者耕种土地的生产劳作，认识比较自然与古朴。

从现代的视野和财富的生产劳动要素构成上认识，可以调整转化为适合现代分析认识的财富来源公式（1–3）。式（1–1）和式（1–2）都表明财富源于土地与人力劳作的两个方面。一是源于外界的资源，包括田地、草原、山林、河流、海洋等，也就是自然资源；二是源于人类自己的生产劳作，人类生产劳作的实质是人力资源的作用。因而，可把式（1–1）和式（1–2）财富生成的公式修改或转化为：

$$自然资源 + 生产资料 + 人力资源 \rightarrow 财富 \quad（1–3）$$

用汉语字母表示财富来源，见式（1–4），C 表示财富，Z 表示自然资源，S 表示生产资料，R 表示人力资源，则：

$$C=Z+S+R \quad（1–4）$$

由这一财富生成式（1–4）可知，财富源于自然资源、生产资料、人力资源，要获得财富就必须要有自然资源、生产资料与人力资源。其中，自然资源是自然生成的地下、地表与地上空域中所有被人所用于生产的东西，分为地、山、水、气、光、风、矿与生物等；生产资料是人生产出的劳动物品，分为劳动设施、器具与材料用品等。

---

[1] 齐经民．职业经济学（第二版）[M]．北京：经济科学出版社，2004：2，以及《职业经济学》教学 PPT。

中国人讲的“天上不会掉馅饼”，外国人讲的“没有免费的午餐”，说的都是一个意思，即没有白得的食物或财富，食物或财富的获得是有代价的。

在地球家园的生存条件下，自然资源是既定的、有限的，决定了劳动对象、劳作资料的有限性，人力资源作为具有一定劳作能力的人也是有限的。所有这些资源并不是取之不尽、用之不竭的，这就致使财富来源的生产是有限的。自然资源、生产资料与人力资源的有限性是财富生产供给的限制约束条件。

2. 源于人生持续求富生活的实践要求[1]

持续求富发展是人类生活共同的永恒课题。1995 年 3 月，联合国社会发展世界首脑会议在丹麦首都哥本哈根举行，大会发出倡议，要消除贫困，并把 1996 年定为“国际消除贫困年”。中国积极支持联合国关于消除贫困的全球倡议，并承担自己的责任，现在我国已经实现了全面脱贫，全体人民正在共同富裕发展的实践中，追求人类共同富裕的美好幸福生活。

无论采取什么方式和手段求富，都要向资源索取财富，通过资源转化获得收入。从根本上说，求富就是要增加收入，这就必须要增加资源的开发利用。人类生活的历史显示，自然灾害、战争、生产开发利用等改变人类生存的环境和条件，如洪水冲毁土地、战争损毁田园等，除了不可抗拒的自然灾难外，影响最大的是人类大量开发利用自然资源，尤其是工业革命以来科学技术发展，人类开发利用自然资源的能力增强，出现了过度开发利用自然资源及其派生的不良现象，如毁林种地和废物、废水、废气大量排放，全球气候变暖，影响生态，危及当代人生活及其子孙后代的生存发展。

据联合国预测和有关资料，[2] 世界人口在 2030 年将从 76 亿人上涨至 86 亿人，2050 年达到 98 亿人，2100 年将达到 112 亿人；世界人口每年增长人数大约为 8300 万人。在 2019 年新冠疫情暴发之前，预计有 1/5 的国家

---

[1] 齐经民：求富与可持续发展的矛盾与出路——中国农村工业化出现的问题与对策研究［J］. 未来与发展，1997（4）：18-20；讲节约反浪费［N］. 中国消费者报，1997.11.27；中国的求富与可持续发展的矛盾和出路［J］. 经济研究资料 1999（10）：14-18；我国求富与可持续发展的矛盾及其对策［J］. 西北人口，2000（1）：6-8；公民参与可持续发展的一种基本方式：科学讲求职业经济［J］. 未来与发展，2002（4）：4-6；等。

[2] 资料来源于联合国网站的事实和数据。

2020年的人均收入会停滞或下降，这些国家有数十亿贫困人口。人类的地球家园在持续加大人口生活的负荷，持续求富与持续发展面临严峻的挑战。

人类生活出现了一个很大的矛盾：一方面是随着人口增加和生活需求增长，包括当代人的吃、穿、住、行等各方面的生活需要，还包括未来人类的生活需要；另一方面是生产财富的自然资源、生产资料与人力资源的有限性，尤其是一次性的矿物资源越来越少，还存在人类损失浪费资源的现象。人民不仅要生活好，富裕起来后还要保持富裕，要保障供给，这是中国人民和世界各国人民共同面对的一个基本的人生问题。

联合国高度重视可持续发展。早在1987年，世界环境与发展委员会向联合国提交的《我们共同的未来》报告中提出，公民参与可持续发展的要求。1992年，联合国环境与发展大会通过的实施可持续发展行动纲领的全球《21世纪议程》强调了公众参与可持续发展的重要性，号召政府加强与社会各界的合作，广泛提高公众的意识，呼吁全社会共同参与可持续发展。1994年，《中国21世纪议程》经国务院常务会议审议通过后开始实施，我国政府特别重视和强调公众参与可持续发展。

二、职业经济研究的现象和问题

职业经济现象和问题是人类社会共存的，不论居住在什么地方，不论人的肤色、语言和姿态多么不同，都要学习、就业、工作、生活，都要讲求职业效益，都要处理好职业经济关系，都要改善生活和提高生活质量，都要富裕起来，这是人类共同关心和面临的问题，都需要研究和探讨。[1]

1. 研究现象

研究现象即职业经济，是细分的一种经济。经济有多种含义，《辞海》[2]中有多种解释：①经世济民、治理国家；②节约；③社会生产关系的总和；④生产、分配、交换、消费等经济活动；⑤一个国家国民经济的总称，或指农业经济、工业经济等国民经济的各部门。从人生来讲，经济是指

---

[1] 齐经民．职业经济学（第一版）[M]．兰州：兰州大学出版社，1992：15.

[2] 辞海编辑委员会编．辞海[M]．上海：上海辞书出版社，1999：3304.

人为满足生活需要进行的生产劳作和生活消费的现象。

职业经济研究的现象是职业的经济性[1]外化存在的现象。职业是经济事物，经济性是职业的本性。经济简言之即生计活动。职业劳作充分显现它的经济本质，人类世世代代，从早到晚，操持忙碌，从事各种职业劳作，保障生活，正如“从业为生”“饭碗”“就业是最基本的最大的民生”的多种说法，表达的都是职业的经济内涵特质。职业是人谋生的产物，应人们的生活需要而出现，是人们收入的来源。追溯源头，最早从事的职业是原始农业，即从自然资源中获取生活物品，如采集、狩猎、捕鱼等。当人们从事的某一事业成为保障生活的稳定来源时，一种职业就出现了，它是经济驱动的产物。人类最基本的经济活动是从业获得收入保障生活的职业劳作。职业生成时就注定了它的经济本质及其本性。

职业经济指的是人从业为生的职业经济活动，是从业准备到职业收入消费满足生活需要的全过程活动，主要包括职前的职业资本学习造就、择业就业的职业配置、就职后的劳作经营，以及职业收入消费满足生活需要的职业效益实现活动等。其具有以下基本特点：

（1）以从业者自己为基本经济单位。各个从业者作为职业的主体，在各行各业的职业岗位上从事职业劳作经营，有其特定的职务、职权、职责、职利等，是不可替代的和不能划分的最小的劳作单位，是最小的经济单元。

（2）核心是职业效益。职业效益是从业者从事职业活动追求的效果利益，基本含义是劳动者从业劳作低耗费、高效率、多受益，从业者总是谋求用较少的职业耗费获得较多的职业收入，围绕讲求提高和实现职业效益从事自己的职业经济活动，职业效益是核心内容。

（3）是千家万户维持生计的民生经济。生活离不开职业，人的收入主要来源于职业，因而人们都要有职业和不断地从事职业劳作，把各种形式的资源转化为财富，获得收入，供给和满足生活需要，从业为生。职业经济活动伴随人生持续存在和发展。

（4）遍及天涯海角。作为民生的自然现象，伴随人的谋生足迹遍及天南海北，分布在不同资源地区，居田野务农、居草原畜牧、居河畔养鱼、居山间经营林果等，形成特色鲜明的各种职业分布区域。

---

[1] 齐经民．职业经济学（第二版）[M]．北京：经济科学出版社，2004：38.

以上几个方面表明，职业经济有它的特殊性。它比企业经济发生早，比国民经济微小，连通生产、分配、交换、消费等各个经济环节和领域。实际上，职业经济就是以从业者为主体因素的职业这一最小的经济单位的经济现象，即是职业的经济性存在表现或外化现象。

2. 研究问题

职业经济研究的问题是人的职业经济活动的一系列具体内容。核心是讲求提高和实现职业效益，目标是生财增收，目的是满足生活需要，包括围绕讲求提高和实现职业效益的职前认识职业、了解职业资源职业资本学习造就、择业就业的职业配置、就职后职业劳作经营，以及职业收入消费的满足生活需要的职业效益实现活动。其是以讲求提高和实现职业效益为核心的系列要点。具体分为职业认识、职业资源、职业资本、职业配置、职业劳作、职业经营、职业效益、职业收入消费、职业发展、职业文化，以及职业经济活动的秩序和规律。

职业效益通过职业活动的所获收入与所用耗费的比较反映，由二者的比较结果或比值表现，[1] 用字母 $zyxY$ 表示职业效益，用 N 表示所获收入，用 M 表示所用耗费，则：

$$zyxY=N-M \text{ 或 } zyxY=N/M \quad (1\text{-}5)$$

式中：N 包括钱财、实物等，M 包括人力、器具、设施、材料用品等。$zyxY=N-M$ 表达的是实际收益，反映职业经济活动的实际收益数额状况；$zyxY=N/M$ 表达的是收益程度，反映职业经济活动的盈亏度情况。

在有利于自然环境与社会和谐的正常情况下，职业效益 $zyxY$ 一般有三种情况：在价值量上，①当 $N>M$ 时，即收益多于耗费，职业效益为正；②当 $N=M$ 时，即收益等于耗费，职业效益为临界状态；③当 $N<M$ 时，即收益少于耗费，职业效益为负。其中，第一种职业效益好，第二种职业效益一般，第三种职业效益差。

职业效益是复杂的经济问题，与多种因素有关，它是个变量。实际表明，决定和影响职业效益的因素主要有职业资源职业资本、职业配置、职业劳作、职业经营、职业收入消费、职业发展、职业文化，以及个人、组织与

---

[1] 齐经民．职业经济学（第二版）［M］．北京：经济科学出版社，2004：12.

管理等相关因素，它们之间存在着一定的函数关系。[1]若用 zyxY 表示职业效益，用 X 表示决定和影响职业效益的因素，用 f 表示决定和影响职业效益因素的作用率，则：

$$zyxY=fX \tag{1-6}$$

具体展开式为：

$$zyxY = fX = f_1X_1 + f_2X_2 + \cdots f_nX_n = \sum_{i=1}^{n} f_iX_i$$

这个数学模型中，具体实际中的诸多变量因素 X，对职业效益影响作用大小不一样，表现在作用率 f 的参数大小，差异较大，分析和计算复杂，需要进行定性和定量研究，既要定性确定变量因素 X，又要算出它的参数 f。

对此可从不同视角研究，从具体职业探究，如高校教师职业效益函数关系模型；从行业的视角研究，如种植业的职业效益函数关系模型。要算出众多行业的职业效益函数关系的一般数学模型的参数比较复杂，但是价值很大，如可以认识和分析有关方面的依存度等。

三、职业经济研究的基本要点

职业效益是职业经济学的核心内容，表现为复杂的经济社会现象，它包含着错综复杂的职业经济关系和矛盾，直接牵涉职业劳作者、社会消费者和人类环境等因素。只有深入认识，处理好多方面的关系，才能创造和实现最佳的职业效益，做到天人合一，永续美好富裕的幸福生活。

1. 职业经济的自然社会秩序格局

人的职业劳作是在自然界的人类社会里进行的，与自然世界、社会生活存在密切关系。一方面，职业劳作以自然世界提供的资源为前提条件，生产人们生活所需的财富，供给和满足人们的社会生活需要；另一方面，人类将生活垃圾、职业垃圾排放到自然世界，对自然环境产生不良影响。见图 1-1，人类要认识自然、尊重自然、因势利导、有限度地利用自然资源，天人合一，永续发展，营造职业经济的自然社会秩序格局。

---

[1] 齐经民．职业经济学（第二版）[M]．北京：经济科学出版社，2004：13.

图 1–1　职业经济的自然社会秩序格局

资料来源：齐经民，等．职业效益讲求及评价［M］．北京：经济科学出版社，2006：26.

2. 职业经济的基本关系秩序

职业经济的供需服务关系是最根本的职业经济秩序。各种职业与人民生活需要一一对应，围绕人民生活需要分工排列与协作组合，互为服务，各得其所，满足生活需要而紧密有机联系在一起，形成人与人的组织和人为人的体系。见图 1–2、图 1–3，这是职业经济中存在的人与人共存和人为人共生的法则。

图 1–2 中，分工线（直线）是职业与人民生活需要对应并立排列的连线，协作线（环线）是职业围绕人民生活需要相互联系与配合连成的环线。职位（交点）是职业围绕人民生活需要分工线与协作线的交点，它包含两个方面的基本职业经济关系：一方面是职业满足人民生活需要的服务关系，另一方面是职业之间分工合作的关系。从业者是在职业的相互分工合作中适应、供给和满足人民生活需要，保障人民美好富裕的幸福生活。这是人与人的共存秩序。

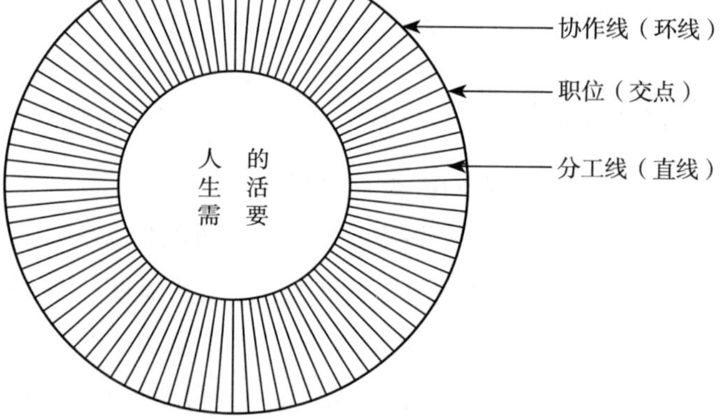

图 1–2　职业经济的基本关系秩序

资料来源：齐经民，郑涛，等．效在多方 益在多处：公民职业经济学［M］．北京：经济科学出版社，2016：46.

图 1–3 中，人们从业为生的分工合作一体化社会，不同于自然经济社会，从业者的劳作者与消费者双重身份异化，互为存在条件，互相提供劳作服务，通过交换，各得其所，各获其益，在相互服务的关系中满足生活需要。从业职业劳作必然以人的需求为事业立点，先为人，后为己，为人之中为自己，是从业为生法则。这是人为人的共生秩序。

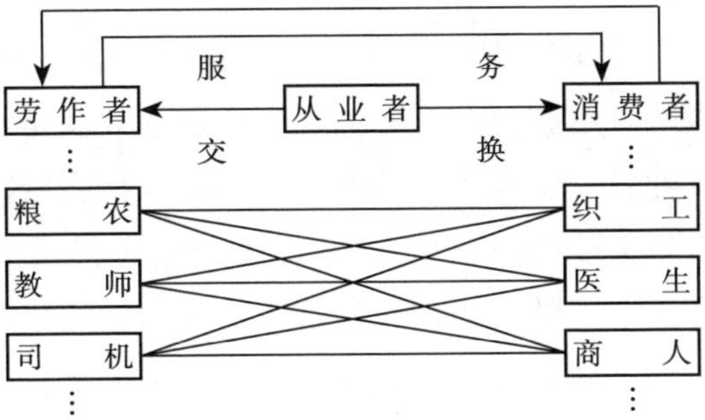

图 1–3　从业者的双重身份及其服务关系

资料来源：齐经民．职业经济学（第二版）［M］．北京：经济科学出版社，2004：64.

3. 国民经济体系的职业分工格局

国民经济是由职业单位构成的高楼大厦，见图 1–4。职业单位是最基本的组成因素，职业单位构成企业等职业组织，职业组织构成行业，行业是产业的组成部分和存在形式，产业构成国民经济体系。

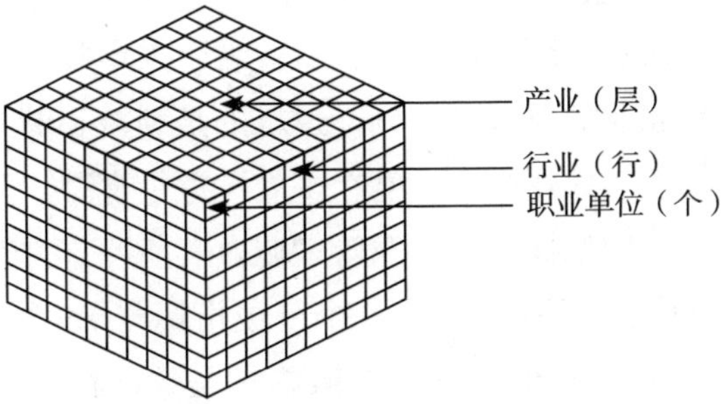

图 1–4　职业的国民经济秩序格局

资料来源：齐经民，郑涛，等．效在多方 益在多处：公民职业经济学［M］北京：经济科学出版社，2016：451.

其中，每个方格意为个体或企业等职业组织的职能单位，每行方格意为行业，每层方格意为产业，整体意为国民经济体系。它是职业分工合作、相互关联、共同作用形成的关系和结构，表现为全社会的错综复杂的庞大的国民经济体系的存在格局。

4. 职业效益评价模型[1]

职业效益是指从业者在适应、供给和满足他人需要的职业劳作中获得的益处。参见图 1-3，从业者与他人存在互利服务关系，职业效益是互利服务的共享性职业效益，它的实现必然是“效在多方、益在多处”。这样的职业效益是和谐的持久的。这种互利服务的共享性职业效益是职业效益评价依据的基本理论。从从业者、合作者、消费者、国家、社会居民与未来人的多方面的主体因素来讲，叫作多元职业效益评价理论，包括评价原则、评价依据、评价对象、评价者、评价指标、评价方法等内容的职业效益评价体系。可概括为：职业效益“效在多方、益在多处”评价模型。

以企业管理者职业效益评价为例，根据职业效益“效在多方、益在多处”评价模型要求，解析“效在多方”的受益主体与“益在多处”的益处所在，能够体现“效在多方”的受益主体所在（见图 1-5）和“益在多处”的益处所在（见图 1-6），正是职业效益评价指标所在。图 1-5 表达的是效在多方的七圆图中，意为职业效益为圆糕，从业者、合作者、消费者、国家、居民与未来人的多方受益主体共同分享。图 1-6 表达的是益在多处的益处所在，资金、物品等受益主体不同，益处表现有所不同。如消费者获得物美价廉的物品等，国家代表公民社会获得税收等，合作者分享盈利等，居民获得就业机会等，未来人获得环境保护等，从业者个人增收等，和谐分享，职业效益评价的实质是职业效益分享评判，追求的是利益和谐共享。

运用这个职业效益“效在多方、益在多处”评价模型，要根据评价对象的具体情况细分确定评价指标。以企业管理职业效益评价为例，按照“效在多方、益在多处”的准则，可细分为 8 个一级指标与 16 个二级指标，8 个一级指标是“效在多方”所在，16 个二级指标是“益在多处”所在。加权平均法是切合实际的实用方法，通过调查统计实施评价。我们已对某乡镇的

[1] 齐经民．职业经济学（第二版）［M］．北京：经济科学出版社，2004：196-198；齐经民，郑涛，等．效在多方 益在多处：公民职业经济学［M］．北京：经济科学出版社，2016：22-27；齐经民，刘新建．职业经济解析——国计民生基本问题研究［M］．北京：经济科学出版社，2018：（前言）9-11.

管理职业效益进行了评价，[1]评价结果大体反映民情实际，效果良好，实践证明可用可行。

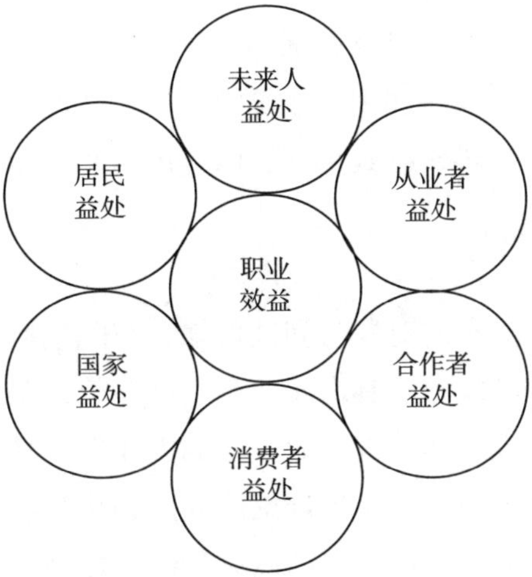

图 1-5 职业效益“效在多方、益在多处”评价模型

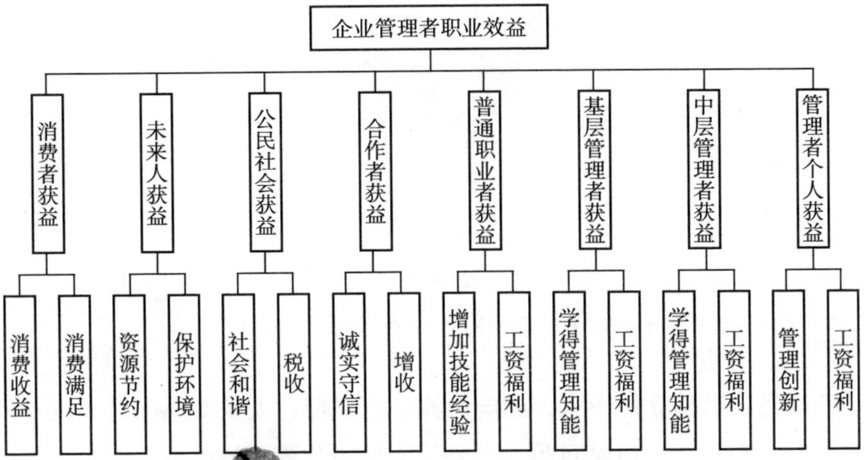

图 1-6 企业管理职业效益评价指标体系

资料来源：人力资源管理课程教学讲稿 PPT [Z]。

---

[1] 齐经民，郑涛，等.效在多方 益在多处：公民职业经济学 [M].北京：经济科学出版社，2016：408-419.

四、职业经济学特性及其作用

从经济学的视角研究合理从业，科学讲求提高和实现职业效益，上升到科学的高度就是职业经济学研究，阐述以讲求职业效益为核心的职业经济活动的基本过程、要点、秩序和规律性等问题。职业经济学是一门理论与应用相结合的综合性经济学科，有其特性、内容体系和作用。

1. 职业经济学特性

从上述的职业经济学的对象与问题可知，其既包括关于职业经济的基础理论问题，如职业经济现象及其内涵要点、秩序等；又包括关于职业经济应用问题，如合理讲求提高和实现职业效益的方式等。其中，基础理论研究是应用研究的基础，应用研究是基础理论研究的必然要求，这两个方面有机统一，构成职业经济学的内容体系，即以科学讲求提高和实现职业效益为核心的内容体系。职业经济学是一门关于人从业为生的理论与应用相结合的综合性经济学，见图 1-7。

图 1-7　职业经济学的内容构成

资料来源：齐经民．职业经济学第一版（M）．兰州大学出版社，1992：7.

职业经济学是立足中国，面向世界，研究探讨人类共同面对和设身处地从业为生的职业经济现象问题，主要基于我国改革开放以来人们职业经济实践开辟研究的一门新的经济学，是深植中华大地具有中国特色的新兴的经济学。

职业经济学与劳动经济学、消费经济学、经济社会学等学科不同，主要在于其独立的研究对象问题，具有特定的内涵与外延，是以从业者合理讲求提高和实现职业效益为核心的系列要点的内容体系，直接为家家户户人们的从业为生服务。

当然，科学的存在不是孤立的，而是互相联系的。这是由于各学科研究现象问题不是孤立存在的，既不相同，又互相关联，反映事物的学科研究的现象问题既具有自己的特殊性，又相互关联而有一定的交叉性。职业经济学与有关学科亦存在边际性的交叉点，如“就业”“工资”“消费”“社会”等。但研究的视角和内涵不同，分属不同学科内容的范畴体系。

2. 职业经济学的内容体系

职业经济学的内容体系是关于人们从事职业经济活动的系列要点的存在形式，是以科学讲求提高和实现职业效益为核心的系统内容。

总论。对职业经济学作总的论述，内容分职业经济学的来源、职业经济学的研究现象问题、职业经济学的系统方法、职业经济学的特性与内容体系和作用、职业经济学教育应用等。

职业。职业是个非常复杂的经济事物，是社会人生的一个综合枢纽，简单的职业经济现象和复杂的职业经济问题都根源和存在于职业，是研究职业经济的一个出发点和基本点。内容分为职业定义、职业存在形式、职业分类、职业关系等。

职业资源。职业资源是从业者就业工作的基本条件，决定立业生存与职业发展，是职业经济活动的一个基础内容。内容分为职业资源划分及其概况、职业资源利用分析、职业资源绿色开发等。

职业资本。职业资本直接关系从业者的职业配置与生财创收，是讲求提高职业效益的一个根本要点。内容分为职业资本定义、职业资本链，职业资本生成积累等。

职业配置。职业配置是职业资源转化为职业资本的环节内容，关系到职业资源的使用、职业资本的增值，是讲求提高职业效益的一个重要环节要点。内容分为职业配置秩序与规则、职业配置因素、职业配置方案等。

职业劳作。职业劳作是最基本的职业经济活动，是决定职业资本生财增收和讲求提高职业效益的一个关键点。内容分为职业劳作定义、职业劳作形式、职业劳作技能以及职业劳作保障等。

职业经营。职业经营是充分利用自身与环境条件的因素进行职业经济运营的管理活动，是讲求提高职业效益的一个基本要点。内容分为职业经营定义、职业经营理念、职业经营立点、职业经营之道等。

职业效益评价。职业效益评价是对职业经济结果的评判，是对讲求提高职业效益状况认识的一个核心要点。内容分为职业效益评价依据、职业效益评价指标、职业效益评价方法等。

职业收入消费。职业收入消费是职业效益的最终实现，是职业经济活动的重要节点。内容分为职业收入形式、职业收入消费核算、职业收入消费形式、职业收入消费问题应对等。

职业发展。职业发展是职业经济活动持续进行的内容，是长期讲求提高职业效益的一个要点。内容分为职业发展形式、职业发展状况、职业发展分析等。

职业文化。职业文化牵动、支配和影响职业经济活动，直接关系职业效益与职业发展、职业前景等，是职业经济活动的一个根本要点。内容分为职业文化概念、职业文化根基、职业文化培养等。

3. 职业经济学的作用价值[1]

研究以从业者为基本单位的职业经济活动，帮助人们合理从业，科学讲求提高和实现职业效益，满足生活需要。其作用非凡，小则富足安生，大则富民强国，有利于国计民生事业发展，促进社会繁荣昌盛，造福民生。

（1）促进就业保障民生

我国每年有大量大中专毕业生跨出校门，进入职场，就业工作，还有许多重新择业或变换职业的人。全球社会的就业人口数量庞大，据联合国的数据资料，[2]2016—2030 年，全球劳动市场需要为新增待就业人群提供 4.7 亿个岗位。就业工作是全人类的人生大事。

无论是择业就业的当事人，还是国家有关管理部门，以及联合国机构，都希望人们能够顺利就业工作。本门学科研究做好职业资本积累、职业配置、职业经营等，可促进就业创业、增收富裕，保障民生。

（2）利于员工及其企业等增效发展

本门学科探索基于合理讲求职业效益的人力资源管理模式[3]等有关内

---

❶ 齐经民．职业经济学（第一版）［M］．兰州：兰州大学出版社，1992：11-15.

❷ 资料引自联合国网站的事实和数据。

❸ 齐经民，等．职业效益讲求及评价［M］．北京：经济科学出版社，2006：277-278；齐经民，等．人力资源管理［M］．北京：经济科学出版社，2007：35-37.

容，可以帮助企业等用人单位做好岗位员工的招聘、分工合作、职业经营、职业效益评价、职业发展、职业文化培训等人力资源管理工作，充分发挥员工的积极性和能动作用。人人都做增效点，在员工追求职业效益最大化的同时实现企业等职业组织单位的效益最大化，以及社会效益最大化，全面增效发展。

（3）助力国民经济和社会和谐发展进步

作为职业主体的从业者是国民经济与社会的主要主体，分布在各个行业部门的职业岗位工作，是国民经济中最小的劳作单位和最小经济单位。千家万户居民与国家的收入都来自这一最小的职业经济单位，直接关系富民强国。

研究职业经济学，探讨合理从事职业活动，科学讲求提高和实现职业效益，效在多方、益在多处。从理论上认识合理从事职业经济活动，从实践上矫正不良的职业思想行为，转变行业不正之风，促进社会文明进步。合理科学讲求提高和实现职业效益，实际上是提高职业劳作质量和协调利益关系的过程，促进职业文明发展与社会和谐进步，助力国民经济与社会和谐稳定持续发展。

（4）有利于培养高素质专业人才

职业经济活动是人生的一大基本活动，职业经济学是人生需要了解掌握的一门最基本的学科，是大中专学生等后备职业人员的一门专业教育的公共基础课。

长期以来，我国职业公共基础教育薄弱，职业指导等教育过于简单，缺乏理论深度和系统性，迫切需要进行包括职业资本、职业配置、职业经营等多方面综合素质能力内容的职业经济学的系统教育，为专业教育增加一门基本课程，加强高质量人才培养。

（5）发展经济科学

我国的经济学研究和教育主要是在改革开放后发展起来的，以引入、学习和研究国外的西方经济学内容为主，如微观经济学、宏观经济学、劳动经济学、制度经济学、经济社会学等，成为有关经济学教育的基本或主要的课程。西方经济研究的视角、内容、方法和范式也受到尊崇，对我国经济科学发展影响很大，甚至具有西方经济学色彩。当然这在特定历史时期难以避免，也促进了我国的经济研究和教育发展。

在新时代，我国经济已经成为带动世界经济发展的一大经济体，这就更应注重职业经济学等新学科研究。改革开放以来，我国经济持续发展实践生成了经济学研究的肥田沃土，深入研究耕耘，必将产出绚丽多彩的中国经济科学。我们应发展繁荣中国经济学，与中国经济发展实践同步，增加中国经济科学话语权，在世界经济学界分享中国经济学，为人类的经济科学增添中国经济学的色彩。

（6）助力人类永续富裕生活

持续从业生财增收是人类富裕生活的一个永恒主题，不论居住在什么地方，不论人的肤色、语言和姿态多么不同，都要从事职业经济活动。持续生财增收，走可持续发展的富裕之路，一直是人类共同关心和面临的问题。

职业经济学正是在全球社会的大背景下提出和研究的。既从中国的国情出发，立足于中国的实际，又面向世界，面对全球人类共同富裕生活，研究探讨人类社会共同关心和解决的职业经济问题，为人民可持续发展的富裕生活服务，造福人类。

五、职业经济学的系统方法[1]

科学研究的价值在于为人所知、被人所用、助力实践、产生实效、使人受益。特别是大众性的科学，因而不仅研究本身要下功夫，同时也要为实现其价值下功夫。职业经济学是一门基本的民生经济科学，更要尽力做到这一点，其中，适宜的方法是科学研究价值实现的桥梁。职业经济学的方法是指研究和学习职业经济学所需要掌握和运用的系列方法。主要包括关于对职业经济现象问题的基本思想认识方法、理论与实践相结合的方法、了解职业经济实际的方法、分析研究职业经济问题的方法、阐述职业经济知识内容的方法和学习职业经济学的方法。

1. 基本的思想认识方法

科学研究的主旨和精髓是实事求是。职业经济内涵因素很多，关系紧密，现象复杂，范围广泛，真正理论清晰，并不是那么容易的，必须要掌握科学的思想认识方法。

---

[1] 参见齐经民．职业经济学（第一版）［M］．兰州：兰州大学出版社，1992：16-24.

基本思想认识方法是哲学的基本思想认识方法。从实际出发，实事求是，与时俱进，分析研究职业经济的形式与内容、现象与本质、质与量、原因与结果，以及发展变化等。透过现象追究本质，抓住职业经济的主要矛盾问题，把握职业经济关系这一基本线索，提纲带目，探索职业经济方式、秩序和规律性等。还应注意有关暗物质的存在与认识问题，如“看不见的手”[1]等客观存在现象和问题。

2. 理论与实践相结合的方法

理论与实践相结合的方法是研究认识与学习的综合性的一个基本方法。理论是对存在现象问题科学认识的系统结果，一方面，来源于研究认识的实践，又用于指导实践，解决实践问题；另一方面，理论需要实践检验，不断总结，完善发展。理论的价值就在于应用于实践，解决实际问题，推动事业发展与社会文明进步，同时实现在实践中连续地发现、发明、创造和创新发展。

在教育界，教育前辈一直要求学习研究要理论与实践相结合，并将其视为学习研究的一种基本方法。改革开放后，教育发生了很大的变化，出现了许多学习研究的新方法，理论与实践相结合的方法被淡化，甚至被湮没了。理论与实践相结合的方法具有长效性，它是从多方面的社会生活实践中总结出来的，具有规则性，值得重视和坚持。

在科学研究与学习中，运用理论与实践相结合的方法，要做好两个基本要点。首先，要善于运用理论解决实践问题，如在学习研究中要重视运用好理论工具，有理有据、立论观点、走捷径，提高学习研究效率。其次，坚持把研究得出的理论结果用实践检验，在实际中应用，鉴别成立与否，完善与否，在实践中修正和完善理论，脚踏实地、实事求是、扎扎实实地研究学习，发展科学，更好地为国计民生服务。

---

[1] 亚当·斯密把自动调节商品生产经营的市场供求关系秩序喻为“看不见的手”，商品生产经营者要根据市场需要，通过价格等供求信息，按照市场供求关系秩序进行生产经营，实现各自的利益。

3. 了解实际的方法

研究职业经济，要掌握职业经济的实际情况，这是职业经济学研究的基本要求。为此，需要收集资料，进行调查，了解实际。了解实际的调查方法有多种。

（1）观察法。是通过自己的感官接触实际、了解实情、收集资料的方法。它是围绕所要了解的情况，有对象、有范围、有秩序地进行的。根据情况，观察者可以“局外人”和“局内人”的不同身份进行观察。观察、了解、收集到的是第一手资料，更为具体、生动、详细、准确、可靠。而且简便易行，生活中随时随地就可做到。

（2）访谈法。是通过访问，与有关人员交谈，了解情况、收集资料的方法。访谈可根据需要，采取直接面谈或以电话等为媒介的非直接的交谈来进行。访谈法分访问、座谈等不同形式，要做到会问、会谈、会听，争取有关人员的积极合作。访谈获得的资料比较细致、深入、充实和准确。

（3）问卷法。是通过填写问卷或调查表来收集资料的一种方法。这种方法是以预先设计的问卷或调查表为工具搜集资料的。要精心设计好问卷，根据调查了解的对象和内容确定问卷的指标、格式、类型和与之相适应的统计分析方法。问卷要简明、通俗、易懂。问卷法获得的资料规范，易于定量分析，节省人力、财力和时间，适用于大规模的普查或重点调查，是了解、收集资料的一种重要方法。

（4）实验法。是通过在设定的条件下进行操作或实际活动，从而获得实际资料的方法。实验法获得的资料是实证结果，准确可靠，根据内容特点和需要，应尽可能运用实验法。但一般来说，受人力、场所、时间等制约，不如理工科在既定的实验室中做实验方便。

（5）文献法。是通过查阅文献，了解情况而收集资料的方法。文献包括报纸、杂志、书籍、网站等。这种方法一般比较自主、方便、省力、省时，在资料可靠的情况下应采用这种方法。但收集的是“二手资料”，脚踏实地的研究先要有“一手”资料，并要有科学的态度，不可断章取义，而且要注明资料的来源。

以上几种方法各有特点，可根据实际情况灵活运用或结合起来并用，是调查了解、收集职业经济资料的基本方法。

4. 分析研究的方法

了解掌握职业经济实情，是分析研究的基础，要利用好收集的实情和资料，选择运用科学的分析研究方法，针对研究的职业经济的特点、内容、任务和目标目的，考虑分析研究方法。

（1）历史与逻辑统一的研究方法。历史与逻辑相统一的方法，是科学研究的一种基本方法。既按照事物本身的发展过程来研究事物，又按照思想认识的逻辑秩序来揭示它，抛开事物发展过程中次要的、偶然的东西，客观有序地揭示和反映所研究的事物。

恩格斯指出，[1] 历史从哪里开始，思想的起点也应当从哪里开始，而思想的进一步发展不过是历史过程在抽象的理论上前后一贯的形式上的反映。这种反映是经过修正的，是按照现实的历史过程本身的规律修正的。每一个要素都可以在它完全成熟而具有典范形式的发展点上加以考察。

这一方法可使我们抛开跨度较大的非典型的职业经济的历史现象问题，摆脱干扰，主要分析研究现实的典型的职业经济的主要现象和根本问题，并把职业经济的客观存在秩序与认识思维的逻辑关系有机地统一起来，研究和认识职业经济现象问题。

（2）静态与动态的分析研究方法。事物具有相对静止与绝对运动的两种存在形态，并体现着事物的特殊性。静态分析是考察研究相对静止状态的事物，即某一时点事物的状态，主要探讨和揭示其构成的组织结构；动态分析是考察研究运动状态的事物，主要探讨和揭示它的发展变化及其规律性。其中，具体方法很多，是涉及自然、社会、经济、工程等多学科的方法。

静态分析研究与动态分析研究各有侧重又相互补充，是研究认识事物的一种基本方法。职业经济是一种复杂的经济现象，作为客观存在的经济事物，需要运用静态与动态相结合的分析研究方法。

（3）定性与定量的分析研究方法。事物是质和量的统一体，研究认识事物离不开质和量的两个方面。定性分析在化学分析上是指测定物质成分的方法，一般地说，就是对事物进行质的考察，确定事物性质的方法；定量分析就是对事物进行量的测定，揭示事物量变的方法。定性分析和定量分析是相

---

[1] 马克思，恩格斯．马克思恩格斯选集（第二卷）[M]．北京：人民出版社，1972：122.

互联系的两种方法。定性分析揭示事物是什么，确定事物的性质；定量分析揭示事物量的情况，明确事物的量变，通过数量关系体现和反映事物的联系与特点。定性分析与定量分析相结合，能够深刻精确地认识事物。

其中，需要指出的是，数学方法并不是只是“数”的方法，还有“形”的方法。亦应充分利用平面几何和立体几何方法反映事物，全面揭示认识事物的本来面目，数学的图示方法可以检测是否透彻深刻地认识事物，真正复原认识事物。

（4）比较分析研究方法。事物的存在不是孤立的，而是互相联系和互相影响的。比较主要有横向比较与纵向比较，横向比较是把所研究的事物在空间中与有关的事物进行比较；纵向比较是把所研究的事物在时间中进行不同时期的比较。显然，比较就是在事物存在的系统中对所研究的事物进行纵向与横向的双向比较，也就是在古今中外的时空中，把所研究的事物与有关的事物联系起来进行比较分析研究。

有比较才能有鉴别。通过比较，寻找事物的差别，认识事物的特殊性；有比较才能有选择，通过比较，探讨认识事物或解决问题的途径、方案和措施，寻求最佳的选择。

（5）个别与综合的分析研究方法。是从局部到总体的分析研究方法。事物都有自己的组成因素、存在形态和运动方式，对它们的考察研究需要逐步进行，一般需要经过从个别到整体、由简单到复杂的认识秩序，即由点到线到面到体的认识秩序。

先进行某个点、某个方面的个别研究，然后进行整体的综合研究。通过个别研究，把握和认识事物的不同方面；通过综合研究，认识和揭示事物的总体。

5. 阐述内容的方法

完成分析研究，对事物有了全面深刻的认识，形成了系统的认识结果，阐述表达认知内容，讲究科学的阐述方法十分重要。

（1）成果阐述与研究不同。研究是指从某个具体的实情出发，分析探索问题，得出认识的新观点、新结论或找到解决实际问题的新方案等。表达是从研究认知的结果出发，把研究结果说出来、写出来或做出来，是研究成果的制作。

马克思说，叙述方法必须与研究方法不同。[1]研究必须充分地占有材料，分析它的各种发展形式，探寻这些形式的内在联系。只有这项工作完成以后，才能适当地叙述出来。这点一旦做到，材料的生命一旦被观念性地反映出来，呈现在我们面前的就好像是一个先验的结构了。

显然，研究是从实际出发，充分收集占有材料，从具体实际的感性认识上升到抽象的理论认识；而叙述是以完成的理论认识为前提，在理论认识的基础上，按照认识上的逻辑思维秩序来组织安排所研究和认识的关于客观事物的系列东西，阐述内容，揭示、体现和反映客观事物。

（2）成果表达制作要求。首先，应该强调指出，阐述内容是学科成果制作的最后一步，也应该讲究阐述的文语形式，深入浅出，简洁、通俗、易懂。其次，除基本的文字表述外，还应该适当地采用数量、图形、表格等形式表达。数量表达精确，图形直观、生动、形象，表格规范、严整，更能表示和说明问题，能给人深刻的印象，增强文语效果。

6. 学习掌握正确的方法

学习和掌握学问或科学，不是简单的事，需要有一定的方法。方法得当，会有事半功倍的学习效果。要学习掌握最基本的方法。

（1）抓住基本点。任何一门科学都是关于对客观事物或问题的系统认识，按照一定逻辑思维秩序建立起来的内容体系。它的基本点主要有两个方面：一是基本的逻辑思维秩序和思维方法，它是驾驭和把握学科内容的纲线，提纲挈领，总理内容。二是基本要点，它是关于对客观事物问题认识的基本成果，是学习掌握的基本东西，包括基本的概念、特性、关系、公式、秩序、规律性等，它们是学习掌握之根本。

（2）运用相关知识。职业经济学是一门复杂的经济学科，交叉复合的内容多，包含或涉及职业主体的从业者、从业的经济活动、从业经营管理与自然社会等多方面内容。学习了解和掌握职业经济学就需要学习关于人的科学知识，包括关于人在自然界生存的地理学、生物学，关于人与物配置的工效学，关于经济活动的经济学，关于经营管理的管理学，关于家庭等组织的社会学等。

---

[1] 马克思．资本论（第一卷）[M]．北京：人民出版社，1979：23-24.

（3）复原学习的方法。学习掌握既定的科学内容，不能单纯地看、记、背，更重要的是要把思维的空间从概念、知识要点、技术等学习内容扩展到外部世界，具体到相对应的客观存在的现象和问题，把思想理论知识与客观实际现象问题联系统一起来，灵活地深入学习，"复原"掌握。

六、职业经济学的应用

职业经济学的应用主要是教育之用。《职业经济学》的书稿一经完成，我就开始了教学，此课程经历了从兰州大学的选修课到燕山大学的必修课的教育实践，受到了学生的欢迎。

1. 在兰州大学的教育实践

1992 年初，我完成了《职业经济学》的书稿，同时开始了出版与教学工作。于 1992 年春季、秋季学期，面向全校大三、大四的学生开设《职业经济学》选修课。通过两次教学实践，初步体验教学实况。为具体了解学生的收获、认识和要求，对秋季学期的教学做了问卷调查。调查对象是 1992 年秋季学期选修学生，不计旁听生，选修学生有 147 人，来自经济、管理、外语、中文、图书情报、计算机、物理、生物、力学、现代物理、数学、地质、地理、材料、电信、大气、化学 17 个系。

调查问题主要有三个方面：一是主要收获及对自己的影响；二是职业经济学应作为必修课还是选修课；三是不足之处、教学建议、总体意见和有关联想。发放调查表 147 份，回收调查表 132 份，回收率 89.8%。大多数同学认真填写了调查表，回答了问题。统计分析结果，见表 1–1、表 1–2。

表 1–1，是对"主要收获及对自己的影响"的回答内容，主要了解职业经济学课程的教学效果，总体来看，学生回答有一定的收获，效果良好。

表 1–1　职业经济学课程教学效果

学生	主要收获及对自己的影响
经济系 90 级 外贸专业 赵一峰	进一步清楚了作为一个职业者，所应具备的身体素质、心理素质、知识结构与相关技能，明确了大学生所应努力的方向，以及如何处理相关择业就业、生活消费、权益保障等相关问题

续表

学生	主要收获及对自己的影响
化学系 90 级 应化专业 陈明	对就业、劳动、消费等知识有了比较系统的认识，对当前就业问题有了比较深刻的了解，从而针对以后的就业与工作，以及自身存在的问题，不断完善自己
数学系 90 级 应用数学专业 刘永强	全面阐述了大学生进入社会后如何处理与职业有关的一系列问题，使我对择业、劳动就业有了较全面的认识，对于我们高年级的同学来说，无疑是非常及时的，我受益匪浅 说句实话，以前对如何适应社会，如何工作和生活，心里没底，很渴望踏入社会，可又迷惑，通过此次学习，受到启示，心里有底，如今对前途充满希望
地理系 90 级 地理专业 齐晓蕾	对今后的生活、学习、工作有很大的帮助，使我对今后的毕业去向，有了系统的打算

资料来源：问卷调查统计。

表 1-2，是对“职业经济学应作为必修课还是选修课”与“教学建议、总体意见和有关联想”的回答内容，主要了解职业经济学课程的教学重要性等。多数学生认为，应作为必修课开设。有的学生认为，不仅要在大学开设，还要在职业高中、技校等开设。

表 1-2 职业经济学课程的教学重要性与教育建议

学生	选修课或必修课、重要性和看法建议
回答学生	74 人选择必修课，必修课占比 56.1% 51 人选择选修课，选修课占比 38.6%
化学系 90 级 高分子专业 效莉	这门学科的开设具有时代性、紧迫性和现实性
计算机系 90 级 软件专业 巢凌霞	这门学科是每个就职人员，都应具备的基础知识，应得到积极的推广
地理系 90 级 地理专业 孙汀	职业经济学，对于我们这些一直在校读书，还没有踏入社会的人来说，无疑起到了从高校到社会的桥梁作用 这门学科具有广泛的意义，它不仅可以在大学开设，也可以在职业高中、技校以及高中开设

资料来源：问卷调查统计。

另外，还有的学生在教学内容细分讲解上认为，理论内容要少讲一些，应用内容可多讲一些，如择业就业这部分可多讲一些。他们希望获得更多的知识，了解更多的实际情况。

倾听学生关于职业经济学课程的心声，了解学生看法和建议，对完善发展职业经济学的研究与教育很有帮助。

2. 在燕山大学的教育实践

2000 年 8 月来到燕山大学工作后，我继续进行职业经济学的研究与教育工作，于 2004 年 4 月在经济科学出版社出版了《职业经济学》第二版。接着面向全校学生开设职业经济学选修课程，后相继在公共事业管理专业、经济学专业开设了职业经济学必修课。其中，里仁学院的公共事业管理专业与经济管理学院公共事业管理专业同时开课，曾获得里仁学院学生评教经管学院任课教师教学最高分，获得了学生的认可和好评。

以 2018 级经济学教学为例，了解教学实践情况。经济学专业分数量经济与金融经济两个方向的班级，学生分别为 29 人，合班上课，因新冠疫情严重先由线上教学，后因新冠疫情好转而转入线下教学，上课时间是 2021 年春季学期。

同样，从学生的收获和对自己的影响等方面了解教学情况。主要通过学生的职业经济学课程总结考核了解，课程考核采取课后延续自己探究实践学习的开卷方式，要求学生在结课三周后提交“职业经济学综合学习报告”。考核内容包括到课表现、作业、小组团队研究、学习总结和专题研究五部分。总结考核是课程成绩考核的一部分，强调不许“抄袭”，没有提示要求，具有客观性，主要从学生总结的倾向性表达整理分析，了解有关情况见表 1-3、表 1-4、表 1-5。

表 1-3，主要从学生在总结中对“主要收获”的表达，了解学生收获。结果显示学生获得了多方面的收获。

表 1-3　学生对上了职业经济学课的收获

学生	对自己收获的表达
金融经济 张涵	非常努力地想把课堂上的知识转化为生活和工作中的一把“钥匙”，齐老师的“职业经济学”就成功做到了这一点。老师在课堂中教我们自主学习，引导我们的学习能够自主自发，让我们在不知不觉中转变思维模式，更为成熟地运用逻辑方法去发现问题、分析问题以及解决问题。这让我们铭记终身、受益终身
金融经济 谢仕晟	让我受益最深的还是“职业资本”这一章的学习。职业资本作为我们未来就业的竞争力源泉，是我们在大学里最需要培养积累的，职业资本作为未来我们在职场上的个人能力与竞争力，老师为我们讲解职业资本链的关系与形成，解释了职业资本的生成方式、途径，并且提醒我们要重视自己的行动能力、社交能力以及表达能力

续表

学生	对自己收获的表达
金融经济 张梦瑶	我作为小组长，首先明确了自己是小组团队的主心骨，积极推进小组的工作，合理安排自己的工作和任务分工，发挥好自己的作用；其次就是以平和的心态与大家相处。我学会了在团队合作之中需要带有一丝坚持的妥协，也要学会带有一丝主见的不固执
金融经济 马计	上“职业经济学”这门课后，更多的是学到了怎么学，达到“会学”。老师课堂上讲的“头脑不是一个被填充的容器，而是一个需要被点燃的火种，教师应当与学生共同点燃火把”，颠覆了我的认知，或者说老师为我们点燃了火把，老师每一节课都在为我们去给这个“火把”打上火星，在课程中的提问环节就有很大程度的体现，希望我们主动思考，去发现问题，去结合问题，并为我们解答
金融经济 樊慧兰	如果说经济学是一门外人听起来很高深的学科，那么职业经济学就是一门从个人实际出发，切合个人生存生活的学科 我很高兴自己能够参与到一门正在发展的学科的学习中，学习一门新生的学科就像在历史的长河中留下了你的脚印，因此职业经济学的学习过程给我带来了不一样的体验和收获
数量经济 伍萱	在这门课上，收获的不仅仅是理论知识，更多的是思维和方法，还锻炼了自己的团队协作能力，以及答辩过程中预演到未来工作中向上级汇报任务的场景。这些将会很好地为自己的职业赋能，非常感谢老师的耐心教授以及同学们的无私帮助

资料来源：学生的学习总结。

表 1-4，主要从学生在总结中对“对自己的影响”的表达，了解教育影响。结果显示此门课程对学生产生了诸多影响。

表 1-4 职业经济学课对学生的影响

学生	对自己产生的影响的表达
数量经济 杨宇佳	职业经济学让我明白的最重要的一件事就是：要学会自学，懂得自学，这是老师一直强调的问题。老师不断引导我们，让我们学会学习。一个主动学习，并且具有学习技巧的人往往会在生活、工作、社会中更好地适应瞬息万变的社会环境。我已经在有意识地培养自己的学习能力，培养自己的专注能力，希望我可以一直坚持下去
数量经济 郑星夜	与其说“职业经济学”是一门以职业效益为基本议题的课程，我更倾向于说它是关于个人职业生涯学习的启蒙课 内外兼修是我在这门课上最深刻的体验，在关注知识点的落实之外，更应该思考身处大三德智体美劳的发展现状及未来。“路漫漫其修远兮，吾将上下而求索”是我最后的课程感悟，也是今后的人生态度
金融经济 徐辰昊	在完成这门课程的几次课后作业时，伴随着知识的学习，让我清晰地了解到学习能力、德智体美劳等综合素质和职业资本三者的关系，认识到自己的职业兴趣。结合老师课上的思想指导，我在课下自主学习，阅读各类书籍，初步设计了大致的职业发展路线，以后会不断积累增加自己的职业资本，为实现自己的人生理想而奋斗
金融经济 王海培	让我对自己以后想从事的职业以及人生目标有了更深层次的认识。如果想在明年的毕业季不像他人一样迷茫，现在就应该开始认真思考自己以后想从事的工作以及想过的生活。听了老师的教诲，我对日后生活以及目标进行了初步规划，并为此不断努力

续表

学生	对自己产生的影响的表达
数量经济 高文钦	上课中最喜欢的是提问环节，每次上课老师都会留出一点时间供同学们提出问题并对其进行解答，同学们也会结合当今时事提出问题并咨询老师的看法，可谓是课堂的一大创新。通过老师解答，我的思路得到极大拓展，我也能从不同角度思考问题
金融经济 王喜跃	通过职业经济学这门课程的学习，让我更加清楚地了解了什么是职业，怎样才能更好地进入职场。我们应该做好自己的职业生涯规划，朝着目标更加努力地学习本专业相关知识，提升专业技能，同时提高自己的综合素质，多参加社会实践活动积累经验
金融经济 李紫妍	专业教育的教授与自学 1-0 转变关系与培养模式的选择，对我的影响很大。授人以鱼，不如授人以渔。老师虽然在讲课，灌输知识，但最后最重要的应该是学生拥有自学能力
金融经济 朱佳怡	我在老师的组织下收看了学长的求职视频，学长的求职表现引发了我对自身的思考：我的不足又在哪里，在之后的学习中，我会把“学习当作工作来做”作为对自己最基本的要求，在学习掌握职业经济学理论知识的基础上，着重培养和提升自己的基本素质、素养和能力
数量经济 杨凯璐	了解到了职业经济学的内容，包括职业发展、职业资本、职业效益等内容，懂得了“效在多方、益在多处”的内涵，且通过小组对职业发展的专题报告研究，分析了中国现有职业和未来新兴职业的发展趋势，初步为自己制定了提升自己学习能力、综合素质、职业资本等各方面的计划，为大四找工作提前做好准备

资料来源：学生的学习总结。

表 1-5，主要从学生在总结中对“重要性与教育建议”的表达，了解教育影响。结果显示了学生的深入认识和积极教育建议。

表 1-5 职业经济学课的重要性与教育建议

学生	重要性与教育建议的表达
金融经济 徐泽成	了解职业经济学课程性质特点，深入了解职业经济学的研究方法和学习方法，人类的生活离不开职业经济学，它是开启财富人生的钥匙
数量经济 张世龙	因为之前学习的经济学科都是国外创立的，职业经济学是我接触到的第一门由我国学者独创的学科，而且又经历了从线上转向线下的学习过程，这段特殊的学习经历也让我印象十分深刻
数量经济 解玉春	对于我们这些已经对经济学有了较为深入的了解，但是又处于对未来迷茫期的学生来说，职业经济学很好地解决了这个问题，通过学习我不但对于职业经济学有了深刻的认识，同时对于未来选择工作和职业有了目标方向，有了理论知识体系支撑
金融经济 李孟淦	在线上观看学长事例了解到，凭借实践培养造就的强综合素质与职业资本能力而就业立业，认识到了自己的差距，明白了实践和资本积累的重要性。要像老师说的那样，做到“补不足，自信而后勇”，谨记老师的教诲
金融经济 付艳娇	在家里上网课期间，老师鼓励我积极提问，在老师和其他同学的影响下，我深入思考职业问题并在课件和网络上查询有关职业问题资料，在课上积极踊跃地提问思考，并且对于其他同学的问题和老师的解答也进行了相关的思考 线上的课堂让我感受到了浓厚的求知氛围，让我的学习更有主动性。同时也让我感受到职业经济学这门课程的乐趣

续表

学生	重要性与教育建议的表达
数量经济 底璐森	大三下学期学校开设了职业经济学的课程，用的是齐老师自己的三本教材❶，感觉就很棒，也激起了自己学习这门课程的兴趣 老师强调了自学的重要性，也强调了创新的重要性。这种模式能够充分调动学生们的积极性，让学生们能够真正地参与到课堂中来，真正做到了学生与老师的互动、学生与学生的互动。希望老师的课程越办越好，将这种教学模式延续下去
数量经济 翟泰龙	我认为职业经济学这门学科是中国学生的必修课，而不只是针对经济学专业，是从大二甚至大一就应该开始学习的课程
金融经济 李红飞	懂得了这门新兴的经济学的实用性是多么强烈，职业经济学除了专业课之外，更应该成为一门通识课。让每一位学生都能认识到职业，因为每个人都要从事职业劳作，获得职业效益
数量经济 李亚洁	以最小经济单元“人”为主体对象，以讲究“少花费、多收益”的职业效益为核心问题进行研究。该门学科是从“人”的角度进行基础理论问题以及应用问题两个方面进行研究，是一个科学性、综合性、应用性、交叉性以及不断发展的学科，值得各个领域的从业者学习

资料来源：学生的学习总结。

通过以上职业经济学课程的教育实践调查研究可知，这门课程得到了学生们的认可。了解到他们对本门学科的态度、学习情况、教育效果、积极建议等，教育效果良好。同时，我们需不断充实完善职业经济学教学，进一步研究完善职业经济学，大力发展职业经济学教育事业。

3. 职业经济学教育发展建议

应重视职业经济学这门课程的教育，把其列入大专院校等专业教育的公共基础课程的教育体系中，扩大职业经济学课程的教育对象，助力培养就业创业综合素质能力强的高质量人才。

（1）重视职业经济学课程教育

国家在新时代强调，❷经济发展能力，实现更加充分更高质量就业，提升国民经济体系整体效能，在质量效益明显提升的基础上实现经济持续健康发展，扎实推动共同富裕。这就需要大力提升培养专业人才的经济能力，其

❶ 齐经民．职业经济学（第二版）[M]（2004）；齐经民，郑涛．效在多方 益在多处：公民职业经济学[M]（2016）；齐经民，刘新建．职业经济解析——国计民生基本问题研究[M]（2018）。

❷ 党的十九届五中全会在关于“十四五”和到2035年经济发展阐述上强调，经济发展能力，加快建设现代化经济体系，实现经济行稳致远、社会安定和谐，实现更加充分更高质量就业，在质量效益明显提升的基础上实现经济持续健康发展，扎实推动共同富裕。之后在中央经济工作会议上又强调要求，提升国民经济体系整体效能。

中，职业经济能力是基本的。

从教育的根本目的上来说，职业经济学教育是培养学生的职业经济能力，[1]是从业者从事职业活动少耗费多收益满足生活需要的能力。我国社会主要矛盾已经转化为人民日益增长的美好生活需要和不平衡不充分的发展之间的矛盾。解决好发展不平衡不充分问题，要坚持以经济建设为中心，贯彻新发展理念，高质量发展，着力提升发展质量和效益，实现人民向往的美好生活。这必然要通过作为最基本的微观经济活动主体的从业者的职业劳作实践来实现。

从业者是国民经济与社会发展的主要当事人，分布在各行各业的国民经济与社会发展体系中，在三百六十行的各自职业岗位上从事国计民生的各项事业。"发展质量和效益"具体体现在各岗位从业者职业劳作的"品质和益处"，主要集中表现在职业效益上。

职业效益是从业者用较少的耗费使消费者、从业者、合作者、国家、当地居民和未来人获得较多的益处，效在多方、益在多处。其内涵要点包括合作、创新、优质、低耗、高效、共享、获益，要求从业者要有科学的职业效益理念，通过与合作者协调配合等，积极创造和创新，生产经营优质、低耗、高效的消费者满意的产品或劳务。大家共享其利，各自获得益处，实现美好生活。这就需要做好作为后备从业人员的专业学生的职业经济能力的培养，应大力发展职业经济学教育。

（2）发展职业经济学教育的基本要点

从扩大对专业人才教育的系统性考虑，应该做好各层面教育的基本课程设计和安排。

课程性质。职业经济学课程是一门专业教育的公共基础课。这是由专业教育服务国计民生的职能决定的。专业院校或事业院校[2]是专门承担培养国

---

[1] 齐经民．作为后备职业人员的专业学生的职业经济能力培养探讨［Z］．2021-1-26.

[2] 根据"专业院校""职业院校"和"普通院校"都是培养农、工、商等各行各业的国计民生所需要的专门人才的教育组织或机构的统一性，分为大专、本科、硕士、博士等层级，同质异层，从同为服务于国计民生的各行各业、各级各类的各项事业的人才培养的本性来讲，"专业院校""职业院校"和"普通院校"可统称为"事业教育院校"或简称"事业院校"，也易与高中及以下的"基础教育学校"或"基础学校"相区分，又符合通常对专业学生的"事业心"、"责任感"等根本性的人才培养要求的"说法"，约定俗成。见齐经民：基于职业经济学课程的职普融通教育探究，载赵险峰，等．高校职普融通创新发展教育研究［M］．北京：经济科学出版社，2022：40.

民经济各行业各部门所需要的专业人才的教育组织，其职能就是培养各行业各级各类岗位所需要的专门职能人才，即职业人才，为国计民生服务。职业经济学是专业院校或事业院校人才培养都应开设的一门基本的专业公共基础课。

学时安排。针对初级职业中学、技校、中专职业学校、大专职业院校和本科高校的不同层级的学生，学制不一样，教育程度要求也不一样。课时安排要与学制时间长短对应一致。4 年制本科学生可安排 2 学分，32 学时；3 年制大专学生可安排 1.5 学分，24 学时；2 年制中专学生可安排 1 学分，16 学时；短期职业培训班，可安排 0.5 学分，8 学时。

教材设计。根据不同层次学校学生的培养要求，以及不同层级的学生学习能力的差异，研究出版适应不同层次学校学生需求的教材，分为本科教材、大专教材、中专教材等。针对社会人才需要与国家培养要求，教育部所属全国重点高校本科教育注重培养高质量、高层次拔尖创新型人才等高端人才、省属本科和大专教育注重培养高质量高级应用型技术人才、中专教育注重培养高质量操作型人才。坚持理论联系实际，深入浅出，增加知识点的来源及其贡献者的故事，增强可读性、感染性、学习性，树立榜样，便于自修，全方位全面学习，为不同层次学生的职业经济学教育服务。

（3）职业经济学课程教育的基本要求

要求学生把学习当作工作来做，实施探究实践的人才开发培养教学方式，做好师资保障，利用好职业经济学这个课程平台深入开展职普融通教育，充分利用教育资源，促进学生全面地发展、进步和成才。

应倡导和支持教师采取灵活多样的教育方式和方法，引导、鼓励学生拓展思维、开阔视野、深入进取，研究学习各行各业优秀的从业者的成功之道，培养提升学生的职业经济能力，促进培养就业创业综合素质能力强的高质量人才，更好地为国计民生服务。

第二章

职业资源

职业资源是从业者就业工作的基本条件，决定着立业生存与职业发展，是职业经济活动的一个基础内容。职业活动离不开自然和社会环境为其提供的各种资源。对于从业者而言，职业资源是其立业生存与职业发展的基本条件。职业资源包含的范围较广，内容也很丰富，无论是研究还是实践，都需要探讨其概念、类别划分、利用以及绿色开发等一系列重要问题。

一、职业资源及其概况

若要了解职业资源的划分及其概况，首先要对职业资源概念进行界定，明确其内涵与类别划分，并且明确职业资源与相近概念的区别与联系。在此基础上，结合现实情况来阐述职业资源的形态与存量等概况。

1. 职业资源的内涵与划分

考虑到职业资源对于各行各业的重要性，在阐释职业资源内涵的时候，要突出它对于职业劳作的“有用性”，即它能够作为生产要素或辅助资源来满足劳动所需；而在进行职业资源类别划分的时候，为符合当前实际，要强调职业资源的一些性质，如产权归属、可再生能力以及可持续利用等方面。

（1）职业资源的内涵

在大自然与社会中存在着各种各样的资源，其中有一部分可以被人类的职业活动所利用，包括土地、水、森林、山、矿物和动物等以自然状态存在的资源，也包括生产过程中创造的物质资料，还有职业活动所需的各种社会资源等。概而言之，凡是职业活动占用、支配和消费的东西都是职业资源。具体来看，职业资源包含的内容形态各异，包罗万象。一如种植从业需要的土地、种子、肥料、机械、器具、粮仓、人力、占用资金等；二如建筑从业需要的施工场地、施工用地、机械、材料、水、电、资金、人力、仓库等；三如教育从业需要的校园、图书馆教学楼、教室、桌椅、黑板、粉笔、电脑、投影仪、人力与食堂、卫生间、宿舍、水、电等。由此可见，职业资源不仅内容丰富，其中有很多还是从业者在劳作过程中不可或缺的物质或条件。

（2）职业资源的划分

职业资源种类庞杂，其类别划分的视角也有多个，常见的有以下四种：

第一，按照形态具体与否，将其分为可见与不可见两类职业资源。其中形态可见的，如原料、设备，还有环境等，是支持职业活动的物质基础。而有一些资源，如信息、科技和人力资源等，虽然是无形的，但对于从业者而言也是至关重要的。第二，依据职业所在的产业进行分类，如第一产业、第二产业和第三产业的从业者，他们对职业资源的需求各有侧重。第三，从产权角度考虑，职业资源包括私有和公有两种类型；前者是归属于个人或私有部门的资源，如人力资本、设备、物资和资金等；后者是职业活动所需，但具备公共物品性质的资源，典型的有生态环境、集体或国有的自然资源、公共设施以及社会文化等。第四，考虑到再生能力，还可以将其分为可再生和不可再生两类。在人类存续时期内，一些资源目前看来能够"源源不断"地供应，典型的有风能、太阳能和潮汐能等，有些则在一定条件下具有可再生性，如林木、草地、谷物和人力资源等。与之相对应的是不可再生资源，如石油、煤炭和其他存量有限的矿藏等。

2. 职业资源与相关概念

（1）职业资源与自然资源

长期以来，人们对自然资源的概念存在不同的看法，常见的是从广义和狭义两个视角来界定。从广义上看，它是"宇宙空间内所有可为人类利用的自然环境因素（包括自然物质、能量及空间环境条件）"。[1] 而狭义的自然资源是"天然存在的、未经人类加工的资源或能量"。[2] 无论是广义还是狭义的自然资源，其中都包含职业资源，因为"可为人类利用"的资源中，必定有一部分是可以被职业活动利用的，而职业资源中所包括的信息、科技和人力等非自然资源，则属于自然资源以外的范畴。由此可见，这两个概念所涵盖的范畴既有重叠，又存在互不兼容之处。

（2）职业资源、职业资本与职业资产

就性质和范围而言，职业资源、职业资本和职业资产这三个概念既有关联，又有区别。职业资产这一概念是对所有者个人而言的，指的是个人职业

[1] 彭令，王英男，殷志强，等. 自然资源分类现状与面向未来的统一分类研究［J］. 地质通报，2022，41（12）：2106-2113.

[2] 袁承程，高阳，刘晓煌. 我国自然资源分类体系现状及完善建议，中国地质调查［J］. 2021，8（2）：14-19.

活动可利用的资源。这些资源以资产的形态存在，可以确定权属，也能够在市场上被估价。职业资本则是被实际用于职业活动的职业资产，它实质上是职业资产的一部分。与这两者相比，职业资源的特点是：不仅有个人资产或资本，还包含公共资源，如全民或集体所有的自然资源和环境等，这类资源往往难以估价。

从上述四个概念的比较中可以发现，职业资源概念既不强调资源权属的私有性，也不局限于在市场上的可交易性，它所涉及的内容更多也更复杂。具体来说，除了职业资产以外，职业资源还包括以下三方面内容：一是个人职业活动可用的，但不属于个人的公共资源，如生态环境、集体所有的土地以及公共设施等；二是职业活动中非资产形态的资源，如个人在职业活动中所掌握的，无法估价的信息、技能和人脉等；三是可以但并未用于职业活动的资源，如企业的公益捐款、劳动者尚未挖掘的潜能，以及短期内还无法市场化的技术成果等。这些资源虽然暂时不能在职业活动中起作用，但随着社会经济、制度和技术等条件的变化，在未来某个时期就会实现其价值。如企业的公益捐款会提升其知名度，有利于企业形象塑造；个人潜能在特定条件下会被激活，促进人力资本作用的发挥；技术进步和制度改革会推动科技成果的市场化，从而给企业带来更多效益等。在上述三类职业资源中，由于第二类和第三类中有诸多内容难以进行调查和估量，所以本章将职业资产和公共资源作为主要的研究对象。

3. 职业资源概况

（1）职业资源的主要形态

在三大产业中，不同行业所需要的职业资源存在着一定的差异。如第一产业中的农林牧渔业，虽然都需要投入土地资源，但其形态和分布也是不同的。从我国的情况来看，耕地大多数位于平原地区，林地多数分布在山区，用于牧业的草场则集中在蒙、甘、宁等五大草原区。当然，现代畜牧业能够实现牲畜圈养，对草场的依赖程度有所降低。广义的土地资源概念中还包括渔业生产所用的“水域”，即江河湖海，显然与耕地等狭义的“土地”完全不同。除了土地资源以外，第一产业中的原料、设备、人力和技术资源也不可或缺，如表 2-1 所示。

表 2-1 第一产业中职业资源的主要形态（部分行业）

行业	原料资源	生产资料资源		人力和技术资源
		设备资源	基础资源	
农业	农作物的种子	农业生产设备	土地、气候等自然条件	农户的劳作、种植技术
林业	林木	林业生产设备	林地、气候等自然条件	林业人员的劳作、林业技术
牧业	牲畜、草料等	畜牧业养殖设备	草原、草场或养殖基地	养殖户的劳作、养殖技术
渔业	鱼苗、饲料等	鱼类养护所需设备	水域	渔民的劳作、养鱼技术

与第一产业相比，第二产业包含 43 个行业，其所需职业资源有三个特点。第一，多数行业生产所需的原料资源种类比第一产业更加丰富。以“农副食品加工业”为例，其基本原料是谷物、蔬菜、水果、肉类、坚果和水产等农产品，还有化学工业为其提供的各类食品添加剂等。第二，设备资源对职业活动更加重要，特别是一些比较复杂的生产线和机械设备，是第二产业生产中必不可少的条件，甚至有部分企业的生产线只保留少量工人，已经基本实现了自动化。虽然农业及相关设备有利于提高第一产业的生产效率，但迄今为止，仍然有很多乡村地区的农业劳作以人力和畜力为主。第三，虽然二者都离不开生产技术的支持，但从微观角度来看，技术资源对第二产业的影响相对更大，因为技术往往关系到企业的生产成本和产品质量，进而决定着企业的竞争力和从业者的未来发展。而第一产业的多数产品为谷物等必需品，其需求价格弹性较小，即使技术进步带来成本降低，也未必能给从业者带来更多的利润。其主要作用是提高粮食等产品的产量，有利于国家粮食安全，所以第一产业技术资源的意义更多是宏观的、社会意义上的。

第三产业的情况与前两者不同。一方面，有些行业较为依赖设备和基础资源，如“交通运输业”从业者主要依托运输设备和路网设施来开展职业活动。有些行业存续和发展的关键是职业者的劳作，如金融业，其设备和基础资源的重要性相对弱一些。有些行业则是各类资源都不可或缺，如批发零售业、科学研究和技术服务业，既不能没有从业者的付出，又离不了相关设备和机构等方面的支持，如表 2-2 所示。另一方面，现代通信、大数据和 AI 等技术的长足进步，也使一些行业在职业资源的侧重上出现了较大变化，如在批发零售业中，一些企业逐步实现了用机器设备代替人工，造成从业者规模有所缩减。而在金融、媒体和法律等行业中，越来越多流程标准化岗位的从业者也正在被人工智能淘汰。由此可见，各行各业所需要的职业资源并非是固定的，在特定的社会背景下，它会相应地发生变化。

表 2-2 第三产业中职业资源的主要形态（部分行业）

行业	设备资源	基础资源	人力和技术资源
交通运输业	火车、客车、船舶和飞机等运输设备	铁路、公路和水路等路网设施及配套设施	运输业从业者的劳作
批发零售业	仓储及相关电子设备、搬运设备、终端零售设备等	仓储和卖场等场地设施	批发零售从业者的劳作
金融业	金融终端专用电子设备、数据存储设备等	金融机构经营场所及配套设施	金融从业者的劳作
科学研究和技术服务业	科学实验、技术研发或改造所需的仪器设备	科学实验、技术研发或改造的工作场所	科研和技术人员的劳作

（2）职业资源存量

①在多种类型的职业资源中，有一些是普遍被各产业所需要的，最典型的是能源、水和环境等自然资源。以用途最广的化石能源为例。截至 2021 年底，我国石油、天然气剩余探明技术可采储量分别达 36.89 亿吨，63392.67 亿立方米，其中煤炭是唯一能基本实现自给的能源。❶ 原油资源相对匮乏，2022 年，全国共生产原油 20467 万吨。❷ 按照这个规模，我国剩余可开采的原油仅能够开采约 18 年。2021 年，我国水资源总量为 29638.2 亿立方米，虽然总量可观。但结合人口情况来看，人均占有水资源量仅为世界平均水平的 1/4，❸ 因此水资源匮乏的问题必须引起足够的重视。

②除了普遍被需要的资源以外，各产业也都有自己侧重的职业资源。就三大产业而言，第一产业对基础资源，即土地资源的依赖程度最高。截至 2015 年末，全国耕地面积为 20.25 亿亩，❹ 之后呈现逐年缩减趋势，直到 2021 年又恢复增加。据自然资源部统计，2022 年全国耕地面积为 19.14 亿亩。❺ 从现实情况来看，耕地保护压力较大，保持耕地高于“18 亿亩红线”的任务仍然较为艰巨。从 2008—2019 年，林地面积从 2.36 亿公顷增加到

❶ 常钦 . 去年新增石油探明地质储量超 16 亿吨［EB/OL］. 中华人民共和国中央人民政府，2022.9.30，https://www.gov.cn.

❷ 国家统计局 . 2022 年 12 月份能源生产情况［EB/OL］. 2023.1.17，http://www.stats.gov.cn.

❸ 国家发展和改革委员会 . 中国水资源公报［EB/OL］. 2022.7.1，http://www.mwr.gov.cn.

❹ 自然资源部 . 2015 中国国土资源公报［EB/OL］. 2016.4.21，https://www.mnr.gov.cn.

❺ 李若一 . 去年全国耕地净增加约 130 万亩［N］. 中国青年报，2023.4.13，http://zqb.cyol.com.

2.85 亿公顷，草地面积从 4 亿公顷缩减到 2.65 亿公顷。[1] 与此同时，我国还存在草原生态脆弱问题，有 70% 的草原处于不同程度的退化状态，[2] 在其保护修复方面还要付出更多努力。随着农业现代化进程的加速，农用机械设备对农业生产的作用越来越大。我国农机总动力从 2005 年的 2.05 千瓦 / 人上升到 2021 年的 6.31 千瓦 / 人，[3] 这说明我国农业劳作的方式正在发生转变。

第二产业所需的资源种类最为繁杂，其中最为关键的是厂房、设备和工具等固定资产。从第二产业所包括的四个具体大类来看，2018 年以来，我国制造业、电力、热力、燃气及水的生产和供应业的固定资产投资额保持稳步上升趋势。其中制造业的固定资产投资不仅增长快，而且规模最大。采矿业和建筑业则处于波动状态。如表 2–3 所示，从中不难看出制造业的重要性。在制造业中，连续保持固定资产投资较高增长速度的有"医药制造业"与"黑色金属冶炼和压延加工业"。2021 年，第二产业中的大部分行业固定资产投资额都比上一年有所增加，展现出较大的发展潜力，也为从业者提供了更为充足的职业资源。

表 2–3　我国第二产业固定资产投资额　　单位：万亿元

行业	2018 年	2019 年	2020 年	2021 年
采矿业	0.92	1.14	0.98	1.09
制造业	19.36	19.96	19.52	22.16
电热燃气水	2.98	3.11	3.66	3.70
建筑业	0.36	0.06	0.06	0.07

资料来源：国家统计局 . 中国固定资产投资统计年鉴（2018）[DB] . 中国经济社会大数据研究平台，https://data.cnki.net/；国家统计局 . 中国统计年鉴（2022）[DB] . 中国经济社会大数据研究平台，https://data.cnki.net/.

注：电热燃气水是"电力、热力、燃气及水生产和供应业"的缩写，下文同。

人力资源对第三产业而言尤为重要。近年来，我国第三产业就业人数增长较快。2021 年为 3.59 亿人，比 2010 年增加了 36.5%。就上述两个年份比较来看，在规模上，金融业吸纳从业人员的数量从 470.1 万人增加到 818.5

---

[1] 国家统计局 . 中国统计年鉴（2008、2009、2022）[DB] . 中国经济社会大数据研究平台，https://data.cnki.net.

[2] 丁勇 . 完善草原生态补偿机制，筑牢国家生态安全屏障 [EB/OL] . 中国农业科学院草原研究所，2023.5.11，https://gri.caas.cn.

[3] 前瞻数据库 [DB]，https://d.qianzhan.com.

万人，[1] 是第三产业中最为庞大的队伍。信息传输、软件和信息技术服务业的从业人员增加幅度最大。2021 年为 519.2 万人，是 2010 年的 2.79 倍，紧随其后的有房地产业、租赁和商务服务业。由此可以总结出 2010 年以来我国第三产业的职业资源状况：金融业人力资源储备规模最大，信息传输、软件和信息技术服务等行业的人力资源存量增加最快。这些行业对高端人才的吸纳能力较强，并且在资金融通和技术进步方面能够作出较多贡献。所以这些行业的扩张和成长也从侧面反映出我国第三产业发展质量的提升。

二、职业资源利用分析

随着社会分工的不断进步，职业资源利用问题受到了越来越多的重视。从我国的现实情况来看，在过去一段时期内，从业者的主要目标是提高职业资源的利用量，借此获得更多的产出和利润。但因为种种原因，导致职业资源利用中出现了一系列值得反思的问题。

1. 职业资源利用成效

为了让有限的资源更好地发挥作用，我国在职业资源利用方面不断探索，实施了一系列改革。在政策、技术和产业等多方面因素的作用下，职业资源利用取得了诸多良好成效。主要表现在产出和投入规模、能源消耗和污染排放等方面。

（1）资源利用效率提升

2005 年，党的十六届五中全会提出“要加快建设资源节约型、环境友好型社会”。自那之后，中央采取诸多措施来坚决贯彻这一思想，再加上近年来国内创新活跃、技术进步和管理的完善，职业资源的利用效率有所提升。一方面，很多部门的产出规模都有明显的增加。为了合理比较行业产出规模，将“人均产量”作为衡量指标。就农业而言，将 2005 年和 2021 年的产出规模相比较，粮食产量从 2005 年的 371 公斤 / 人上升到 2021 年的 483 公斤 / 人，增加了 30.19%，是农产品中增加幅度最大的。猪牛羊肉、水产品和牛奶的增长幅度也分别达到了 9.76%、39.82% 和 29.70%。就工业而

[1] 国家统计局 . 中国统计年鉴（2022）[DB] . 中国经济社会大数据研究平台，https://data.cnki.net.

言，发电量从1917.79千瓦时/人增加到6042.54千瓦时/人，即2021年的发电量是2005年的3.17倍。粗钢、水泥和纸板的产出在这两个年份的比值也都达到了2倍以上。原煤和纱线则分别为1.61倍和1.83倍。[1]由此可见，经过多年努力，我国农业和工业主要产品的产能已经实现了大幅度提升。

另一方面，在产出增加的前提下，有不少行业实现了职业资源投入的增长速度低于产出增长速度，即实现了职业资源节约。为研究职业资源投入情况，将从业者“人均中间投入”作为衡量职业资源投入的指标。该指标衡量的是其他行业为该行业所投入的资源，其中不包含人力资源投入。由于投入产出表中的数据都是货币单位，所以利用“GDP平减指数”来消除通货膨胀的影响。即2005—2021年所有年份的职业资源投入货币值（万元）都以2005年不变价格来计量。结果表明，自2005年以来，农业、采矿业和纺织服装等行业的职业资源投入都呈现明显的下降趋势，其中农业从2005年的1.54元/人缩减到2021年的0.47元/人，采矿业从23.36元/人降低到15.39元/人，纺织服装业的变化则从29.60元/人降低到16.10元/人。[2]结合产出方面的情况来看，农业实现了资源节约和产出规模同时扩大。采矿业在职业资源大幅减少的前提下，作为产品之一的原煤产量有明显增加。纺织服装业与其相似，资源投入减少，行业中纱线产出量增加较多。由此可见，这些行业都是在增加产出的同时减少了资源投入，职业资源利用效率有明显提高。

（2）生产能耗水平降低

总体来看，我国用于职业劳作的能耗水平呈现出较为稳定的降低趋势。2005—2021年，万元GDP能耗规模逐年缩减，从1.40吨标准煤/万元减少到0.53吨标准煤/万元，缩减幅度高达62.14%。[3]

为合理比较行业能耗，引入“单位利润能耗”指标，即用行业能耗除以该行业的利润总额，表示某行业每赚取一单位利润需要消耗多少能源，如

---

[1] 国家统计局．中国统计年鉴（2006、2022）［DB］．中国经济社会大数据研究平台，https://data.cnki.net.

[2] 国家统计局．“国家数据”网站［DB］．https://data.stats.gov.cn；国家统计局人口和就业统计司：中国人口和就业统计年鉴［DB］．中国经济社会大数据研究平台，https://data.cnki.net.

[3] 国家统计局．中国统计年鉴（2006、2022）［DB］．中国经济社会大数据研究平台，https://data.cnki.net.

表 2-4 所示。从 2005 年的情况来看，“黑色金属冶炼和压延加工业”等 12 个行业的单位利润能耗超过了 10 吨标准煤 / 万元，属于能耗大户。经过多年的努力，这些行业在节能方面都取得了突出成效。与 2005 年的能耗规模相比，2021 年，除“电力、热力、燃气及水生产和供应业”与“其他制造业”的能耗降低幅度低于 30% 以外，其他 10 个行业的能耗降低幅度都高于 50%。其中“非金属矿采选业”、“化学纤维制造业”和“金属制品业”的能耗下降都达到了 85% 以上。

表 2-4　单位利润能耗的比较（2005 年和 2021 年）　单位：吨标准煤 / 万元

行业	2005 年	2021 年	降幅：%	行业	2005 年	2021 年	降幅：%
黑色金属	44.84	14.64	67.35	非金属矿采选	14.64	2.27	84.49
有色金属	33.71	7.09	78.97	电热燃气水	14.60	10.77	26.23
化学纤维制造	29.05	3.45	88.12	其他制造	14.10	10.63	24.61
化学原料和化学品	22.70	6.90	69.60	煤炭开采和洗选	12.33	1.25	89.86
造纸和纸制品业	16.87	4.10	75.70	纺织	11.39	5.19	54.43
金属制品业	16.84	2.52	85.04	橡胶和塑料制品	10.26	2.71	73.59

资料来源：国家统计局．中国统计年鉴（2005、2022）[DB]．中国经济社会大数据研究平台，https://data.cnki.net

注：数据有限，用该行业“规模以上工业企业利润总额”来代替行业利润总额；2005 年“其他采矿业”的单位利润能耗也高于 10 吨标准煤 / 万元，但由于该行业 2021 年处于亏损状态，造成这两个年份的能耗难以比较，所以“其他采矿业”未在表 2-4 中列出；“黑色金属”是“黑色金属冶炼和压延加工业”，“有色金属”是“有色金属冶炼和压延加工业”的缩写，“化学原料和化学品”是“化学原料和化学制品制造业”的缩写。

（3）污染排放规模缩减

环境污染是职业资源利用中的一个重要问题。随着环境保护越来越受到重视，来自生产领域的污染逐步得到了有效遏制。以“污染大户”工业为例，我国工业废水、废气和固体废弃物排放总量在近十年内呈现明显减少趋势，各污染物的排放情况列示在表 2-5 中。

表 2-5　2011—2021 年工业生产的污染排放量情况

年份	废水（千克 / 万元）			废气（千克 / 万元）		固废（吨 / 万元）	
	化学需氧量	氨氮	二氧化硫	氮氧化物	烟尘	固废产生	综合利用
2011	1.82	0.14	10.34	8.86	5.64	1.66	1.00
2012	1.75	0.14	9.89	8.58	5.33	1.70	1.05
2013	1.67	0.13	9.62	8.10	5.73	1.72	1.08
2014	1.66	0.12	9.28	7.49	7.76	1.74	1.09

续表

年份	废水（千克 / 万元）			废气（千克 / 万元）		固废（吨 / 万元）	
	化学需氧量	氨氮	二氧化硫	氮氧化物	烟尘	固废产生	综合利用
2015	1.64	0.12	8.71	6.60	6.89	1.83	1.11
2016	0.69	0.04	4.36	4.58	7.79	2.11	1.22
2017	0.49	0.02	2.84	3.47	5.72	2.11	1.14
2018	0.42	0.02	2.32	3.06	4.93	2.16	1.16
2019	0.41	0.02	2.08	2.88	4.87	2.36	1.26
2020	0.27	0.01	1.36	2.24	2.15	2.01	1.14
2021	0.21	0.01	1.03	1.81	1.60	2.00	1.15

资料来源：国家统计局 . 中国工业统计年鉴（2021）[DB] . 中国经济社会大数据研究平台，https://data.cnki.net；国家统计局 . 中国统计年鉴（2012—2022 年）[DB] . 中国经济社会大数据研究平台，https://data.cnki.net.

表 2-5 中的数据，是将“污染排放量”除以“按 2011 年不变价格计算的工业增加值”，得到“单位增加值工业污染排放”这一新指标。纵向比较结果表明，2011 年以来，我国每万元工业增加值所产生的废水和废气规模都在逐年缩减，固体废弃物的产生量从 2014 年开始略有增加。自 2019 年起又呈现减少趋势，而固体废弃物综合利用规模总体有所提升。表 2-5 中的数据证明了我国工业污染控制和减少措施中的可行性与积极影响。

2. 职业资源利用问题

虽然我国职业资源利用取得了上述良好成效，但其中也存在着一些不可忽视的问题，比较突出的诸如资源消耗基数较大、部分领域职业资源利用效率不够高以及局部污染等。

（1）资源节约压力较大

与发达国家相比，我国职业资源消耗的规模一直相对较大。例如，在 1980—2020 年，我国除了原油消耗水平略低以外，其他大宗战略性资源的消耗量都远高于美国。其中铁矿石在我国的消耗量为美国的 7 倍。[1] 在能源利用方面，我国化石能源主要用于工业、建筑与交通等，是世界上最大的能

❶ 沈镭 . 面向碳中和的中国自然资源安全保障与实现策略［J］. 自然资源学报，2022，37（12）：3037-3048.

源消费国。❶这种超强度消耗模式蕴含着危机，因为一旦资源供应短缺，职业劳作就会受到较大的影响。除能源和矿产之外，一些行业的水资源消耗问题也值得引起重视。在我国，农业灌溉长期以来普遍采用粗放低效利用方式，用水效率较低，同时农业污染土地和水资源的问题也比较突出，加剧了水资源浪费问题。❷从2004—2021年，农业用水总量呈现“先增长，后减少”的趋势。但将用水总量除以农业从业人数之后，就会发现人均用水量是连年增加的状态。而工业则与之相反，如表2-6所示。因此，提高农业水资源的利用效率已经是一项刻不容缓的任务。

表2-6　农业和工业人均用水量的比较　　单位：立方米/人

年份	农业	工业	年份	农业	工业
2004	1029.49	864.89	2013	1645.06	755.57
2005	1070.51	853.04	2014	1729.39	732.23
2006	1147.24	839.04	2015	1798.58	760.56
2007	1171.29	822.76	2016	1802.18	764.44
2008	1224.31	810.47	2017	1855.83	786.70
2009	1288.72	799.03	2018	1892.44	786.01
2010	1320.79	818.54	2019	1974.21	770.30
2011	1414.17	782.27	2020	2039.18	636.99
2012	1528.29	728.26	2021	2134.66	638.85

资料来源：国家统计局．中国统计年鉴（2005—2022）[DB]．中国经济社会大数据研究平台，https://data.cnki.net；国家统计局．“国家数据”网站[DB].https://data.stats.gov.cn.

（2）部分行业效率不高

资源利用效率的核心问题是投入与产出之间的关系。为了比较各行业的职业资源利用效率，用“投入产出表”里的“中间投入”来代表某行业生产所利用的资源，产出方面用行业“增加值”和行业“利润总额”来分别代表行业的增值能力和盈利能力。

由上述两个指标可知，“增加值”除以“中间投入”，表示的是该行业每一单位职业资源投入所带来的增值规模，能够反映出行业资源投入的增值

❶ 张臻烨，胡山鹰，金涌．2060中国碳中和——化石能源转向化石资源时代[J]．现代化工，2021，41（6）：1-5.

❷ 张扬，郭彤彤，张子恺．农业绿色水资源利用与农业经济增长脱钩关系研究[J]．中国农业资源与区划，2023（5）：1-17.

能力。同理，“利润总额”除以“中间投入”则反映出行业资源投入的盈利能力。表 2–7 中显示的是 2005—2020 年期间职业资源增值能力相对较低的行业。其中，“电热燃气水”“纺织服装”“食品、饮料及烟草”和“机械设备制造”的职业资源利用效率呈现降低趋势，剩下的三个行业则缺乏稳定性。如在 2020 年之前的“非金属矿物制品业”职业资源增值能力经历了三次下降，2017 年以后才略有上升。

表 2–7 部分行业职业资源投入的增值能力

行业	2005 年	2007 年	2010 年	2012 年	2015 年	2017 年	2020 年
电热燃气水	0.54	0.40	0.34	0.36	0.30	0.47	0.46
纺织服装	0.30	0.26	0.25	0.25	0.27	0.23	0.24
食品、饮料及烟草	0.40	0.32	0.27	0.31	0.29	0.31	0.33
机械设备制造	0.26	0.24	0.22	0.23	0.25	0.25	0.24
非金属矿物制品	0.39	0.38	0.28	0.34	0.26	0.40	0.46
金属制品	0.27	0.25	0.22	0.23	0.18	0.30	0.30
建筑	0.34	0.30	0.35	0.36	0.30	0.32	0.34

资料来源：国家统计局 . 中国统计年鉴（2005—2022）[DB] . 中国经济社会大数据研究平台，https://data.cnki.net；国家统计局 . “国家数据”网站［DB］.https://data.stats.gov.cn.

就盈利能力而言，如表 2–8 所示，与其他行业相比，“采矿”“电热燃气水”“纺织服装”和“炼焦石油加工”这四个行业盈利表现不佳。其中，“采矿业”的职业资源盈利能力虽然相对较高，但 2005 年以来其下降幅度最大，“炼焦石油加工”的效率最不稳定，“金属制品”的效率上升之后又下降，并且在所有行业中处于最低水平。

表 2–8 部分行业职业资源投入的盈利能力

行业	2005 年	2007 年	2010 年	2012 年	2015 年	2017 年	2020 年
采矿	377.60	353.95	308.34	373.08	71.38	162.62	141.59
电热燃气水	91.58	86.37	57.11	84.67	119.83	87.22	82.14
纺织服装	36.14	40.16	69.60	72.83	69.60	50.60	42.41
炼焦和石油加工	−11.08	11.88	50.53	8.57	20.97	15.46	7.13
金属制品	9.48	8.43	15.62	15.88	17.03	16.57	14.21

资料来源：国家统计局 . 中国统计年鉴（2005—2022）[DB] . 中国经济社会大数据研究平台，https://data.cnki.net；国家统计局 . “国家数据”网站［DB］.https://data.stats.gov.cn.

（3）局部污染不可忽视

在肯定污染防控成效的同时，也要注意近年来我国产业环境污染中出现的新问题，其中最不可忽视的就是从大范围存在转变为局部比较严重的现象。就污染转移而言，近年来我国大气污染向西北迁移的趋势日渐明显。2013—2020 年，我国西南和西北地区的大气污染物（颗粒物、一氧化碳、二氧化硫等）下降幅度远低于东部地区，二次污染物（如臭氧浓度）呈现显著的升高趋势，碳排放规模也比国内其他地区更大。造成这一现象的主要原因：一是污染产业向西部转移，由此带来的产业结构变化；二是西部地区的工业污染治理设施相对落后，以及后续投入的治理费用不足等。❶

就污染集中而言，主要表现为污染密集型产业的空间集聚，在某地形成“污染产业集群”。比较典型的是化学原料和化学品制造业、纺织业、造纸和纸制品业等，在江苏、浙江、山东、广东、福建等沿海地区较为多见。这些产业集群往往在地方经济中占有重要地位，❷但由于是污染密集型产业，所以它们不可避免地要大量排放二氧化硫、氮氧化物和烟尘等污染物，给区域可持续发展带来较多困扰。

3. 职业资源利用问题的成因

（1）粗放增长受惯性影响

尽管我国在多年前就把“建设节约型社会”作为一个重要的战略目标，但由于大规模资源消耗的惯性、新型城镇化及工业化进程的快速推进，从根本上改变资源高消耗状态的难度和压力确实不小。以能源消耗为例，研究表明，以高耗能行业为主的工业体系不利于能耗强度的降低，❸依据“单位利润能耗”来判断，将该指标大于 5 吨标准煤 / 万元作为标准，可以筛选出 8 个高耗能行业，其中包括国家发展和改革委员会在 2021 年最新确认的

---

❶ 章轲．大气污染和碳排放西移明显，中国科学院报告建议增加治理设施投入［EB/OL］．第一财经，2022.2.15，https://www.yicai.com.

❷ 李春友，鲁晓玮．污染密集型产业集群如何实现升级：基于产业活动类型与生态系统耦合模式匹配视角［J］．科技进步与对策，2021，38（19）：65-74.

❸ 崔明懿，陈瑞，赵留彦．技术进步、工业化程度对能耗强度影响的差异分析：基于省际面板数据的实证研究［J］．企业经济，2022，41（2）：80-87.

5个行业，[1]再加上“电力、热力、燃气及水生产和供应业”“其他制造业”和“纺织业”3个行业。2021年，这8个行业的利润总额占工业利润总额的31.87%，资产总额占工业资产总额的40.14%。[2]由此可见，无论是从盈利能力还是资产规模来看，上述行业都在工业中占有较大的比重。而且这些行业的产品性质和工艺特点决定了行业的高耗能属性，与其他行业相比，降低能耗的困难相对较多。据此推测，如果我国现有工业结构不能实现有效调整，那么工业节能降耗的难度必然较大。

粗放增长不仅造成资源高消耗的惯性，还影响了从业者的发展观。虽然我国很重视绿色发展的宣传教育，但仍有一些从业者习惯了高投入高增长的生产方式，对资源环境问题缺乏清晰的认识和危机意识。同时，贯彻可持续发展意识并非一蹴而就的事情，需要经历从认知、行为到形成惯性的长期过程。而我国在这方面起步较晚，所以还未能从根本上转变从业者的观念。在我国，上市公司受到的行为约束比未上市企业更加严格，但近年来上市公司的环境污染等问题频频爆发，[3]又如“漂绿”是指环境合法性较低的企业在缺乏认真执行环境政策的意图下，倾向于利用低质量的披露进行“伪装”。相关研究表明，在我国上市公司发布的社会责任报告中存在“漂绿”行为。[4]这说明有些从业者，特别是管理者的资源环境保护意识还不够强。

（2）政策体系有待完善

为了提高效率，减少污染等负面影响，我国逐步构建了有关职业资源利用的政策体系。总体上看，这些政策可以被分为强制性、激励性和自愿鼓励性三种。其中后两类政策存在的问题较多。如激励性政策，主要采用的是税收、补贴和信贷等措施，需要考虑兼顾资源环境保护和维持经济增长速度两个目标，有时难免顾此失彼。2018年开征的“环境保护税”可以作为经济激励性政策的代表。研究发现，环境保护税确实对产业污染有一定抑制作用。但在国内，该政策对高污染地区的空气质量提升和臭氧治理效果欠佳。

---

[1] 国家发展和改革委员会．高耗能行业重点领域能效标杆水平和基准水平（2021）[EB/OL]．2022.1.10，http://www.gov.cn.

[2] 国家统计局．中国统计年鉴（2022）[DB]．中国经济社会大数据研究平台，https://data.cnki.net.

[3] 郑元桢，王卓涵，等．“双碳”新格局下企业绿色技术创新对其ESG绩效的影响及其路径研究[J]．技术经济，2023，42（3）：64-77.

[4] 刘昱沛，孟乾坤．两权分离与企业漂绿：基于社会责任报告披露与环境违规的研究[J]．未来与发展，2023，47（3）：72-79+56.

究其原因，主要是征税范围较为局限。如其只对臭氧前体有机物的一部分征税，又如挥发性大气污染的前体物，仅对甲苯和苯乙烯征税，而另有多种物质未被作为征收对象。[1]融资也是政策实施的一个重要领域，在职业资源融资政策中，最常见的是绿色信贷。从现实情况来看，现有绿色信贷政策的成效也有一些不理想之处。例如，国有企业受到绿色信贷的激励较多，而民营企业由于融资约束，受该政策影响相对较小。[2]又如，绿色信贷对不同生命周期企业的绿色创新推动作用存在差异：成长期和成熟期企业的研发投入下降，而成熟期企业则表现为投资减少，[3]这说明绿色信贷政策在实施细则等方面还有待完善。就自愿鼓励性政策而言，在引导职业活动方面的措施较多，但其他方面还不够完善。以具备“面源特征”的农业污染为例，这类污染适合发动群众进行监督，但现有农业资源环境政策侧重于技术推广与研发、引导鼓励和示范教育等，在公众监督方面的措施很少。[4]由此可见，相关污染监督举报机制还有待进一步优化。

（3）资金流向不够合理

资金使用也是造成上述问题的一个重要原因。在我国，有些行业吸纳了大量资金，有些行业或领域却投资不足，即资金投入存在“过剩”与“短缺”并存的状态。

在投资比较集中的行业中，典型的有钢铁、水泥、平板玻璃、电解铝和造船业等。这些行业资金充足，盲目扩张、产能过剩问题比较突出，[5]同时也带来了较为严重的污染。如2005—2015年，信贷获得量前十的行业中，空气污染是其他行业的9倍，其中有6个行业属于重污染行业。[6]一些重污

---

[1] 张月，王凤，吴燕杰．环境保护税对大气污染治理的政策效果评估：以283个地级市大气污染治理效果为例［J］．税务研究，2023（1）：43-49.

[2] 肖建忠，董宇萱．绿色信贷政策对企业环境绩效的影响：以重污染行业上市企业为例［J］．江苏大学学报（社会科学版），2023，25（2）：89-100+112.

[3] 张芳，于海婷．绿色信贷政策驱动重污染企业绿色创新了吗？——基于企业生命周期理论的实证检验［J］．南开管理评论，2023（5）：1-22.

[4] 石信儿，吴大磊．我国种植业污染治理政策的演变与特征——基于中央层级的政策文本分析［J］．安徽农业科学，2023，51（1）：231-237.

[5] 皮建才，宋大强．中国制造业体制性产能过剩的测度与比较［J］．中南财经政法大学学报，2021（5）：135-143.

[6] 刘锡良，文书洋．中国的金融机构应当承担环境责任吗？——基本事实、理论模型与实证检验［J］．经济研究，2019，54（3）：38-54.

染企业在投资膨胀的同时并不注重资源节约和污染减排，依然维持粗放式经营方式，[1] 严重阻碍着职业资源的高效利用。

资金短缺方面比较突出的是污染治理投资。以工业污染治理为例，如表 2-9 所示，2005 年以来，我国工业污染源治理投资规模呈现波动状态。最高的是 2014 年，达到 997.65 亿元，最低的是 2021 年的投资规模，为 335.24 亿元。从该项投资与工业利润和工业增加值的比值来看，2005—2014 年波动较大，自 2014 年起，两个比值都在总体上呈现下降趋势。这说明污染治理投资并未随产业发展而增加。虽然上文分析表明我国工业主要污染物排放在总体上得到了一定控制，但不断缩减的污染治理投资规模很难满足经济社会发展的长远要求。2015 年的一项研究表明，大气污染与防治的地方政府财政配套很少，中央财政投入资金只能算是“杯水车薪”。[2] 农业方面也存在同样的问题。长期以来，我国农村地区环境治理资金缺口较大，农村基础设施投资中环保设施比重过低。[3] 污染治理投资不足势必会影响工业污染治理政策和措施的成效，这也是职业资源利用中污染问题的一个重要成因。

表 2-9 2005—2021 年我国工业污染源治理投资

年份	工业污染源治理投资（亿元）	与下列指标之比（%）		
		工业利润总额	工业增加值	GDP
2005	458.19	3.10	0.59	0.24
2006	483.95	2.48	0.52	0.22
2007	552.39	2.03	0.49	0.20
2008	542.64	1.78	0.41	0.17
2009	442.62	1.28	0.32	0.13
2010	396.98	0.75	0.24	0.10
2011	444.36	0.72	0.23	0.09
2012	500.46	0.81	0.24	0.09

[1] 朱朝晖，谭雅妃．契约监管与重污染企业投资效率：基于《绿色信贷指引》的准自然实验［J］．华东经济管理，2020，34（10）：74-86.

[2] 董战峰，袁增伟．《大气污染防治行动计划》实施的投融资需求及影响评估［J］．中国环境管理，2016，8（2）：47-51.

[3] 中国人民政治协商会议全国委员会．余欣荣委员谈农村人居环境整治［EB/OL］，2019.10.21，http://www.cppcc.gov.cn.

续表

年份	工业污染源治理投资（亿元）	与下列指标之比（%）		
		工业利润总额	工业增加值	GDP
2013	849.66	1.24	0.38	0.14
2014	997.65	1.46	0.43	0.16
2015	773.68	1.17	0.33	0.11
2016	819.00	1.14	0.33	0.11
2017	681.53	0.91	0.25	0.08
2018	621.27	0.87	0.21	0.07
2019	615.15	0.93	0.20	0.06
2020	454.26	0.66	0.15	0.04
2021	335.24	0.36	0.09	0.03

资料来源：国家统计局．“国家数据”网站［DB］.https://data.stats.gov.cn.

（4）科技水平相对落后

经过多年努力，我国科技水平飞速提升，在诸多领域已经接近或超越发达国家，但仍有一些领域处于落后地位。其中比较突出的有自主创新能力不强和落后产能淘汰不够这两方面。

从创新活跃度来看，2019—2021 年我国专利申请量连续三年排在世界首位，[1] 已经跃升为专利大国。然而其质量却不尽如人意。2010—2020 年，我国发明专利在专利授权总数中的占比最高才达到 23.1%，而美国的这一比例多年保持在 90% 左右。这反映出我国在自主创新方面存在“量大质低”的缺陷。[2] 从生产领域来看，主要存在以下问题：一是国内企业普遍对基础研究不够重视，对关键技术的研究和创新不足。如在可再生能源、人工智能、生物医药等重要行业，我国核心技术的掌握程度还较低；[3] 二是在材料和产品检测技术方面比较薄弱，造成一些行业对原料和产品质量的把控能力不强；三是科技人才的培养及储备不足，对于一些高端技术领域，特别是需

[1] 国家知识产权局：2021 年我国 PCT 国际专利申请再次蝉联全球第一［EB/OL］. 2022.2.10，https://www.cnipa.gov.cn.

[2] 董春风，司登奎．数字普惠金融改善城市技术创新“低端锁定”困境了吗？［J］．上海财经大学学报，2022，24（4）：62-77.

[3] 王钺．数字经济破解我国产业发展低端锁定困境的影响机制研究［J］．管理现代化，2023（2）：1-11.

要长周期培养人才的领域，还缺乏良好的培养条件和能力。[1]

出于对环保问题的重视，国家将淘汰落后产能作为一项重要目标和措施。然而，时至今日，落后产能“屡禁不止”仍然是一个待解的难题。例如，2022年，国内多个地区查封了大量“陶土玻璃纤维拉丝生产线”。这种落后的生产方式会产生大量粉尘、废玻璃清洗废水、含化学助剂废水和固体废丝等，污染严重，能耗也很高。由于玻璃纤维市场需求快速增长，供不应求，因而一些不法从业者铤而走险，他们采取“移动式生产线”等方式，给清查工作带来不小的难度。[2]科技水平不高和落后产能的存在，会阻碍生产转型，造成职业资源浪费，也不利于污染排放控制，从而给职业资源的高效利用带来消极影响。

三、职业资源绿色开发利用

从我国社会经济发展的需要来看，职业资源绿色开发利用，是指在保持一定经济增长速度的前提下，实现职业资源利用的节约和高效利用，同时减少环境污染。它既符合国家的大政方针，又与可持续发展思想相呼应。为实现这一战略目标，就必须明确职业资源绿色开发利用的路径，提出具有可行性的对策，并总结相关实践探索的经验。

1. 职业资源绿色开发利用的指导思想

近年来，可持续发展观念逐步被人们所认同，并在多个领域得到了贯彻落实。在总结实践经验的基础上，党的二十大报告提出了一系列有关绿色发展的重要论述，为职业资源绿色开发利用奠定了坚实的思想基础。

（1）坚持走绿色发展道路

由于“高消耗、高污染”的发展模式给资源环境带来了过大的压力，所以我国必须吸取教训，尽快实现发展转型。党的二十大报告（下文简称“报告”）中提出，“尊重自然、顺应自然、保护自然是全面建设社会主义现代

[1] 杨亮，于跃，等.国内外半导体级多晶硅生产技术差距分析［J］.中国集成电路，2022，31（11）：17-20.

[2] 贺丹.低端落后产能屡禁不止为哪般?［N］.中国建材报，2022.7.4.

化国家的内在要求”。[1] 报告中对“绿色发展”的路径有较为具体的论述，即“加快推动产业结构、能源结构、交通运输结构等调整优化，实施全面节约战略”，[2] 以及“推动形成绿色低碳的生产方式”[3] 等。这些要点的提出，让从业者们更加清晰地认识到自身所负的责任，也为职业资源绿色开发利用指明了努力的方向与目标。

（2）牢固树立“两山”理念

党的十八大以来，我国坚持“生态优先、绿色低碳发展”，“绿水青山就是金山银山”的理念（简称为“两山”）深入人心。在我国开启全面建设社会主义现代化国家新征程的背景下，党的二十大报告从产业发展方面对该理念进行解析，如报告中提出的“坚持山水林田湖草沙一体化保护和系统治理”“协同推进降碳、减污、扩绿、增长”以及“统筹产业结构调整、污染治理、生态保护、应对气候变化”等，从而使绿色发展道路更为具体化，并给职业资源绿色开发利用带来思想上的诸多启发。一方面，这些论述体现了经济社会发展与资源环境保护之间辩证统一、相辅相成的关系，有利于扭转以往那种“将发展与保护对立”的错误认知；另一方面，“统筹”和“协同”所体现出的全局观和系统观，能够启发从业者在决策时兼顾多维目标，提高绿色发展的效率，达到“事半功倍”，甚至“事半功多倍”的效果。因此，从业者要牢固树立这一理念，并坚定不移地将其贯彻到实践当中。

2. 职业资源绿色开发利用的对策

职业资源绿色开发利用是一项系统工程，要考虑从业者、外部条件和基础等多个维度，其关键在于：以从业者的绿色发展意愿为内在驱动力，以产业发展质量提升为基础，还需要政府施加有效的约束和激励。总体来看，应该在政府、企业和从业者的共同努力下，采取以下四方面措施。

（1）培育良好职业素养

转变发展观念的关键在于培育具备绿色发展观的高素质人才，绿色职业教育是实现这一目标的重要保障。一般来说，职业素养包括社会责任感、职

---

[1] 丁怡婷，等．党的二十大代表热议绿色发展，促进人与自然和谐共生［N］．人民日报，2022.10.22.

[2] 推动绿色发展，建设美丽中国［EB/OL］．中国人大网，2022.11.3，http://www.npc.gov.cn.

[3] 加快推进发展方式绿色转型——党的二十大报告在生态环境系统引发热烈反响［N］．中国环境报，2022.10.18.

业技能、应对解决问题的能力与个人修养等。在良好职业素养的形成过程中，学校和用人单位的培育至关重要，政府也可以起到积极的推动作用。

学校是开展绿色职业教育的重要执行部门，是推广“绿色职业教育”的重要主体。从小学到大学，各级教育机构在培养计划、课程体系、教学内容、实验室以及教学队伍建设等方面都要对“绿色”因素有充分考虑。首先，学校要普遍开设相关通识课程，同时要求教师在教学中有意识穿插和渗透绿色理念，并将其纳入课程考核内容之中；其次，鼓励教师开展绿色理论的研究，更多开发绿色案例。如借助“互联网 + 教育”发展的契机，建设教育教学研究互动平台，聘请相关专家或从业者来讲学或交流，丰富绿色案例储备；再次，重视绿色技术和技能教育，增加相关实验环节，并为学生提供更多的考察与实践机会。也可以充分发挥社团组织作用，利用与环保有关的世界环境日、植树节等开展丰富多彩的实践活动；最后，要鼓励发展各具特色的绿色校园文化，促进学生形成资源节约和环境保护意识，培养其节约、高效和循环利用资源等的行为习惯。

就业单位对职业者的教育作用也不可忽视。企业与个体经营者等非公共部门，不能只考虑产能、销量和盈利等方面，也应该对社会有所承担，特别是要承担资源环境保护责任。在注重社会责任的组织中工作的从业者，会受到来自规章制度和组织文化的积极影响，树立科学合理的绿色发展观并付诸行动。因此，有必要将绿色发展观融入企业文化之中，提倡资源环境友好型生产方式，并在绩效考核中纳入绿色指标，以鼓励从业者对职业资源高效开发利用做出贡献。

政府的主要责任是做好顶层设计和提供支持，包括为大中小学的绿色职业教育制定相应的法规和规划，通过投入资金、人力与提供平台等途径，支持各类与职业资源绿色开发利用相关的培训项目与计划，并做好监督、考核和落实奖惩措施等工作。

（2）完善绿色政策体系

绿色政策体系主要由强制性、激励性和鼓励性这三类政策构成。其中强制性政策主要是规定从业者绿色行为的“底线”，如环境事故问责条例、污染排放标准、能耗标准等，它经常与激励性政策相结合来发挥作用；激励性政策的目的是激发从业者绿色行为的积极性和主动性，如税费、补贴和污染排放权交易等；鼓励性政策强调“主体自愿”，常见的有资源环境问题的政府约谈和鼓励企业信息披露等。根据“两山”理念，当前我国绿色政策的制定和实施，既要争取有效调整从业者的行为，又要考虑实现“统筹多方”。如激励性政策是否可以兼顾环境保护、产业转型升级和分工地位提升等多重目标。在现实中，绿色发展政策完善不仅取决于政策内容的合理性与可实施性，政府的决断力与执行力等也会对其产生较大影响。

根据上文分析可知，我国现有绿色政策还存在一些不足，建议在以下四方面进行完善：第一，要做好细则修订，以增强政策的可操作性。以上文中提及的大气污染税收为例，要根据地区和行业的具体情况，因地制宜地调整征收物的涵盖范围，以免由于征收范围过于局限而影响政策的激励效果。在经济发达地区，可以将全部臭氧前体有机物纳入征收范围。对于造成挥发性有机物污染的前体有机物，如“正十二烷”“正十一烷”以及“正癸烷”等。要根据当地实际情况来确定对哪些物质征税。除了大气污染领域以外，根据我国职业资源利用的实际情况，以下领域的政策细则完善也具有较强的紧迫性，包括支持农业绿色发展的国土绿化、集体林权制度改革、节约农业用水、禁渔、耕地休耕轮作以及生态保护补偿政策、聚焦“碳达峰碳中和”目标的碳排放总量和强度“双控”、煤炭清洁高效利用以及碳排放交易的管理政策等；第二，要充分重视跨区域资源环境问题的复杂性，既充分尊重跨区域资源环境问题的整体性，又重视地区之间的差异性。要总结跨区域资源开发或污染控制的经验教训，通过完善跨区联防联动机制来保障政策的有效执行，上级管理部门也要充分发挥统筹和协调作用；第三，针对一些政策存在的“一刀切”的问题，要根据所在区域自然条件、产业基础和发展目标的不同，允许地区或行业制定差异化的政策。如在污染防治方面，根据各地实际来推行各具特色的“精准治污”与“科学治污”措施；第四，要兼顾地方经济增长与绿色发展目标。如为实现农业转型，可以采用补贴和示范项目建设等模式，挖掘乡村资源潜力，支持从业者探索“旅游 +”“生态 +”等模式，将农林业与旅游、教育、文化、康养等产业深度融合，既催生了新产业或新业态，也有利于集约高效型农业的发展，从而减少农业劳作对资源环境的压力。

值得一提的是，有些政策兼有上述三方面特征。以企业信息披露为例，近年来，国资委、银保监会和各大银行纷纷将 ESG（环境、社会和公司治理）作为评估企业经营情况的重要指标，说明环境信息公开对企业发展的意义越来越重要。这其中包括政策的“强制性”要求，也表现出一定的“激励”性质，因为只有信息披露做得好的企业才更有希望获得融资机会。同时，这也意味着政府鼓励企业进行高质量的信息披露。企业应该改变过去“被动公开”的做法与观念，通过提高职业资源利用效率，扩大污染减排规模，并且及时发布上述信息，将其作为维护、提升企业信用，塑造良好形象以及获得更多信贷支持的重要途径。

上述三类政策并不是相互孤立的，在实践中，将不同类型的政策进行组合往往能取得更好的成效。如绿色发展投入政策，它是指政府调动各方力量，调整或增加对职业资源绿色开发利用的投入，其中最为关键的是人才和资金投入。为实现这一目标，政府可以强制规定下级政府或企业的投入规模，也能采取激励性手段，而鼓励性政策往往颇有成效。

在人才投入方面，前文所述的绿色职业教育就是政府能够发挥作用的重要领域之一。一方面，政府可以在充分了解企业需求的基础上，制定相关政策，鼓励校企联合培养，让院校为企业发展提供高质量的人才队伍；另一方面，政府往往是地方“引才”工程的主要实施者，可以出台一系列优惠政策来吸引人才向本地集中，并促进人才向环保与技术密集型行业流动。在技术投入方面，政府和行业协会等部门也扮演着重要角色，他们发挥作用的途径主要有信贷、税收、补贴、奖励和建立创新联盟等。此外还有开展产学研合作、支持基础研发平台建设与科技成果转化等方面的措施，用以激励企业进行技术改进和创新。

资金投入是职业资源绿色开发利用的重要保障，而资金匮乏也是企业绿色发展中最容易遇到的难题。为减少资金不足的负面影响，政策调整的重点应集中于以下两方面：一方面，要强化环保资金投入政策。中央要对地方政府进行引导，压缩非必要的财政支出，在资源环境保护方面增加投入，以缓解该领域资金投入不足的困境。同时可以采取设立专项基金、融资支持和PPP等手段，发挥财政资金“四两拨千斤”的作用，辅之以税收优惠、补贴和优化营商环境等手段，吸引更多的社会资金投入职业资源绿色开发利用之中；另一方面，政府要为绿色信贷的发展提供充分的政策支持。包括完善企业资源环境行为评价和信息披露机制，增强企业绿色信息公开的透明度，同时要健全金融企业与环保部门的信息沟通和共享机制。金融部门也要大力配合政府，积极创新绿色信贷产品种类，加强相关部门建设和专业人员培训等。

（3）促进产业提质增效

产业提质增效是实现职业资源绿色开发利用的基础。具体来说，就是要推进落后产业转型升级，战略性新兴产业实现长足发展，以实现产业结构调整和生产技术进步等目标，为此应该主要从以下领域发力。

“提质”主要包括产业转型升级、结构优化与科技创新能力增强等多方面内容。从职业资源利用的角度来看，产业转型升级的一个重要任务，就是尽量减少资源密集型产业带来的资源环境压力，实施全面节约战略，并使一些有潜力的产业由高能耗、资源密集型向低能耗、技术密集型产业转型，同时完成产品的升级改造。结构优化主要是指产业结构、能源结构和交通运输结构等方面的调整优化，支持有利于职业资源绿色开发利用的行业发展，如人工智能、新能源、现代装备制造、节能环保、生物和绿色食品业等。还要重视数字经济、智能制造和新材料等相关行业的成长，他们能够为产业转型升级提供良好的助力。同时要控制资源密集型产业的过度扩张，坚决遏制这类产业产能过剩的趋势，特别是要坚决淘汰高消耗、高污染的落后行业。对于有条件的资源密集型企业，应该更多采用信贷、税收和补贴等激励手段来减少其资源消耗和污染，并努力实现转型。科学技术的作用也不可忽视，要重点支持应用场景广泛、普适性强的前沿科技成果的研发，加快资源环境保护类的科学技术的创新，推动形成绿色低碳的生产方式。

“增效”主要是指提高职业资源的开发利用效率，即用尽可能少的资源环境代价来取得尽可能多的职业劳作成效，这也是实现“全面节约战略”的主要途径之一。增效的关键在于技术、管理水平和生产方式等方面。如在农业生产中推广节水和循环用水模式，利用可再生资源以降低成本，并催生出农业新业态。工业企业可以通过增加研发投入，争取与其他企业、高校等部门开展合作，整合创新资源，积极追求技术进步，为职业资源绿色开发利用提供坚实的智力支持。在数字经济迅速发展的背景下，交通运输业的“增效”体现出“数字特色”，即利用远程信息技术，方便从业者共享数据。通过预判用户出行和货运服务的需求，这样就能减少运输车辆和能源消耗，提高交通运输业的运行效率。

（4）提升污染防治能力

控制和减少职业活动造成的污染，即产业污染，这是职业资源绿色开发利用的重要内容。从我国产业污染现状和问题出发，除了坚决落实“三同时”等政策措施以外，还应该充分重视以下四个方面。

第一，政府必须强化污染源控制。要根据地区产业实际，针对污染大户，如造纸、化工、钢铁、电力、食品、采掘和纺织等行业，进行信息调查和环境风险筛查评估，以明确重点防控对象，通过对它们实施严格的环境管理登记制度、禁止或限制污染物排放和清洁生产审核等措施来加强监管。对重点区域也要进行严防死守，即综合考虑生态环境承载力、产业情况和未来发展目标等因素，确定本地污染防治重点区域。在区域内实行更加严格的产业准入、环保标准和监管制度，并加强区域间联防联控。

第二，生产企业也要重视自身社会责任，努力提高清洁生产水平，探索循环经济之路。在技术选择方面，将低能耗、低污染的生产工艺置于优先地位，引进先进工业净化设备，末端污染要净化后再排放；在资源循环方面，要根据企业实际来确定适合自身的“小循环”模式，积极融入产业园区“中循环”和社会“大循环”。如机械设备制造行业可以采取租赁、将二手设备翻新转售以及回收再利用配件等方式来减少设备购置方面的消耗。电信服务商可以通过向用户租赁路由器来减少材料损失和二氧化碳排放。纺织服装业应该尽可能使用有机、安全的可降解原料，并在生产过程中消耗可再生能源和再生水，从而降低对资源环境带来的压力。

第三，环保产业是做好污染防治工作的重要基础，要尽快实现其高质量发展。从当前职业资源绿色开发利用的紧迫任务来看，环保产业高质量发展的要点包括三个：一是改变环保企业由“小而散”的布局，向支持能够为企业绿色发展进行整体式设计、进行模块化建设并提供一体化运营综合服务的大企业成长，重点打造一批龙头骨干环保企业。同时促进企业差异化、专业化、精细化发展，鼓励中小微企业发挥自身优势，将环保产品和服务做细做精；二是加强基础研究和联合攻关。着眼于长期存在的难点问题。如在低碳减排、基础零部件和材料药剂、新污染物治理、监测及溯源等领域开展研发合作，重点支持协同增效类技术的重大进步。同时推进重点实验室等创新载体建设，积极搭建转化平台，促进环保科技研发成果的推广应用；三是充分发挥数字化信息技术的作用。综合运用物联网、大数据和区块链等新一代信息技术，形成“互联网 + 产业群”的新发展格局，推进环保产业商业模式及服务创新，发展在线监控、环境应急监测和在线治理等新技术、产品、设备和服务，实现环保产业数字化、智能化升级。

第四，要充分发挥科学技术在污染防治中的作用。充分借助信息化技术和手段开展环境监测和信息公布，一方面，要提高环境监测设施的质量、精密程度，辅之以完善的运行管理制度，以提高监测数据的准确性和有效性；另一方面，要综合运用卫星遥感、无人机和点位监测等设施，建设并完善“天—空—地”一体化监测系统，做到多种设备相互配合、相互补充，更全面地采集监测企业的污染物排放数据，为生产污染防治提供良好的技术支持。

3. 职业资源绿色开发利用实践探索

为实现职业经济绿色开发利用，公共部门、企业和广大从业者在资源节约、低碳降耗和污染减排等方面进行了坚持不懈的探索。通过科技进步、生产和管理模式创新等途径，努力将“绿水青山就是金山银山”理念落到实处，并在实践中积累了诸多有益经验。

（1）科技提供强大助力

在很多生产场景下，科技创新可以为职业资源绿色开发利用提供有效助力，最具代表性的是“绿色技术”，即应用于职业劳作中有利于降低消耗、减少污染和改善生态环境的新兴技术。近年来，我国绿色技术专利创新较为活跃，如 2016—2021 年的绿色技术研发成果规模引人注目。从数量来看，在这 5 年内，全球绿色低碳专利授权数共有 47.1 万件。其中由我国授权的有 16 万件，占比达到 34%。从增长情况来看，我国绿色低碳专利授权量年均增长速度达到了 6.5%，位于世界前列。从集中情况来看，我国在氢能、储能、节电和节油等技术领域的专利数增长速度均达到了年均两位数以上，对全球氢能和节电技术专利授权量增长的贡献率均超过了 3/4，由此可见我国在绿色技术创新方面的积极性和贡献。[1] 这些创新成果，或处于试验阶段，或已经应用于生产，为职业资源绿色开发利用提供了有力支持。

上文中所述的“生产领域能耗降低”已经在一定程度上体现出我国能源改革的成效。与此同时，相关科技创新成果的应用也有诸多亮点，其中一个

---

[1] 时斓娜．近 5 年绿色低碳专利授权量年均增长 6.5%，我国成为全球拉动绿色低碳技术创新重要力量［N］．工人日报，2023.1.6.

具有代表性的领域就是建筑节能。多年来，我国建筑业一直是碳排放大户，建筑全过程碳排放总量占全国碳排放总量的比重高达 50% 以上，居所有行业之首。2022 年工信部等机构联合印发的《建材行业碳达峰实施方案》中提出，要“以低碳技术创新为动力，全面提升建材行业绿色发展水平”。❶长期以来，我国建筑业减少碳排放的重点是“提高围护结构材料的保温性能”“提升电气设备的运行效率和使用寿命”以及“新型能源替代”等，近些年则越来越重视新型绿色环保建筑材料的研发，❷其中建筑物空调制冷能耗降低领域引发的关注较多。2014 年，斯坦福大学的一个科研团队研发的“纳米光子镀银辐射制冷器”可实现建筑物在阳光直射下表面温度低于环境气温。这是“零能耗被动辐射制冷”的一项突破性进展，但其所用材料昂贵，生产工艺复杂，难以应用于工业实践。为大幅减少建筑物夏季空调制冷用电，2021 年，中国建筑集团有限公司的科研人员受到该项成果启示，历时 3 年，自主研发出“零能耗自清洁日间被动辐射制冷彩色涂料”，并持续将这一技术迭代升级。该涂料为世界首创，可反射 98.6% 的太阳热量，还能实现自清洁，耐老化能力强，其成本比纳米光子镀银材料低 63%。除了应用于普通建筑，产品还能应用于移动通信基站、常温储粮仓库和交通安全设施等领域。2022 年该技术已经进入示范应用阶段，市场前景颇为可观，❸充分体现出新材料技术对职业资源绿色开发利用的支持作用。

数据技术在生产过程中的应用，也是为科技创新提供助力的一类典型表现。自 2020 年我国提出“双碳”目标之后，能源革命就成了一项紧迫的战略任务。为尽快完成这一战略任务，除以往的“节能”“储能”和“新能源替代”等措施之外，基于现代信息技术的“智慧能源”管理系统也显现出优势。如河北新奥新智科技有限公司的智能生态平台“泛能网”，❹利用数字和智能化技术，高效链接能源产业需求侧和供给侧，可帮助用户快速了解生产过程中的“碳足迹”，即从原材料采购、生产到运输等各个环节的碳排放数

❶ 工业和信息化部等四部门联合印发《建材行业碳达峰实施方案》[EB/OL]. 中国政府网，2022.11.8，https://www.gov.cn.

❷ 王海霞.“减碳利器”为绿色建筑护航［N］. 中华建筑报，2022.11.22.

❸ 矫阳. 中国建筑：创新环境孵化绿色节能新材料［N］. 科技日报，2022.7.7.

❹ “泛能网”相关内容来自以下材料。毛振华，李亭.“数据大脑”描绘“碳足迹”，新技术促减排见实效［N］. 经济参考报，2023.5.2.

据。该平台还能辅助实施管理措施，以达到“节能降碳”目标。截至2023年1月，“泛能网”已经连接了近8万个用能设备，40余万个传感终端，每天实时处理测点数据达3.5亿条，服务于天津、河北等地的70个低碳园区、1000余家低碳工厂以及170个低碳建筑。根据这个使用规模来估算，该平台每年可帮助实现碳排放减少达到5200多万吨。由此可见，在数字技术的支持下，实现“碳排放高频监测”和“精准减排”已经不是难题。由此可以预见，未来的数字技术将在能源产、运、储、销和用各环节发挥作用，推动能源系统向全面标准化、深度数字化和高度智能化转变。

（2）资源高效循环利用

提高资源使用效率，尽量利用可再生资源，是实现职业资源绿色开发利用的重要途径。在过去，工业生产中的资源开发利用情况最受重视，实际上，广大乡村地区的职业资源开发利用情况也同样值得关注。根据上文分析，农业对水资源的高消耗问题急需得到缓解，有一些地区已经先行探索，实施了创新性举措。如宁夏回族自治区银川市的贺兰县，[1] 通过实施“深度节水控水行动”和加强水资源管理，推进农业水资源的高效循环利用和水污染控制，取得了良好成效。

贺兰县地处银川平原腹地，在农业生产方面拥有“黄河自流灌溉”之优势，但在国家大力提倡资源节约以及黄河屡次出现枯水年的背景下，以往那种靠天吃饭的模式显然无法继续。为解决上述问题，贺兰县与第三方企业合作，通过成立节水灌溉服务公司（下文简称“公司”），创建了“合同节水+市场化交易”模式。具体来说包括两方面的制度：一是农户与公司签订协议，明确每户的灌溉用水指标，用户在用水指标规定的上限内用水浇地；二是农户和企业作为交易主体，农户之间、企业之间，以及农户与企业之间都可以买卖用水权，地方政府也可以进行政府间跨区域用水权交易。

新的用水管理模式带来的益处较多，最突出的有两点：一方面，在过去，农业灌溉需要农户自备抽水泵，抽水比较费力，现在有了节水灌溉服务

[1] 宁夏回族自治区贺兰县农业节水相关内容来自以下材料。贺兰县人民政府办公室．贺兰县聚焦“五个第一”推动适水产业 高质量发展［EB/OL］．2023.5.12，http://www.nxhl.gov.cn；蒋恒斌．建立生态环境保护长效机制，提升群众“绿色幸福感”［EB/OL］．人民网，2023.6.8，http://nx.people.com.cn；王雪玲．贺兰县：节水农业跑出高质量发展加速度［N］．宁夏日报，2023.6.20.

公司建设的水泵房，灌溉用水可以直接取用，大大节省了农户的劳动；另一方面，该模式使农业水资源从低价或无价的自然资源变成有适当价格的商品，使农户从灌溉用水缺乏计划和盲目用水的状态转变为用水“台账明晰”、主动节约用水的状态，促进了水资源的高效利用。

除了用水管理以外，贺兰县还大力推行农业循环经济，其“稻渔水循环”生态立体种养模式的主要特点是让水资源在“鱼池—环沟—稻田”中闭合循环。即将养鱼产生的富营养尾水，利用湿地和生态沟等系统实现循环净化，达到灌溉用水标准后，再将其用于种植业灌溉，既能避免渔业尾水直接排放造成水污染，也达到了渔业和耕地水资源循环利用的目的。经过施行一系列节水和循环用水措施，贺兰县农业年节水量达到 3000 万立方米左右，同时实现了农户生产条件改善和收入水平提升，成效颇为可观。

从农业生产特点和绿色发展要求来看，可再生资源的利用也是一个关键领域。2021 年，我国发布了《加快农村能源转型发展助力乡村振兴的实施意见》，要求“到 2025 年，建成一批农村能源绿色低碳试点，风电、太阳能、生物质能、地热能等占农村能源的比重持续提升”，其中生物质资源备受关注。在我国乡村地区，生物质资源主要包括作物秸秆、畜禽粪污、林业废弃物和生活垃圾等，年产量巨大，迄今为止还处于利用率很低的状态，是一类具有较大开发潜力的可再生资源。[1] 以生物质能的主要原料——秸秆为例，四川省在秸秆综合利用方面堪称典范，形成了各具特色的发展模式，其秸秆综合利用率也居于全国前列。2023 年，四川还将建设 19 个秸秆综合利用重点县，这些县的秸秆综合利用率将高于 90%。[2]

在四川省，秸秆综合利用的途径主要包括将其转化为肥料、饲料、能源和基料，或用秸秆制作工艺品等。在射洪市沱牌镇，农户们将秸秆经粉碎与混合发酵后，再添加微量元素，采用秸秆压缩机压制成“生物质环保育秧盘”。这种制作成本低廉的育秧盘不仅能够提高土壤有机质含量，还可以自然腐解为肥料，不会污染耕地[3]。射洪市和泸州市等地的饲料生产企业将秸秆变成了牛羊爱吃的“草罐头”。遂宁市蓬溪县的“柏波麦秆画专业合作

[1] 林楚 . 多措并举支持生物质能行业高质量发展［N］. 机电商报，2023.4.24.

[2] 阚莹莹 . 今年四川将建 19 个秸秆综合利用重点县［N］. 四川日报，2023.6.15.

[3] 曹惠君 .“秸”尽所能助力乡村振兴，射洪市农业农村局推进秸秆综合利用［EB/OL］. 中国新闻网，2022.6.14，http://www.sc.chinanews.com.cn.

社”组织并培训乡村留守妇女学习麦秆工艺编织等技术并从事生产，从业者人均增收万余元。泸州市一些农户将秸秆加工成基料，用于制作栽培食用菌的“菌袋”，利润颇为可观：1 平方米双孢菇的原料成本不足 50 元，在市场上却可以卖到 1500 元，实现了秸秆“生金变银”。[1]秸秆虽然不难收集，但储存和运输比较麻烦，而且处置成本高，为了解决这一难题，射洪市潼射镇与环保企业合作，建立并完善秸秆“收储运”体系，建立“政府牵头发动—镇村配合堆放—企业收集转运—电厂综合利用”的秸秆收集储运模式，发动党员群众收集秸秆并打包，由企业派车转运至垃圾发电厂用于发电，[2]实现了秸秆能源化利用。截至 2022 年 5 月，遂宁市已建成集秸秆收购、加工、储藏、运输于一体的秸秆收储中心 23 个。[3]

从四川省乡村地区的实践来看，企业和农户们将秸秆这种可再生资源“变废为宝”，创造了独特的职业资源绿色开发利用模式，实现了环境保护与农民增收双赢，做到了既要“金山银山”，又保护了“绿水青山”。

（3）绿色生产统筹多方

对于生产企业来说，建立绿色生产体系，实现企业内部的“小循环”，是实现职业资源绿色开发利用的一条有效途径。长期以来，汽车工业是典型的资源密集型行业，该行业的革新和转型对社会经济的发展意义深远。众多汽车生产企业也意识到问题的严峻性，纷纷开展行动，从产品、技术和生产环节等方面来探索适合自身的绿色发展模式。

从终端产品来看，近年来，在国家补贴政策和市场竞争的助推下，新能源汽车产业迅速成长，尽管在技术方面还有诸多不成熟之处，但新能源汽车有望缓解碳排放和环境污染压力，产品的市场竞争力也较强，大有与传统燃油车“一决高下”的趋势。东风汽车集团有限公司（以下简称“东风公司”）[4]开展的“绿色东风 2025”和“科技跃迁”行动，致力于推动汽车全生命周期和全产业链节能减排，堪称汽车行业中职业资源绿色开发利用的

---

[1] 周超文．四川泸州市纳溪区：秸秆稻草种蘑菇，循环生财鼓钱袋［N］．农民日报，2021.3.26.

[2] 王飞，陈星，杨杰．百余吨秸秆变废为宝——四川射洪市潼射镇率先化解秸秆收集难题［N］．城市早报，2023.2.20.

[3] 屈超英，聂艳萍．四川遂宁：秸秆再利用 环保又增收［N］，人民日报，2022.5.23.

[4] 东风汽车相关内容来自以下材料。张思嘉．以绿色产品、制造、生态为抓手，东风推动汽车产业绿色发展［EB/OL］．新华网，2021.9.7，http://www.sasac.gov.cn.

典范。

东风公司以绿色高效为重点，计划在2024年实现主力乘用车品牌全新车型电动化。企业不仅注重提升产品质量，还大幅增加了在行业领先新技术方面的研发投入。公司开发的“岚图FREE”汽车所使用的“琥珀电池”获得了全国首个“不冒烟、不起火、不爆炸”的安全认证。该车型一经上市就快速赢得消费者的广泛认可。在氢能汽车领域，东风公司也走在了行业前列，企业通过实施“氢芯”“氢元”和“氢舟”技术品牌战略，大力研发氢燃料电池乘用车，实现了该领域技术水平的多次阶跃。

从燃油车到纯电动汽车，作为产品，汽车在使用阶段实现了节能减排，但汽车生产流程的绿色发展也不可忽视。为此，东风公司提出了“绿色东风2025”行动：到2025年，实现万元产值综合能耗比2021年下降15%，新能源汽车销量占公司总销量的20%以上。企业为此实施了“厂房集约化、原料无害化、生产洁净化、废物资源化、能源低碳化”等一系列举措。东风日产乘用车公司广州花都工厂在2017年就获得了国家首批“绿色工厂”称号。在东风乘用车武汉工厂，含镍、油和漆的废水，经过处理，转变为可养鱼的“中水”，涂装车间的清漆VOC浓缩焚烧处理系统也满足国内最严格的汽车涂装VOC废气排放标准。

为实现“科技跃迁”行动的目标，东风公司集合了大数据、边缘云、AI及物联网等全球领先技术，建立起全自动焊装、全自动树脂以及数字化总装等智能化车间。2023年4月，公司发布了一系列“科技跃迁”成果，包括平台架构，混动、纯电、氢能等动力技术，智能网联、自动驾驶等智能化技术以及“三电”产业能力建设等，[1]体现出企业雄厚的技术实力和绿色发展的决心。

除了东风公司以外，一些合资企业也取得了出色成绩。2022年，华晨宝马[2]第四次蝉联“汽车行业绿色发展指数”的第一名，该企业绿色发展的特色是：用最可持续的方式生产，实现“360度循环减碳”。

---

❶ 薛致以.从魔都到车谷：“东方风起，科技跃迁”两周年答卷高能出炉［N］.经济观察报，2023.4.14.

❷ 宝马汽车相关内容来自以下材料。杨铮.宝马打造“绿色生产”：这才是先进制造该有的样子［N］.北京青年报，2022.12.19；宝马“水之道”：绿色工厂单车生产耗水量5年连降［N］.第一财经日报，2023.6.13.

华晨宝马在资源节约方面堪称业内典范。企业提出“细抠每一度电”“从一点一滴做起把握每一个减碳机会”等口号，自建了29万平方米太阳能电池板，相当于种植了约450万棵树，每年可实现4.5万吨的二氧化碳减排。2021年，华晨宝马在辽宁建成了首批使用天然气的热电联供系统（CHP），实现了从煤炭到天然气的能源转型，对企业生产中的能源节约和二氧化碳排放控制做出了巨大贡献。到2021年，华晨宝马生产每台车辆所需要的电力降至1.4兆瓦时，单车生产过程中的碳排放量仅为0.17吨，在宝马集团全球体系内处于领先地位。

为落实“产品全生命周期绿色”战略，华晨宝马还创立了动力电池材料闭环回收与梯次利用新模式，首次实现国产电动车动力电池原材料闭环回收。该模式能够重新利用动力电池中多种昂贵的原材料，如镍、锂、钴等，同时，通过循环利用实现资源节约，也能使矿产资源开采中的碳排放量减少70%。2022年6月，华晨宝马建成“里达工厂”，为实现“精益、绿色、数字化”实施了一系列先进生产战略。工厂在内部形成了减少碳排放的“闭环”，并在多方面实现资源循环利用。例如，智能能源管理系统（IOC）可实时监控资源消耗，通过人工智能深度分析并持续予以优化。在涂装环节，应用“反渗透电泳涂层”技术可以在降低净水用量的同时减少危险废弃物的排放。

上述案例表明，东风公司与华晨宝马通过提前布局，厚积薄发，既提升了企业和产品竞争力，也很好地履行了社会责任，实现了“绿色发展”“科技领先”和“转型升级”等多维战略的协同。这充分体现出“绿水青山就是金山银山”的发展理念，并在生产中将其落到实处。由此可见，在新时期，越来越多的从业者会努力实现先进制造与绿色生产的融合，它也会成为未来职业资源绿色开发利用的主要趋势。

第三章

职业资本

职业资本直接关系从业者的职业配置与生财创收，是讲求提高职业效益的一个根本要点。随着从业时间的增加，在就职过程中员工将不断积累职业资本。职业发展对于就职者来说是长久的追求，专注于发展核心职业资本，能帮助员工形成职业竞争优势，使其不断成长，不断实现阶段目标，进而实现最终的职业理想。同时，员工的职业资本也是企业等职业组织的竞争力，有助于企业的创新能力和凝聚力建设。

一、职业资本内涵

当前商业环境瞬息万变，员工在工作中通过各种途径不断积累职业资本，加强个人竞争优势，在多变的竞争中脱颖而出。而领先企业也将通过创新能力培训和职业能力扩展项目来不断激励和发展员工技能，不但能使员工更快适应未来多变的需求，更能增强企业的凝聚力和创新能力。

1. 职业资本概念

职业资本，是指在就职前以及就职过程中积累的可界定的职业技能、难以量化的职业素质和不可量化的职业声誉。职业资本能够增强员工适应多变环境的能力，进而促进个人职业发展。

埃森哲（Accenture）曾面向 32 个国家 4100 名大中型企业的管理人员开展了一项在线调查。调查结果显示，超过 89% 的职业女性和几乎同等比例的男性受访者均认为，积累职业资本是职场成功的关键[1]。

报告显示，大约有 84% 的男性及女性受访者均表示他们正在积累职业资本，从而获得：更多的发展机会（57%）、有能力影响工作决策（56%）、提高在同事和同辈人中的可信度（53%）和实现自己的职业目标（51%）。有 67% 的受访者认为，特定领域的知识或能力是最重要的职业资本。

本书认为职业资本的主要内容包括以下三个方面：

（1）可界定的职业技能

可界定的差异化职业技能包含不同知识结构和工作技能，包括学历、各种职业技能证书和操作技能。这些知识和技能是在就职前和就职过程中通过

[1] 累积职业资本是成功关键，中国新闻网，2014.3.14.

个人不断地学习和考试获得的，可以通过各种证书的形式体现出来，也可以在具体工作过程中表现出来。

（2）难以量化的职业素养

难以量化的职业素养是劳作者对职业了解与适应能力的一种综合体现，其主要表现在职业道德、职业态度、职业习惯、职业精神等方面。影响和制约职业素养的因素很多，主要包括实践经验、社会环境、工作经历以及自身的一些基本情况（如身体状况等）。

（3）难以量化的职业声誉

难以量化的职业声誉包括职业知名度和美誉度两方面，是职场中长期积累的结果，所形成的职业声誉在较长的时间内比较稳定，将对个人职业生涯起到很大的推进作用。

2. 职业资本价值衡量

从个人的职业资本概念角度衡量职业资本价值的指标如下：

$$C=K+Q+R \quad (3\text{-}1)$$

式 3-1 中 C 代表职业资本价值，K 代表职业技能价值，Q 代表职业素养价值，R 代表职业声誉价值。知识与技能价值、职业素质和职业声誉价值对个人来说都是动态变化指标。在个人职业生涯进程中，知识与技能价值和职业素质会随着知识老化和更新的过程动态增减，而个人职业声誉也会因主观和客观环境变化而有增有减。因此个人职业资本价值衡量是一个动态过程。

（1）职业技能价值的增减

职业技能包括学历、各种职业技能证书和操作技能。随着时代的发展，知识和技术更新的速度越来越快。研究资料显示，在知识更迭日益加快的今天，一个本科生走出校门两年内、一个硕士研究生毕业三年内、一个博士生毕业四年内，如果不及时补充新知识，其所学的专业知识将全部老化。按照知识折旧定律：如果一年不学习，所拥有的知识就会折旧 80%。从人生全部阶段来看，在校求学阶段所获得的知识只能占一生所需的 10%，而另外 90% 以上的知识都必须在以后的自学中不断获取。过去的知识和技能仅代表历史，如果毕业后不再进行学习和更新，随着知识和技能的不断老化，职业资本中第一项知识与技能价值将不断贬值，甚至可能达不到入职基准，最终被职业所淘汰。只有不断学习和补充新的知识和技能，才能使自身知识与技能价值不至于贬值，保持升值。

（2）职业素养价值的增减

显性的职业技能因为可以被量化和评估，比较容易被关注，但职业素养因为很难进行衡量，往往容易被忽视。但它无时无刻不在，更能显示出一个人的道德层次和精神境界。丁俊辉打台球，有一场球本来胜局已定，在确认可以夺冠后仍然认真打，最后打出了 147 分的满分，这就是一种职业素养。从这可以看出，职业素养应该有的特点：冷静、理智、高水平、高标准。一个人的综合素质，体现在很多细小的方面。细节方面处理不好容易降低职业素养价值。培养快速适应环境的能力，做好自我时间管理，建立良好的沟通技巧，树立良好的职业形象都能提升职业素养价值。

（3）职业声誉价值的增减

职业声誉源自就职过程中积累的口碑，在工作过程中表现出来的精湛的职业技术、踏实的工作作风、努力向上的精神面貌、诚实豁达的工作态度及良好的人际关系和团队合作精神，将为就职者增加职业声誉价值。相反，在就职过程中浮夸的工作作风、斤斤计较得失、不追求上进的态度，以及在团队中过多的强调个人意识则会降低个人的职业声誉和价值。关于这一问题在本章后文将有详细论述。

3. 不同职业资本价值比较

个人职业生涯中，很可能会面临跨行业的职业转换，此时在原工作岗位中积累的职业资本可能面临全面洗盘。因此在跨行业转换职业前一定要了解自身优势、劣势和目标行业的需求，慎重思考。下文在不同行业进行职业资本价值比较时，定义了职业资本价值。

（1）本行业“职业资本”的自身价值

只有算清楚本行业“职业资本”的自我价值，才能为自己准确定位，让自己的转行不带盲目性。本行业职业资本价值主要包括核心竞争力、客户群、个人兴趣、特长、气质和性格。

（2）目标行业“职业资本”的价值

隔行如隔山。比较“职业资本”的目标行业价值再转行，可避免许多无谓的损失。目标行业职业资本价值包括管理模式、发展前景、升迁制度、薪资状况等。

（3）“职业资本”的自身价值与新行业价值是否匹配

了解新行业后就要与原行业作比较，寻求共同点。一般来说知识技能、客户群、工作模式三方面中有一方面有共同点就比较好转行。比如都是做销售，原来是销售日用品的，如果改做销售饮料，虽然行业变了，但大部分客户没有变化，也比较好上手。

4. 职业资本积累是个人建立职业化的表现

就业者能否把学到的知识与技能用在工作中，不取决于学到多少知识，而在于把学到的知识变为自己的职业习惯，才能做到学以致用，这是职业化的一个表现。

在当今职场中，很多大学生在学校学的知识并没有带来与投入的教育成本相对等的收入，可有的大学生却在工作三五年后获得了月薪一万甚至更高的收入。之所以出现这样的情况，是因为后者在工作过程中具备了新能力——职业技能和职业素质。

职业技能和职业素质是学校没有教过的知识，需要从业者在工作中进行学习和培养。就像建造大厦一样，学校教的知识是建造大厦的地基，想要建造大厦的上层，则需要具备职业技能和素质。如果就业者不能尽快掌握这些技能和素质，上层建筑就会盖得很慢，影响个人和企业的成长。

职业素养和职业声誉是人的性格与思维方式职业化的另一个表现。人和人之间的差别主要体现在两个方面：一是性格，二是思维方式。思维的影响作用很大，面对同样一个问题，每个人有自己独特的思考方式，不同的人会得出完全不同的结论。能否以职业化的角度、思维方式来看待问题，是判断一个人职业化程度高低的标准。

二、职业资本积累

传统公司中的职业是由制度决定的，沿职位阶梯顺序向上。在向上走的过程中，人们积累的是“组织资本”，即帮助他在公司内向上层发展的经验和关系。而如今员工更多可以依赖的是职业资本，即到任何地方都有用的技能、素养和声誉。

1. 职业技能积累

职业技能的积累开始于就职前，这时的职业资本是敲门砖，至少要符合国家职业标准，考取职业资格证书，参加职业技能鉴定，而入职之后的积累则为未来的发展奠定基础。

（1）国家职业技能标准

国家职业技能标准是在职业分类的基础上（见表 3–1），根据职业活动内容，对从业人员的理论知识和技能要求提出的综合性水平规定。它是从业人员从事职业活动，接受职业教育培训和职业技能鉴定的主要依据，也是衡量劳动者从业资格和能力的重要尺度。

表 3–1 国家职业分类表（大类）

第一大类	国家机关、党群组织、企业、事业单位负责人
第二大类	专业技术人员
第三大类	办事人员和有关人员
第四大类	商业、服务业人员
第五大类	农、林、牧、渔、水利业生产人员
第六大类	生产、运输设备操作人员及有关人员
第七大类	军人
第八大类	不便分类的其他从业人员

资料来源：《中华人民共和国职业分类大典》（2022 版）。[1]

人力资源社会保障部开发了“国家职业技能标准查询系统”。该查询系统覆盖了目前正式出版的全部国家职业技能标准，共计 1109 个。其中，依据《中华人民共和国职业分类大典（1999 年版）》规定的职业（工种）制定颁布并正式出版的有 898 个，依据《中华人民共和国职业分类大典（2015

[1] 《中华人民共和国职业分类大典（2022 年版）》围绕数字经济、绿色经济、制造强国和依法治国等要求，专门增设或调整了相关中类、小类和职业。与此同时，根据实际，取消或整合了部分类别和职业，例如：将报关专业人员和报检专业人员 2 个职业，整合为报关人员 1 个职业；取消了电报业务员等职业。据统计，新版《大典》包括大类 8 个、中类 79 个、小类 449 个、细类（职业）1636 个。与 2015 年版大典相比，增加了法律事务及辅助人员等 4 个中类，数字技术工程技术人员等 15 个小类，碳汇计量评估师等 155 个职业（含 2015 年版大典颁布后发布的新职业）。

年版）》规定的职业（工种）制定颁布并正式出版的有211个。“国家职业技能标准查询系统”在“中国职业培训在线”平台和“职培云”微信公众号正式上线，实现线上免费查询。用户可以在“国家职业技能标准查询系统”专区根据职业名称和拼音搜索进行精确或模糊查询，查询后进入专题页面，在线查看国家职业技能标准全文。

国家职业技能标准包括职业概况、基本要求、工作要求和比重表四个部分，其中工作要求为国家职业技能标准的主体部分。

①职业概况是对本职业基本情况的描述，包括职业名称、职业定义、职业等级、职业环境条件、职业能力特征、培训要求、鉴定要求等内容。

②基本要求包括职业道德和基础知识，其中职业道德是指从事本职业工作应具备的基本观念、意识、品质和行为的要求，一般包括职业道德知识、职业态度、行为规范；基础知识是指本职业各等级从业人员都必须掌握的通用基础知识，主要是与本职业密切相关并贯穿整个职业的基本理论知识，有关的法律知识和安全卫生、环境保护知识。

③工作要求是在对职业活动内容进行分解和细化的基础上，从技能和知识两个方面对完成各项具体工作所需职业能力的描述，包括职业功能、工作内容、技能要求、相关知识。

④比重表包括理论知识比重表和技能比重表。其中，理论知识比重表反映基础知识和每一项工作内容的相关知识在培训考核中应占的比例，技能比重表反映各项工作内容在培训考核中所占的比例。

（2）国家职业资格证书制度

国家职业资格证书制度是劳动就业制度的一项重要内容，也是一种特殊形式的国家考试制度。它是指按照国家制定的职业技能标准或任职资格条件，通过政府认定的考核鉴定机构，对劳动者的技能水平或职业资格进行客观公正、科学规范的鉴定，对合格者授予相应的国家职业资格证书。

1993年11月在中共十四届三中全会上党中央、国务院提出在全社会实行学业证书和职业资格证书并重的制度。这是确定的一项旨在全面提高劳动者素质的重要举措，并先后被写进了1994年颁布的《中华人民共和国劳动法》及以后颁布的《中华人民共和国职业教育法》和《中华人民共和国就业促进法》中。

职业资格证书分为《从业资格证书》和《执业资格证书》[1]。执业资格实行注册登记制度，取得《执业资格证书》后，要在规定的期限内到指定的注册管理机构办理注册登记手续。所取得的执业资格经注册后，在全国范围有效。超过规定的期限不进行注册登记的话，执业资格证书及考试成绩就不再有效。从业资格是政府规定技术人员从事某种专业技术性工作的学识、技术和能力的起点标准。绝大部分的职业资格证书证明的是从业资格，并不作准入控制。在特定的领域及一定范围内实行强制性就业准入控制的，是执业资格，国际通行的是注册会计师、执业医师、律师等有限的几个行业。

2022 年，人社部在总结特级技师评聘试点经验基础上制定出台了《关于健全完善新时代技能人才职业技能等级制度的意见（试行）》。主要内容有以下三个方面：一是拓展职业技能等级（岗位）序列。在现有初级工、中级工、高级工、技师、高级技师 5 个职业技能等级基础上，向上增设特级技师、首席技师技术职务（岗位），向下补设学徒工，形成新的“八级工”职业技能（见图 3–1）等级（岗位）序列，打破技能人才成长的“天花板”。二是促进职业技能等级认定结果与培养使用待遇更好结合。引导用人单位对高技能人才探索实行项目工资、岗位分红、专项特殊奖励、技术创新成果入股等激励办法。明确高级工以上的高技能人才比照相应层级专业技术人员享受同等待遇。对取得特级技师的人员，比照正高级职称人员享受同等待遇；对首席技师，可参照本单位高级管理人员确定薪酬待遇。三是完善职业技能等级制度内涵。建立与国家职业资格制度相衔接、与终身职业技能培训制度相适应，并与使用相结合、与待遇相匹配的新时代技能人才职业技能等级制度。这不仅是技能人才评价制度，更是兼顾技能人才培训、使用、待遇等在内的制度体系。

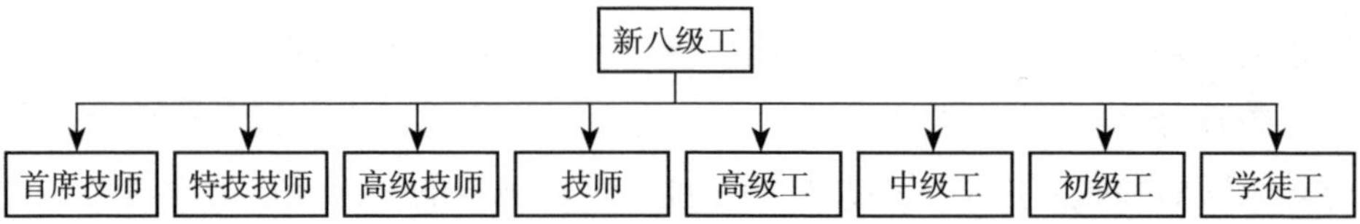

图 3–1　新“八级工”职业技能分类

---

[1] 见人力资源社会保障部网站《职业资格证书制度暂行办法》。

（3）职业技能鉴定

职业技能鉴定是一项基于职业技能水平的考核活动，属于标准参照型考试。它由考核机构对劳动者从事某种职业所应掌握的技术理论知识和实际操作能力做出客观的测量和评价。职业技能鉴定是国家职业资格证书制度的重要组成部分。

国家实施职业技能鉴定的主要内容包括：职业知识、操作技能和职业道德三个方面。这些内容是依据国家职业（技能）标准、职业技能鉴定规范（即考试大纲）和相应教材来确定的，并通过编制试卷来进行鉴定考核。

（4）职业技能积累路径

职业技能的积累从求学时就已经开始，此后将伴随职业生涯的整个过程。如下几种途径是加速职业技能积累的重要方式。

①导师引导。从大学进入专业学习开始，每个同学都开始考虑规划自己的职业生涯，在学习过程中开始有针对性地学习和训练适合自己的职业技能。有的大学生从大三便开始为求职做准备，通过各种实习、见习等实践环节积累职业知识和技能，参加各种职业技能证书考试，为将来步入职场做各种准备。在求学时期有专业老师的指导和讲授，学生主要以学习理论知识为主，辅以一定的社会实践。步入职场之后，在工作过程中，如果可以找到资深的同事（可能是你的上司、师傅或学长）作为导师，从他们身上可以直接或间接地学习到实用的工作技巧和工作经验。如果能有职场名师指明方向，一定能少走弯路，取得更大进步，获得更快提升。

②榜样力量。在人的一生中，不同阶段会有不同的标杆，不断地寻找身边的榜样，向优秀的人学习，发现自身的不足，才能不断进步，直至变成同样优秀的人。这个榜样不一定是电视、网络宣传中的“高大上”的人物，在身边能看得见、接触得到的人也许更能鼓舞自己。因为他的成功就在身边，他付出的努力你也能做到。这样的榜样更能提振士气，催人效仿甚至超越。

③竞争压力。工作时间久了，就职者难免会产生职业惰性，认为自己在岗位上已经工作这么久，自身能力足以胜任本职工作。这种情况的出现是很常见的，职业惰性会使求职者失去上进心，安于现状，不思进取。可是社会是一直在进步的，前文已经分析了职业知识和技能需要不断更新和学习才能

跟上发展的步伐，惰性会降低职业知识和技能的价值，甚至会被职业所淘汰。要改变这种局面需要引入竞争机制，在竞争环境下驱使人不断追求进步，将竞争压力转化为前进动力，不断学习，不断进步。

④自我学习。导师引导、榜样力量和竞争压力都是来自外界的力量，最终目的都是为了实现职业知识和技能的不断提升。自我学习的途径主要有参加企业和社会机构组织的职业技能培训或利用业余时间自学。在刚入职时，主要是依靠参加企业组织的新员工入职培训来学习职业技能和经验，而随着自我要求的提高，更多地要依靠参加社会机构职业培训和自学来强化更新知识和技能。

前三种职业技能的获得途径主要依靠外因。在外因的驱动下，最终还要依靠自我学习才能完成知识和技能的不断学习和更新。学习的方式包括参加企业组织的各种职业技能培训、社会机构主办的职业技能培训班以及自学等方式。以上方式在不同的职业生涯阶段发挥不同的作用。一般来说，初入职场的新人可能更多地依靠新员工入职培训积累工作经验，而工作一段时间之后，会更多地通过参加企业内部组织或社会机构组织的培训课程来充电。

（5）职业技能积累自管

通常的观点认为个人所拥有的职业资本是多多益善，比如证书越多越好，知识面越宽越好。但真正的情况是，很多时候多而杂的资本反而会让你难以明确自己的核心竞争力，从而导致职业目标模糊，甚至失去很多机会。因此在职业资本积累的过程中，有必要经常“刷新”自己的职业资本，就像枝叶茂盛的大树也需要修剪一样，“卸载”自己的职业负荷，大树会生长得更好，个人也会更明确发展方向。

①全面盘点职业资本。要去除自己多余的职业资本，需要梳理自己的职业资本，建立一份完整的职业资本档案。首先，要总结过去做过的每一份工作并描述在工作过程中所承担的特殊的责任和义务，所拥有的管理经验，并注明所管理的人数和自己所取得的主要成果。其次，应填写教育经历表、语言能力表、奖励与荣誉表。最后，通过对填写内容的分析，更透彻地了解自己，其中的经验、技能和知识都是曾经拥有的职业资本。表 3-2 为职业资本盘点示例。

表 3-2 职业资本盘点示例

<table>
<tr><td>教育经历</td><td colspan="2">2005.9—2009.7 ABC 大学 会计系 管理学学士学位
2010.3—2012.6 M University 研究生留学经历
2013.9—2016.6 EFD 大学 工商管理硕士学位 MBA</td></tr>
<tr><td rowspan="3">工作经历</td><td>2012.7—2015.5
世界 500 强 XXZ 集团
BL（中国）有限公司
任财务规划工程师</td><td>主要工作内容：
新生产线及设备投资可行性分析（测算现金流 + 回收期 +IRR+NPV），上报日本总部；
月度 KPI 报告（财务 / 销售 /EHS/ 生产 / 发货报损 指标）及对比预算差异分析，并在高层管理会做汇报；
负责董事会相关事务——制作中英文董事会报告及整理纪要，起草董事会决议，并汇报日本总部；
中国区市场分析及竞争对手研究；
协助日本总部进行 SOX 萨班斯审核及监察内审；
办理外资公司增资、经营范围、法人代表、工商变更手续</td></tr>
<tr><td>2015.6—2017.5
RX 有限公司战略投资部主任
汇报对象——董事长</td><td>主要工作内容：
新项目前期可行性研究及投资分析建议；
JM 酒店项目前期合同谈判、签约；
宏观经济政策、货币政策、地产调控新政及本地市场研究；
集团五年战略规划制定；
对集团内外部资源和能力进行 SWOT 分析及整合，明确定位和发展目标；
与 AB 大学研究生院建立校企合作，完成实习基地签约；
企业品牌建设，新商标注册、管理，新 Logo 更换，企业 VI 系统完善与规范</td></tr>
<tr><td>2017.6 至今
EST 发展（上市公司）子公司投资拓展负责人
汇报对象——总经理</td><td>主要工作内容：
负责组织新开发地产项目市场策划定位与区域市场拓展；
负责土地谈判、收储及招拍挂竞买工作，以及项目股权收购操作及签约；
对住宅、商业、旅游土地项目进行投入产出经济测算，编制可研报告，上报总部董事会投资评审；
市区土地和房地产市场研究；
组织进行本地消费者行为和需求调研，完成秦皇岛本地客户购房需求研究报告；
政府公共关系管理——与国土、规划、建设部门建立良好的沟通和交流渠道，及时获取行业内重要信息，并为后期项目开发、关系协调奠定基础
突出业绩：
2016 年 12 月，负责谈判并操作 ××× 项目股权收购（512 亩土地 + 酒店会所自持资产），也是目前公司在运营核心项目之一，起草项目合作协议，设计股权交易架构，全程谈判及总部董事会投资评审汇报
2020 年 3 月，招拍挂竞买 ××× 项目政府置换补偿土地，签署置换协议及出让合同
2022 年 1 月，负责谈判股权收购 ××× 项目，完成市场策划定位、投资分析测算及总部董事会评审，设计交易模式、起草股权转让协议并成功签署以及一直在运作养老旅游地产 3000 亩一级整理土地，调整深化规划方案和市场定位，提升 EST 在区域旅游地产的市场占有率和品牌价值</td></tr>
</table>

续表

主要技能	快速学习的能力，良好的时间掌控技巧，掌握会计、金融、工商管理等交叉学科的知识； 优秀数据分析及报告的能力； 熟练使用 MS Office，特别是 Excel/PPT/Outlook； 在压力和快节奏环境下，灵活管理多项任务，并严格遵守时间节点完成； 良好的沟通、组织能力及人际关系技巧，以及向高管汇报沟通能力； 较强的英语读写表达能力和英文报告能力； 熟悉外资公司和集团投资公司的经营管理及运作模式； 掌握并熟练操作 SAP ERP； 负责并主导经营财务分析、KPI 管理、部门绩效管理、项目投资可行性分析、市场及竞争对手研究、项目策划定位方案、土地招拍挂竞买、地产项目股权收购、企业战略规划制定等工作，具有优秀执行力和管理能力
证书	注册咨询工程师（投资）、注册会计师、中级会计职称

②查找有效职业资本。通过上述表格的填写，总结出若干领域内最突出的特点：最强技能，最精通的知识领域，个人性格最优秀的特点，最擅长做的事，最重要的成就。然后重点考查这些方面取得的成果。

③加强有效职业资本。找到最重要和有效的职业资本后，下一步是需要加强。最需要做的就是坚持不懈地把核心职业资本提升到个人认为的最优秀标准。关于职业技能和知识可以通过继续攻读学位深造，或者参加业余的培训班，或者个人利用业余时间自学来提高。而职业声誉水平的提高则要求个人不断加强职业素养，积累职业文化，提高人际交往水平。

④展示重要职业资本。与其抱怨找不到适合自己的工作或者领导看不到自己的优点，不如用最佳的方式展示自己的长处。很多人在想获得提升时总强调自己干过的工作、得过的奖励，然后再来一番豪言壮语。这些表面文章对领导是没有用的。要做到平时就能够很好地积累表现自己的机会，把自己最好的那一面展现给领导看。向重视能力的领导展示自己的工作能力，向重视人际关系的领导展示自己的公关特长。

⑤减除无效资本。最后一步，就是把暂时不需要的职业资本减除。那些原以为是职业资本而其实是职业负荷的东西，暂时不要管它，不要干扰现在的职业发展。但是不要彻底删除它，万一将来要转行或者跳槽的时候，这些很可能又会是新的有效职业资本。

职场人士要随时刷新自己的职业资本，卸载负荷，突出核心竞争力，才能更加接近成功。

2. 职业素养积累

职业素养主要包括职业道德、职业态度、职业习惯、职业精神等。《一生成就看职商》的作者吴甘霖，通过回首自己从职场惨败到走上成功之道的过程，总结比尔·盖茨、李嘉诚、牛根生等著名人物的成功历史，再进一步分析所看到的众多职场人士的成功与失败，总结了一条宝贵的理念：一个人的能力和专业知识固然重要，但是在职场要成功，最关键的并不在他的能力与专业知识，而在他所具有的职业素养。缺少这些关键的素养，一个人将一生庸庸碌碌，与成功无缘。拥有这些素养，会少走很多弯路，以最快的速度通向成功。

（1）职业道德方面

包括对工作负责、诚实守信、忠于企业等多方面素质的要求，可以在职业活动中强化职业道德行为。把学到的道德知识规范变成个人内心坚定的职业道德信念、职业道德理想与职业道德原则、对自己履行的职业责任和义务的真诚信奉，再将职业道德信念外化为行为。“不要总是在梦想高尚的事情，而要去做高尚的事情”。把内心形成的职业道德情感、意志和信念变成自己醒悟的职业道德行为，指导自己的职业活动实践。

（2）职业态度方面

要认识到自己工作的重要性，将个人利益与企业利益紧密地联系在一起。培养严肃认真的工作态度，在工作中，首先需要解决的问题就是思想观念问题，具体来讲就是对待工作的态度。应该明确工作职责，增强工作责任感，尽职尽责地去做每一项工作。这种严肃认真的工作态度对于任何一个人来讲，都是不可忽视的首要因素。树立团队协作的互助精神。在工作中，每个员工并不是独立的个体，部门与部门之间的往来，人与人之间的工作合作，都是紧密相连的。所以，必须树立共同协作、相互依存的团队合作意识。不仅要对自己的工作负责，同样还要对他人、对单位的各项事业负责。

（3）职业习惯方面

要用自己所从事的职业要求和职业规范来严格要求自己，使自己适应工作上的需要。计划好工作内容，养成良好的计划习惯，然后按步骤有序地进行；明确工作内容，要学会处理工作中的轻重缓急关系，形成严谨的工作作风；学会主动化解工作难题，不要逃避，主动面对与解决问题；学会回馈，在执行一项工作时，在必要的时间点，都应该给相关的人员反馈，比如领导、客户。

（4）在职业精神方面

职业精神与人们的职业活动紧密联系，具有职业特征的精神与操守，从事某种职业就该具有的精神、能力和自觉，其鲜明地表现为某一职业特有的精神传统和从业者特定的心理和素质。职业精神往往世代相传。在表达形式方面，职业精神比较具体、灵活、多样。各种不同职业对于从业者的精神要求总是从本职业的活动及其交往的内容和方式出发，适应本职业活动的客观环境和具体条件。敬业是职业精神的首要实践内涵，业精于勤，职业精神必须落实到勤业上。推进职业发展，还要敢于和善于创新。

3. 职业声誉积累

职业声誉包括职业知名度和美誉度两方面。知名度，即人和事物被社会认知的广度；美誉度，即人和事物被社会认可的广度。职业声誉的积累是一个漫长且客观的过程，点滴积累源于日常工作良好的口碑，但损害一个人的职业声誉却非常容易，有时候工作过程中某一个微小的举动也可能导致职业声誉直线下降，而且极难恢复。在实际工作中，职业人士不但要保证职业知识和技能的高水平，而且要确保自己在工作中展现高品质——职业声誉。职场品牌得到认可需要经过精心而长期的培养与积累，而职场声誉一旦形成，就将在相当时期内保持稳定。高超的职业技能、高效的工作方式可以被他人所借鉴学习，但是个人职场声誉却是无法模仿的，它能够对个人职业生涯起到很大的推动作用。对于职业人士来说，职业声誉就如同金子一般珍贵。在个人职业生涯中，它能够带来进一步提升的机会，还可以获得同行的尊重。要想提升个人职业声誉可以从以下几点做起。

（1）敬业

中华民族历来有“敬业乐群”“忠于职守”的传统，敬业是中国人民的传统美德。敬业精神是一种基于热爱的对工作对事业全身心忘我投入的精神境界，其本质就是奉献精神。具体地说，敬业精神就是在职业活动领域，树立主人翁责任感、事业心，追求崇高的职业理想；培养认真踏实、恪尽职守、精益求精的工作态度；力求干一行爱一行专一行，努力成为本行业的行家里手；摆脱单纯追求个人和小集团利益的狭隘思想，具有积极向上的劳动态度和艰苦奋斗精神；保持高昂的工作热情和务实苦干精神，把对社会的奉献和付出看作无上光荣；自觉抵制腐朽思想的侵蚀，以正确的人生观和价值观指导和调控职业行为。

例如员工在离职前的最后一天，坚持参加公司的会议，参与讨论问题，这些大家都有可能做得到。但是他在下班前，开出了两张《文件修正申请单》，这就是一种敬业精神，值得我们学习。再如另一个员工，下班已经晚上 10 点多了，当他走在回家路上时，忽然想到某一个地方数据错了。也许很多人都会选择第二天早上来上班时再改，但这位员工选择的却是马上掉头回来，改了再回家。也许有人认为这些都是小事，甚至做了也没有人能够看到，但正是这些小事，在一点一滴地积累职业声誉。

（2）合作

合作是同事之间、部门之间的工作态度。小合作要放下态度，彼此尊重；大合作要放下利益，彼此平衡；一辈子的合作要放下性格，彼此成就。一味索取，不懂付出，或一味任性，不知让步，到最后必然输得精光。共同成长，才是生存之道。

例如，有些事情不是本职工作范围，但如果能去做，并且没有抱怨情绪地积极地完成，这就是合作。再如，收到工作责任单，应该正确地对待，保持良好的心态，不要暴跳如雷和记恨开单人，冷静地反思责任单所反映的是否属实。如果属实应立即着手改善事项，包括与领导和同事一道寻求改善的方法，防止同样的错误再次发生。如果对责任单有疑义，应与领导和稽核小组妥善地沟通和处理。

（3）沟通

沟通是人与人之间、人与群体之间思想与感情的传递和反馈的过程，沟通是为了思想达成一致和感情的通畅。在工作中掌握交流与交谈的技巧是至关重要的。如何有效沟通表达自己的理想与见解是一门很大的学问，也是决定我们在社会上是否能够成功的重点。

不重视沟通，这是企业管理人员经常犯的一个错误，尤其是在中国企业中。企业管理人员，之所以犯这个错误，是因为他们受儒家文化中等级观念的影响太深，认为管理者与被管理者之间不能有太多的平等，没有必要告知被管理者做事的理由。没有充分有效的沟通，下属员工不知道做事的意义，也不明白做事的价值，因而做事的积极性也就不可能高，创造性也就无法发挥出来。不知道为什么要做这个事，所以他也就不敢在做事的方式上进行创新，做事墨守成规，按习惯行事，必然效率低下。

（4）创造

创造是指将两个或两个以上的概念或事物按一定方式联系起来，以达到某种目的的行为。简而言之，创造看字面意思就是把以前没有的事物给产生出来或者造出来。这明显的是一种典型的人类自主行为。因此，创造的一个最大特点是有意识地对世界进行探索性劳动的行为。

创造力是人类特有的一种综合性本领。一个人是否具有创造力，是一流人才和三流人才的分水岭。它是知识、智力、能力及优良的个性品质等复杂多因素综合优化构成的。创造力是产生新思想，发现和创造新事物的能力。它是成功地完成某种创造性活动所必需的心理品质。例如，创造新概念，新理论，更新技术，发明新设备，新方法，创作新作品都是创造力的表现。创造力是一系列连续的复杂的高水平的心理活动。它要求人的全部体力和智力的高度紧张，以及创造性思维在最高水平上进行。在这个不断进步的时代，不能没有创造性思维，应该紧跟市场和现代社会发展的节奏，不断在工作中注入新的想法和提出合乎逻辑的创造性建议。

三、职业资本实例分析

在世界名校麻省理工学院，有一条校训——在这个地方，睡眠、学分和社交，你最多只能做好两样。在多年工作过程中，职场人士都会积累许多职业资本，但是哪些是核心的职业资本而需要加强，哪些职业资本对未来的工作更有帮助，下面的职业资本作为实例将给出答案。

1. 职业生涯取舍观

“人有不为也，而后可以有为”。杨振宁青年时曾经梦想成为一个实验物理学家。1943 年，杨振宁赴美留学时，就立志要写一篇实验物理论文。然而，在实验室工作的近 20 个月中，杨振宁的物理实验进行得非常不顺利，做实验时常常发生爆炸，以至于当时实验室里流传着这样一句笑话——哪里有爆炸，哪里就有杨振宁。此时，杨振宁不得不痛苦地承认，自己的动手能力比别人差！一天，一直在关注着杨振宁、被誉为美国氢弹之父的泰勒博士直率地对杨振宁说：“我认为你不必坚持一定要写一篇实验论文，你已经写了一篇理论论文，我建议你把它充实一下作为博士论文，我可以做你的导师。”杨振宁认真思考了两天。他想起在厦门上小学时的一件事：有一次上手工课，杨振宁兴致勃勃地捏了一只鸡拿回家给爸爸妈妈看。爸妈看了笑着说：“很好，很好，是一段藕吧？”往事一件接一件地在他的脑海浮现，他不得不承认，自己的动手能力实在不强。杨振宁接受了泰勒的建议，放弃写实验论文。从此，他毅然把主攻方向转至理论物理研究，最终于 1957 年 10 月与李政道联手摘取了该年的诺贝尔物理学奖，将自己的名字留在了物理史上[1]。

大树要修剪，职业发展要卸载负荷。一个人的职业发展就像一棵大树一样，有时候，过于枝繁叶茂并不一定是好事，过多的旁枝很可能阻碍大树主干的生长，从而使得大树失去足够的向上生长的能力。职业生涯也是如此。如果兴趣、知识、证书过多，反而可能是一种职业负荷。削弱了核心竞争力，容易导致个人职业目标的模糊，在别人眼中就会产生“啥都想干，但没有特点，或没有一样能做得最好”的感觉。想要在职业发展层面提升自己，首先要卸载职业负荷，刷新自己的职业资本。

2. 职业转换价值观[2]

以下为两个转行高峰年龄段，这两个阶段转行能否成功，可以从职业资本价值角度进行度量。

（1）28~33 岁转行的职业资本经济账

25 岁后，年龄越来越成为职业发展的阻力，特别是对于那些在一个岗位上工作了 5 年左右、未见升职的二十七八岁的白领。假如在这个时候准备转行，机会成本有多大?

小刘今年 29 岁，从事人力资源工作 5 年多了。最近他开始觉得这份工作没有太大的发展前景，再加上年龄的增长，他对个人职业发展方向感到迷惘，一直在问自己是否应该转行。他在大学里学的是英语专业，没有其他特长，若真是要转行必须从现在开始行动。在做了一些市场调查后，他准备转

---

[1] 阿同．杨振宁的成功“放弃”［J］．公关世界，2003（11）：19.

[2] 树英．转行要打理好个人“职业资本”［J］．劳动保障世界，2012（5）：42-43.

行做律师，因为一直对法律很感兴趣且他也在自学，同时他也认为律师越老越值钱。然而真正面对转行时，小刘又犹豫了，29岁才规划转行晚不晚呢?

可以为他算一笔转行经济账：考取律师证的费用（参考）：辅导班学费12,000元，教材600元，考试费320元，合计12,920元。他现在的月薪差不多是4000元左右，若是刚刚转行做律师，薪水也不会太多，但从长远发展来看，如果自己努力，增加收入是可能的。而且，转行的关键在于小刘是为了突破自身职业发展的瓶颈，所以经济因素应该排在职业发展之后。

据某人才网站调查，大多数白领的职业生涯都呈现出这样的轨迹：工作1~4年担任基层职务，5~6年任经理，7~9年任高级经理或总监，10~12年任副总经理，13~20年任总经理，即30岁以上的白领普遍担任一定的管理职务。但是能够最终升至企业总监以上高级职务的概率只有10%，所以这时许多人会感觉在企业内发展空间有限，缺乏工作动力。因此，28~33岁这个年龄段有一定事业基础的白领是最敏感的职场人群。如果此时觉得自己职业发展明显受阻，是可以果断转行的，而不应该受可能出现的、短暂的工资落差的影响。毕竟这个时期正是人生中精力最充沛的阶段，职业发展应是重点。这一阶段要对职业发展有清醒认识和规划，可以尝试到那些自己有志发展的行业里去试试。

（2）35~40岁转行的职业资本经济账

35岁的小娜在做出转行决定时，同事们都感到很惊讶。她已经在这家公司做了7年的行政工作，虽不是管理层，工作也还算稳定。但她认为这份职业与自己的个性不符，内心并不快乐，所以她决定重新开始。

她喜欢帮助别人，希望按个人喜好标准选择服务对象。她追求工作的意义和创造性，因此，她决定转行做寿险顾问。在开始的5个月内，她的收入几乎为零，而且这又是一份外人看来很卑微的职业。她虽然信心十足地认为自己的现状会有所改观，但这时家庭的支出全凭丈夫一个人支撑，日子过得稍显紧张，丈夫也时有怨言。小娜一下子陷入了窘迫的境地。

不妨为小娜算一笔账：在近半年的时间里，她的收入是零。即使她以后的收入渐渐增多，但要达到以前作为资深员工的“职业资本”与收入标准，也还需要付出更大的努力。这对小娜和她的家庭无疑都是一个考验。所以，以小娜的年龄，经济的稳定和家庭的和睦才是她应该注重的。

在决定转行时，用“职业资本”中的个性、兴趣和目标来确定是否转行最为可靠。比如第一个案例中的小刘，因为已经厌倦了现在的工作，他准备从事自己感兴趣的工作，加上他还年轻，此时谋划转行是可行的。当然最主要的还是他确定了自己的目标，即使已经在人事岗位工作多年，也是可以重新选择未来的。当然，转行前要先接触与意向行业相关的行业，有这样一个过渡，可以使你更快地进入新的角色。另外，认清自己的弱点同样是优势，即使一切从零开始。

四、数字时代的职业资本探索

数字经济正在推动生产方式、生活方式和治理方式发生深刻变革。在产业数字化和数字产业化背景下，职业选择的空间与范围不断拓展，职业选择灵活化、个性化、多元化成为数字经济时代青年职业选择的新特征。数字化的乘数效应也更能满足青年多样化个性化的就业需求。在数字经济时代，更应有前瞻性的职业规划与主动提升职业能力的意识，只有持续增强学习能力与创新能力，才能在数字经济时代找到适应时代要求、个人与社会发展需要的新职业。

以下将以新闻出版领域职业、制造流通领域职业、物流领域职业、政府管制领域职业（金融、医疗、教育）、新兴职业等 7 个传统职业为例，研究在数字经济影响下这些职业资本所发生的变化。

1. 新闻编辑

数字时代的到来，使新闻传播的途径越来越多样化，传统的纸媒（报纸、期刊）发展式微，自媒体、社交媒体、全媒体融合不断推新。

网络新闻编辑的基本专业素养同传统媒体的新闻编辑一样，需要具备完备的知识技能，其中包括专业技能和对多学科、多领域知识的了解。同时网络传播更加迅速和广泛，网络新闻编辑也更需要注重时效性和全面性。网络上的信息量是巨大的，受众是广泛的，所跨的层次是多样的。网络新闻编辑是在网络上进行新闻编辑，面向的受众是 PC 和移动终端后面的任何一个可能的受众，所以网络新闻编辑还应了解电商、大数据、云计算、用户体验等知识，在互联网的框架内，谁为谁单向提供信息的概念渐渐淡去，转而慢慢衍生出一种服务和分享的机制。网络新闻编辑仅仅具备以上的媒介素养是远远不够的，还应了解互联网，具有互联网思维和视野。在网络平台上除了做好新闻的编辑工作外，还应当在其他方面做出更多努力，如熟悉各种社交媒体，并能够利用社交媒体进行新闻传播。

2. 制造业从业者

进入数字经济时代，伴随大数据、人工智能、移动互联网等数字技术的蓬勃发展和普及应用，数字技术成为实体经济高质量发展的重要支撑，推动制造业从人口红利向技术红利加速转变。劳动密集型制造业在智能化、数字化驱动转型升级的过程中，将会面临“机器换人”去技能化带来的就业影响，但与此同时，也会获得“技能偏向型技术进步”带来的高质量就业岗位的创造、中高技能劳动者收入提高等数字红利。

据工信部的《制造业人才发展规划指南》统计，预计到2025年，全国制造业重点领域人才缺口将接近3000万人，缺口率将达48%，技能型人才供应将呈现供不应求的状态。以电子设备和产品、电气设备、通用设备、专用设备、仪器仪表制造业为主的资本性设备制造业领域，对就业人口的受教育程度、产业链的要求较高。传统就业岗位与数字化技术融合程度加深，大大提高了企业对普通从业人员的素质要求，劳动者不仅需要具有一定技术含量、能够处理复杂工作的能力，还要掌握与网络相关的技能。

3. 物流行业从业者

中国已成为世界第一制造大国和贸易大国，物流作为与之匹配的关键环节，市场规模亦日益扩大。然而分布零散，缺乏集中效应，信息化欠缺，同质服务等低效运作弊端导致我国物流成本是发达国家的两倍之多。不久前，商务部发布了《“互联网＋流通”行动计划》，力推在农村电商、线上线下融合等方面创新流通方式。物流行业持续迎来“互联网 +”的新风潮。

物流是一项囊括了采购、仓储、运输、包装、国际贸易、计算机等方方面面功能的管理性工作。物流企业的发展对人才的需求是多层次的。我国现代物流的发展，既需要在物流企业中从事设备的操作、维护、物流信息收集、储存、运输、配送、货运代理、报关等具体工作的中初级实用型人才，更需要掌握现代经济贸易、运输、物流理论和技能，且具有扎实英语能力的国际贸易运输及物流经营型高级人才。同时在“互联网 +”风潮中，高级物流人才要熟悉物流专业知识，对智慧物流理念和实践有深刻的理解和运用，只有这样才能较好地胜任目前环境中的物流工作。

4. 金融业从业者

中共中央办公厅、国务院办公厅印发《关于加强新时代高技能人才队伍建设的意见》，其中指出，建立一批数字技能人才培养试验区，打造一批数字素养与技能提升培训基地。同时，鼓励企业根据需要，建立高技能领军人才"揭榜领题"以及参与重大生产决策、重大技术革新和技术攻关项目的制度。具体在金融行业来看，近年来，我国多地发布金融科技人才发展规划，由此也透露出我国对于科技人才的重视。金融科技人才的流入成为城市人才吸引力的"风向标"。

国务院《"十四五"数字经济发展规划》指出，鼓励将数字经济领域人才纳入各类人才计划支持范围，积极探索高效灵活的人才引进、培养、评价及激励政策。

人民银行发布的《金融科技发展规划（2022—2025年）》提出，制定金融科技人才相关标准，推进跨地区、跨机构人才顺畅流动；优化金融科技人才需求目录和引进模式，健全以创新能力、质量、实效、贡献为导向的人才评价体系；完善鼓励创新、包容试错的激励机制，打通金融科技人才职业发展通道，增强人才成就感和归属感。

银保监会《关于银行业保险业数字化转型的指导意见》强调，大力引进和培养数字化人才；鼓励选聘具有科技背景的专业人才进入董事会或高级管理层；注重引进和培养金融、科技、数据复合型人才等。

中国保险行业协会《保险科技"十四五"发展规划》指出，健全科技人才培养机制；统筹兼顾科技人员岗位适配度和未来成长性，拓宽人才发展通道，促进人才使用培养一体化，加强职业操守教育，培养德才兼备的保险科技人才；重点向关键岗位、技术骨干和突出业绩人员倾斜，充分激发科技人才的潜力和主动性。

金融科技从业者需要具备的素质包括以下几方面：首先，要具备金融专业知识。越到金字塔的顶端，对于专业知识的要求越高。其次，要具有知识吸纳能力。知识吸纳能力是指学习和吸收新知识的能力。在当今知识经济时代，新的科学知识层出不穷、日新月异。银行改革这几年，从过去的存款、贷款到拆借、国债交易，再到现在的期货、期权、利率互换、套期保值等新的金融知识不断地涌现。再次，掌握熟练的数据分析能力。不但要具有掌握金融学、数据挖掘、数据统计分析的能力，还需要熟知行业信息及相关竞品，能够从用户使用流程方面进行竞品分析并推动产品迭代；同时还要具有用户分析能力，能够通过用户行为分层及用户画像研究，对用户拉新、盘活、留存等 KPI 提出可行性建议。最后，要熟稔金融科技运营之道。熟悉行业的现状和趋势、各种推广方式，利用可利用资源做好多媒体营销。

5. 医疗卫生从业者

“互联网 +”医疗其实在国内已存在多年了，一些在线挂号、问诊的网站运行得也比较成功。近两年，医疗领域也因为互联网巨头的涉足而引人关注。同时，很多人正在尝试把医疗和移动互联网结合起来。“互联网 +”医疗健康将是解决国内医患比例失调的有效手段。但是，我国在这方面的发展却面临人才匮乏和创新生态缺失的问题。

相比其他专业，医学课业压力巨大，学习医学知识已经非常吃力，根本没时间和精力再涉猎其他专业，导致学生普遍知识结构单一，思路狭窄，缺乏创新思维和能力。因此在国内医学院特别关注“互联网 + 医疗健康”的发展，开设复合数字健康创新课程，搭建跨医学和计算机学科的交流平台，吸引整合多学科人才共同开发数字健康产品，开展数字健康实践，对于培养复合型医疗人才有重要意义。

6. 教育行业从业者

数字化时代教师应具备数字素养。教育数字化转型涉及整个教育行业，教师也亟须进行数字化升级。

2008 年，联合国教科文组织在英国伦敦举行的一个国际会议上推出《教师信息和通信技术能力标准》。《教师信息和通信技术能力标准》由思科、英特尔、微软等公司会同国际教育技术协会、美国弗吉尼亚理工大学共同开发而成，目的是帮助教育决策者和课程开发者确定教师在教育工作中利用技术所需的技能。

2017 年，欧盟委员会联合研究中心在《政策科学报告》中针对现实需要，提出了“欧盟教育工作者数字素养框架”（Dig Comp Edu）。该框架旨在提高教育工作者的数字素养，使各级各类教育工作者能够全面评估和发展其数字教学能力，并促进教育领域的创新。该框架提供了具有共同语言和逻辑的参考标准，旨在帮助国家、区域和地方共同提高教育工作者的数字素养，促使他们的数字素养不断更新、迭代。该框架体现出对教育工作者数字胜任力研究的横向外延在不断扩大，将其扩展为教育工作者专业胜任力、教育工作者教育胜任力、学习者胜任力三个方面，专业化参与、数字资源、教学与学习、评价、赋权学习者、帮助学习者发展数字胜任力等6个领域以及22个子领域。

2023年2月，我国教育部发布《教师数字素养》(以下简称《素养》)，从数字化意识、数字技术知识与技能、数字化应用、数字社会责任、专业发展五个维度，对未来教师应具备的数字素养进行了描述。结合我国国情，立足于教师的身份定位，充分考虑教师职业要求的特殊性，从公民身份视角、教学场景视角、教师发展视角出发对数字素养进行内涵界定和指标设计。《素养》标准包括五个维度，即数字化意识、数字技术知识与技能、数字化应用、数字社会责任、专业发展。每一级维度下，又包含若干二级维度、三级维度和具体描述（见图3-2）。

教育数字化转型给教师信息化教学带来了巨大挑战，不仅涉及信息技术应用，还涉及教育观念转变、教与学方式变革等问题。要做好顶层设计，需完善系统性构建教师培训数字化转型机制。

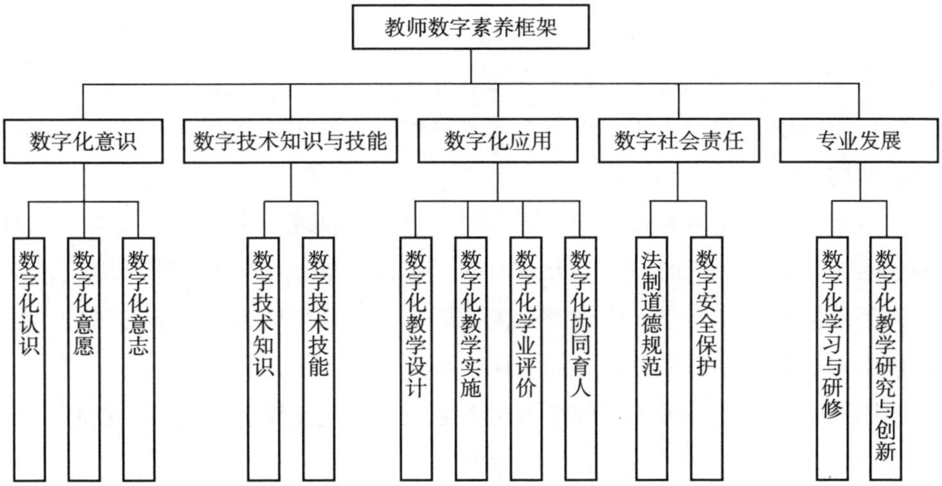

图3-2 教师数字素养框架

7. 新型职业从业者

近年来，大数据、人工智能、5G、区块链、云计算等新一代信息技术的加速创新，推动了以数字经济为趋势的变革浪潮，数字职业需求不仅在一二三次产业广泛存在，并且已渗透至生产、流通、消费的各个环节，社会需求在逐年增加。2022 年 9 月，《中华人民共和国职业分类大典（2022 年版）》（以下简称《大典》）发布，新版《大典》中，新增职业 168 个，取消 10 个，净增 158 个。共标注了 97 个数字职业，占职业总数的 6%。新版《大典》具有非常强的信号价值。新加入《大典》的职业意味着其从业群体正迅速成长，而且已得到劳动力市场和用工监管机构的认可。在认可与规范下，数字人才将进一步提量提质。

数字经济的发展为新岗位的诞生创造了有利条件，与此同时，在劳动力市场，数字经济的发展也对年轻劳动者的知识结构、专业技能提出了新的要求。数字经济各领域将需要以下几类关键人才。[1]

数字化的基础研发人才。这种基础性技术人才既包括芯片研发工程师、业务架构师、软件工程师等传统信息与通信技术专业人才，也包括用户体验设计师、大数据专家等新型数字化人才。这些人才将更聚焦数字化专业能力的打造，注重通过底层技术的研发推动数字经济基础的创新发展。

数字化的交叉融合型人才。这类人才擅长将数字新技术应用到不同的业务场景，助力各行各业实现数字化转型。例如，企业中制定和执行数字化战略、开展数字化营销、精通数字化财务的人才，还有懂智慧农业、智能制造、智能交通、智慧物流、数字金融、数字商贸、数字社会、数字政府等数字化应用场景方面的人才。这类人才要将数字化应用技术与业务模式融合以创造新的价值。

数字化的治理型人才。人工智能时代模糊了物理现实、数字和个人之间的界限，带来了一定的伦理问题。所以，我们要培养相关的数字治理人才，从人类价值观角度，建立道德的人工智能，以规避发展人工智能的风险，推动经济和社会发展，提升人类的生活水平。

以数字技术为基础构建的平台企业创造了大量新增就业岗位，创新了职

---

[1] 黄奇帆．数字经济时代需要这三类关键人才［N］．北京日报，2022-9-30.

业实践，激活了更多就业形式。《2023 中国数字经济前沿：平台与高质量充分就业》研究报告显示，以微信、抖音、快手、京东、淘宝、美团、饿了么等为代表的平台企业，为大量的适龄劳动人口提供了就业机会。

第四章

职业配置

职业资本积累，特别是职业人力资本的积累，准备或创造了职业生计活动的条件，经过职业配置进入职业领域。职业配置是指以职业人力资源为主的职业资源的组合利用的定位，实际就是人的职业选择的定位。它可使职业资源转化为职业资本。职业配置关系到职业资源的使用、职业资本的生财增值，是职业经济的一个重要环节或链条。合理进行职业配置是讲求职业效益的基本要求，其主要内容包括职业配置的秩序与规则、职业配置作用与因素、职业配置方案等。

一、职业配置秩序及其规则[1]

职业人力资源与有关的土地、矿物等自然资源以及信息、劳作资料等社会资源进行组合配置，是比较复杂的现象，它有特定的秩序、类型和规则等。

1. 职业配置的秩序

从职业配置的现象可以了解到，职业人力资源与有关的职业资源组合配置形式多种多样。诸如，农民与土地、农机具等组合，种地打粮；渔民与水、船、网等组合，养鱼捕鱼；织工与纺织机等组合，织布；商人与柜台等组合，销售商品；教师与教具等组合，教书育人；医生与医疗器具等组合，诊治患者等。

在职业配置的现象中可以发现，以职业人力资源为主的职业资源的组合利用有一定的秩序。这一秩序就是人、物、事之间关系的秩序，即人用物做事。其中，物为人所用，事为人所做，人起支配作用。

在人用物做事的秩序中从人起支配作用的意义上讲，存在的是以人为主导的人、物、事之间的关系。但人的作用不是无限的，而是有限的，是有条件的，即人在适应物、事的要求的情况下，才能够对物、事起支配作用。人也受物、事的约束或支配。

也就是说，在人、物、事之间关系的秩序中，存在着两个方面的对应作用关系：一方面是人对物、事的支配约束作用；另一方面是物、事对人的约束作用，如物、事对人的限定等，存在着人对物、事的适应关系。

---

[1] 参见齐经民．职业经济学（第二版）［M］．北京：经济科学出版社，2004：98-104.

2. 职业配置的约束限定

职业配置的秩序表明，人、物、事之间存在对应作用关系，互相约束限定，这决定了职业配置不能随心所欲，只能在一定条件下的范围内进行。并且，物的所属也有很大的影响。职业配置存在多种约束限定。

（1）个人的资本能力约束限定

个人的资本能力是既定的，适合从事的职业是有限的，这主要是由人力资源的有限性决定的。一般来看，对于掌握专业知识与技能的人来说，适合从事专业范围内的职业，从事专业范围外的职业需要重新学习。

（2）物的约束限定

这里的物是指场所、设施、器具、材料用品等职业劳作涉及的各种物质，这些因素限定人的活动。场所所处的环境约束限定人的活动，如高原、沙漠、山区、平原、海洋等对人的约束限定；设施、器具与材料用品约束限定人的活动，特别是机器设备，它们的物化形态机理，都约束限定人。

（3）事的约束限定

这里的事是指人的社会生活需要做的事，如产粮、织布、制衣、盖房、运输、经商、教学、治病、保安、殡葬、管理等，事有事理，约束限定人。

（4）所有权的约束限定

这里的所有权是指对物的所有、占用、支配的权利。物的所有权对职业配置约束限定，主要针对非所有权人。作为职业资本存在的场所、设施、器具、材料用品等物，是不会无缘无故地被他人所用，须经所有权人的认可和同意才能进行职业配置。物的所有权人直接约束限定职业配置。

可见，职业配置有约束限定的条件。其原因在于人的职业资本的短缺，物、事的约束限定在于当事者个人的人力资本的有限性，所有权的约束限定在于当事者对物的职业资本可否支配利用。

3. 职业配置的条件、类型与实现定律

（1）职业配置条件

①当事人有自由支配自己人力资源的权利；②存在场所、设施、器具、材料用品等物的职业资源；③有事的需求，即有要做的事。这三个条件缺一不可，同时存在，才能进行职业配置。

（2）职业配置类型

从职业资源的来源上看，职业配置主要有两种类型：

①全资源型职业配置，就是当事人用自己拥有的职业资源进行职业配置。如自己投资购买场所、设施、器具、材料用品等职业资源，进行职业配置。全资源型职业配置比较容易，只要有社会需要、不违法，就很容易进行职业配置，实现职业定位。

②非全资源型职业配置，就是当事人借助他人的场所、设施、器具、材料用品等职业资源进行职业配置。非全资源型职业配置比较困难，主要是占用他人的场所、设施、器具、材料用品等职业资源，需要他人的认可同意，缺乏自主性。

（3）职业配置实现定律

定律一：人力 + 事 + 合法，全资源型职业配置实现。

定律二：职业资源所有者认可，非全资源型职业配置实现。

4. 职业配置规则

职业配置是人力与环境、场所、器具、材料用品等职业资源组合定位的优化选择，涉及多方面的因素和关系，从职业配置追求科学合理的选择目标出发，应遵循下列规则：

（1）人与物相适应

如上所述，物是指场所、设施、器具、材料用品等职业劳作涉及的各种物质，包括场所环境中的高原、沙漠、山区、平原、海洋等自然物质，设施、器具与材料用品等劳作制造出的社会物质。这些物以其特有的力对人发生作用，限定人的活动。

人要适应物的作用，要有能抵御物的作用力。

（2）人与事相适应

如上所述，事是指人的社会生活需要做的事，如产粮、织布、制衣、盖房、运输、经商、教学、治病、保安、殡葬、管理等，事事不同，这些事以其特有的方式对人发生作用，约束限定人。

人要适应事的作用，能承担事的压力。

（3）人与人适应

在分工与协作的社会劳作系统中，职业配置涉及与他人的联系。特别是在工厂、商店、医院、学校等企业或事业的职业组织中，职业配置直接涉及与他人的联系，进行职业劳作的分工与协作。人有性别、年龄、性格、能力等多方面的区分与差异，存在着对他人的作用，作用既有积极的，也有消极的。

人要适应他人的作用，能承担分工竞争与协作合作的压力。

（4）学以致用

学习积累的职业资本，特别是专业学习积累的职业资本，具有明确的对应的职业应用领域，对口应用，能直接发挥职业资本作用，在职业劳作中走捷径。

学是用的要求，学是为了用，用是学的目的。人经历多年的学习，接受小学、中学、高中的普通教育以及中专、本科等不同程度的专业教育，积累职业资本，就是为了从事职业劳作，生财创收。

从职业劳作实践来看，学以致用，职业资本实效大，是充分发挥科学技术作用的必经途径，是讲求职业效益的基本要求。

（5）扬长避短

相对来讲，人都有自己的长处和短处，如有身高者，有身矮者；有语言表达能力强者，有语言表达能力差者；有思维能力强者，有思维能力差者；有组织能力强者，有组织能力差者等等。而职业也有所不同，要求也完全不一样，如教育职业要求语言表达能力强、科研职业要求思维能力强、管理职业要求组织能力强等。

职业配置时要扬长避短，能充分利用和发挥人力资源的作用，而且使得职业劳作自如。

（6）符合志趣

志趣即人的志向和兴趣，它是人的理智和能动性的一种集中的体现与反映。一般来说，人都有自己的志趣。如有数学方面的志趣、物理方面的志趣、化学方面的志趣、生物方面的志趣、地理方面的志趣、历史方面的志趣、天文方面的志趣，以及务农、做工、建筑、经商、通信、教育、医药、航天、军事、管理、体育、音乐、美术、修理等诸方面的志趣。

各种职业劳作的内容、方式等各不相同，与符合自己志趣的职业资源组合配置，从事符合志趣的职业，能感受到劳作的快乐，激发人全身心的投入，专心致志，追求进取，创造更好的职业效益。

二、职业配置作用与因素

1. 职业配置的作用

职业配置的作用可从两个角度出发进行分析：从纵向看，是指在就职中向上升迁的职业目标、职位，是一种纵向发展的方向；从横向看，则是指就职中在岗位上的工作任务、项目、人员、资料的管理，是一个岗位横向职责范围。综合来看，就是既要追求职业上纵向的职业目标，也要做好在岗在职的管理工作。

职业配置对于走向更高的职业平台、实现更好的职业价值不可或缺，不仅能够为个体选择职业发展提供指导，同时也可以为企业或组织选人、用人、育人提供新的视角和新的方法。

2. 职业配置选择因素

职业配置是一种复杂的社会活动现象，不仅要遵循一定的规则，确定职业配置的范围，当事人还必须了解和明确有关的职业配置因素。职业配置因素可以分为内在影响因素和外在影响因素。

（1）内在影响因素

①认知因素。认知因素表现为人的认知系统，主要包括人的认知方法和认知方式。认知方法包括思想认识方法、分析研究方法，认知方式包括接受教育认知与实践探索认知。认知因素可以分成职业兴趣、职业价值观和职业自我效能感三部分。

职业兴趣。兴趣是个体力求认识某种事物和从事某项活动的心理倾向。个体往往首先从自身的喜好出发，选择自己感兴趣的职业；之后，逐步发展到对这一职业产生乐趣；最终形成职业工作与个人奋斗目标相结合的志趣，成为愿意为之奋斗的职业兴趣。当个体有了职业兴趣，就会调动身心精力投入到工作中去，并能长时间地集中注意力，保持高昂的积极性，能够乐在其中，不感到乏味和疲劳。职业兴趣是个人对某种职业给予优先的注意，反映个体“喜欢干什么”的潜质，是个体职业选择过程中要考虑的首要因素。

职业价值观。价值观是关于对与错及生活中什么是重要的观念。受人格因素的影响，个人态度往往表现出具有明确趋向和单一情感的自我价值取向。价值取向是价值观的具体化和方向化。个体职业认知过程中，对某种价值的追求或排斥、对某类事物的偏好或厌恶、对某种情感的向往或躲避，会对职业选择产生直接的影响。职业价值观是人们在认知和评价职业过程时所持的观点。它是人生目标和态度在职业选择中的具体表现，反映着个体对职业的倾向及对职业目标的向往。职业价值观通常受三方面因素影响：一是个人发展因素，如促进自身职业兴趣，才能发挥和学以致用等；二是经济利益因素，如工资收入、福利待遇、交通便利和工作环境等；三是社会地位和声望因素，如职业的社会地位，单位规模大、级别高和知名度高等。社会通过媒体、习惯和舆论等渠道把职业评价渗透在个人的职业价值观中，直接影响和决定着人们的职业选择。

职业自我效能感。职业自我效能感是指个体对实现与职业选择相关任务所需能力的自我知觉，是职业成熟度的表现。研究发现，同一个专业的学生，看好就业前景的人比起不看好的人，有显著较高的职业成熟度。其中，对未来职业的积极态度是一个关键的因素。职业自我效能感与职业选择有很大的相关性，是影响个体职业决策和求职行为的重要因素。比如由于性别歧视，女性在职业选择时自我评价较低，容易产生较重的自卑心理，最终导致较低的职业自我效能感。这使得女生在职业选择时不敢于尝试非传统的女性职业，在一定程度上限制了职业选择的范围。一般来说，职业自我效能感越高，职业自信心就越强，就业自主能动性也就越强。

②形象因素。人的形象是一个人所具有的被他人普遍认定的形象，包括外在的仪表、行为举止与内在的思想意识以及气质、性格等。

人的形象千差万别，有的相貌好，有的信誉好，有的气质好，有的人品好，等等。相貌好的适合演艺职业、公关职业，信誉好的适合商贸职业，气质好的适合礼宾职业等。

气质作为先天禀赋的某种特性，通常分为多血质、黏液质、胆汁质和抑郁质四种类型，每种类型都有其独特性和行为表现。但气质在社会生活和教育环境的影响下，也会为适应社会现实需要而发生一些缓慢的变化。气质类型并无好坏之分，但气质类型存在着很大的差异。如多血质的人具有思维活跃、勇于创新和敢于竞争的特点。他们在职业的自我认识、信息收集、生涯规划以及目标探索过程中更为主动，方式也更加多样。抑郁质的人易出现孤独、敌对和偏执等心理特质，职业选择时会带有片面性。性格是人们对现实的态度，以及行为方式中较稳定和有核心意义的心理特征。相对气质而言，性格不是先天的禀赋，而是后天慢慢形成的。性格一旦形成，就会较稳定地贯穿在个体的行为中。同时，人的性格千差万别，每个人都有自己所独有的性格特点，有人偏外向，有人偏内向，有人内外向皆有。性格反映个体“适合干什么”。人们在选择职业时会自然而然地选择适合自己性格特点的职业。比如，安静、独立、专心是内向性格的特点，这类人倾向于选择第一、二产业方面的工作；而外向性格的人则擅长公关应变，具有主动服务的意识，适合选择第三产业方面的工作。事实上，不同职业有不同的性格要求，具有不同性格的人对不同职业的适应性也不同，性格是个体职业选择过程中考虑的重要因素。

③知识能力因素。知识因素表现为人学习积累的知识，包括生物学、医学、数学、物理学、化学、地理学、经济学、社会学、心理学、管理学等科学知识。学业不同形成人与人之间的科技差异，学业掌握程度的不同形成人与人之间科技水平的不同等。一般来看，汲取知识的程度具体体现在能力上。

能力是掌握知识的前提，知识必须依赖能力去获得。能力从结构上可划分为一般能力和特殊能力两大类：前者也叫智力，是人们完成各种活动都必须具备的能力，包括观察、记忆、思维和想象等能力；后者是人们从事特殊专业或职业所需要的能力。完成任何一项专业性活动往往既需要具有一般能力，也需要具有一定的特殊能力。一般来说，能力反映个体“能干什么”的潜质，包括技能、知识、专业和教育背景等。能力是一个人能否进入职业岗位、胜任工作的先决条件。职业能力的差异是职业选择的重要依据。个体可以通过职业能力测评了解自己的职业能力，并应用于职业选择过程中对职业胜任力和工作绩效的预测。因此，个体在进行职业选择时，需要明确自己的知识资源、能力优势，以及胜任某种工作的可能性。职业选择就是要选择与个体能力相匹配的职业类型。

④身体因素。身体因素表现为人的身高体重、性别等。一般来看，人的身体状态与性别具有明显的职业的自然倾向性特征。

身体状态、身体因素表现为人的身高体重等，如身材高大、身材适中、身材矮小以及力气的大小等。一般来看，身材高大，自然倾向作篮球职业、排球职业、保安职业的职业主体；身材高而又适中，自然倾向作时装模特职业主体。

性别。由于传统社会对男女性别有不同的“社会角色”的期望，以及男女生理特征差别形成的职业限制等影响。个体在职业选择时往往要考虑性别差异的因素。如女性在职业的信息探索、自我探索、规划探索和职业目标确定上表现得更为犹豫不决。这可能因为女性的情感依赖性较强，易产生依靠心理。不少女性认为人生价值莫过于建立一个和睦的幸福家庭，事业往往被放到了第二位。用人单位的性别歧视和偏见等其他社会原因，往往使女性在职业选择时遇到比男性更多的困难和限制。社会传统观念认为，男性是有抱负、有独立精神和富有竞争性的，应该选择具有挑战性的职业，女性是依赖性强的、温柔的、软弱的，应该选择稳定的、轻松的适合女性的服务性职业。男性在职业选择过程中倾向考虑养家糊口，而女性则偏向于将目光投向适合自己性别特点的职业。国外相关研究结果表明，男女往往按照惯有的思维来标识典型的男性化和女性化的工作。如矿工、机械操作员、工程师、物理学家和兽医等被认为是男性职业，而美甲师、护士和小学教师等被视为女性职业。长期以来，人们头脑中逐渐形成了男性适合从事专业技术性的职业，女性更适合做服务性职业。这种性别的刻板印象，往往直接影响着人们的职业选择。

（2）外在影响因素

①社会环境因素。社会环境因素包括社会职业制度、国家职业政策法规、社会经济状况和社会职业评价等多方面因素，对个体职业选择起着潜移默化的影响。社会职业制度方面，我国改革开放 40 多年来，以经济建设为中心，完善社会主义市场经济，需要大批专业化建设人才。近年来我国出台了很多鼓励择业就业或创业的政策，努力保障择业就业者的利益，对职业选择产生了积极的影响。国家社会经济运行良好，当地经济发展速度和水平提高，就能够在特定时期出现大量的职业需求和提供较多的职业岗位，影响着人们的职业选择。另外，社会职业评价也对人们的职业选择有重要影响。如 20 世纪 50 年代社会推崇农民职业，60 年代以工人职业为荣，70 年代崇尚军人职业，80 年代以行政干部为热门职业，90 年代下海经商成为许多人的职业目标。收入稳定和福利较好的公务员、教师和医生等职业一直是社会的热门职业。社会对职业的倾向性态度，舆论对职业的宣传报道，职业在社会中的知名度和声誉等都体现着社会的职业评价。这种评价往往影响职业理想的形成，特别是当个体对某种职业缺乏了解和切身感受时，社会评价就成为

影响职业选择的重要因素。

②学校教育因素。学校是个体从自然人向社会人过渡的中间环节。学校的教育模式、教学优势和教师行为等，直接影响着个体综合素质的形成，直接影响学生的职业选择。学校教育，尤其是各类职业教育和高等教育，注重培养学生明确的职业发展目标与职业理想，引导学生正确认识自身的个性特质，客观评估个人目标与现实之间的差距，发现自身的潜在优势，帮助学生进行职业定位，寻找发挥个人潜力的职业机会。学校教育不仅要培养学生掌握未来所从事职业的基本专业知识和专业技能，而且要引导学生弘扬社会责任感、爱岗敬业、艰苦奋斗和集体主义精神，把握所学专业的现状和发展趋势，从而坚定职业理想、强化职业认知，对未来职业进行客观评价和合理选择。一般来说，学生职业选择受自身所学专业和职业指导水平的影响。许多学校成立就业咨询指导中心，帮助学生解决择业就业过程中的困惑。经过职业指导的学生在职业方面表现出较少的职业决策困难。在学校教育和引导下，很多学生选择走向基层，服务农村，到国家最需要的地方去建功立业。这说明学校教育是个人职业选择的重要影响因素。

③经济利益因素。在市场经济体制带动商品经济快速发展的现代社会里，经济利益对于职业来说是一种重要的激励机制。经济利益包括职业带来的工资收入水平和福利待遇等，是人们进行职业选择时优先考虑的重要因素。其中，工资收入是个人从工作中获得的报酬，包括各种货币收入，薪酬总额、奖金和津贴等。福利待遇是指职业提供实用的非货币性的补偿性财务支持，如各种保险、补贴以及非货币奖励，如奖品、带薪度假、海外工作和公务旅行等。从经济学角度，劳动需求是实际工资的减函数。实际工资低时，劳动需求量大；实际工资高时，劳动的需求量小。工资越高的职业，往往越受人们的青睐。实际工资的高低是决定人们的实际购买能力的因素。在职业选择过程中，非货币性工作特征的作用往往更加明显。很多择业者最终是在补偿性工资的利益和非货币性工作特征之间进行比较和选择。因此工资收入和待遇条件已成为职业选择中具有决定性和挑战性的关键因素。

④工作地域因素。工作地域主要涉及职业的自然环境、生活条件、风俗民情和地区政策等因素，包括职业所在的城乡地区差异，不同的工作地点、位置和环境等。个体在职业选择过程中往往会考虑工作地域的影响因素。比如年轻人倾向选择经济发达的“北上广”大城市，因为那里硬件设施优越，

择业就业环境好，可能有更多的职业提升机会，有利于个人未来的职业发展。但大城市由于人口众多，人才密集荟萃，职业需求有限，就业竞争激烈，求职者要想立足可能并不那么容易。相反二三线城市或地市级以下等欠发达地区，条件设施可能相对落后，但人才需求量大，并有相对宽松的就业政策，可以为个体择业、就业者提供更多的发展和晋升机会。此外，一些年轻人还关心职业工作地域的户口问题。虽然近年来我国户口关系有了变化，但很多人选择职业时还会从未来子女上学等问题出发，考虑职业是否能够解决工作地域的户口关系。因此，工作地域是很多年轻人职业选择中关注的重要因素。

⑤家庭婚姻因素。首先，父母是子女职业选择的重要影响因素。父母是孩子家庭教育的第一任老师。父母的鼓励有助于子女树立自信心和增强勇气。家庭中，父母对子女的教育方式不仅潜移默化地影响着子女的性格、兴趣和价值观等的培养，而且也直接影响着孩子成人以后的职业选择。粗暴武断和严厉惩罚等教养方式会使子女产生无助和不安全感，职业选择中会感到有较多的困惑和易发生较多的冲突。在民主型家庭中长大的孩子，往往自律性较强，遇到个人问题时会考虑来自父母的意见；在专制型家庭中长大的孩子与父母交流思想较少，职业认识方面缺乏一致性，父母可能直接干预甚至是决定子女的职业选择；在溺爱型家庭中长大的孩子则主体意识淡薄，职业选择主动性差，倾向依赖父母；在双职工家庭中长大的孩子更倾向于将家庭与工作两种角色结合起来考虑。受过高等教育的父亲，其女儿更容易去寻求男性领域的职业。有工作的母亲愿意帮助女儿选择自己的职业，并努力获得职业成就，因为他们提供了一个女性追求职业的范例。其次，家庭婚姻是职业选择时不可忽视的影响因素。家庭婚姻状态对男孩职业选择影响可能很小，但对女孩来说却是一个很重要的影响因素。如何将家庭婚姻和职业追求有效地结合起来，并不是一件容易的事情。研究表明，女大学生对未来生活方式的选择主要是处理好家庭婚姻和工作之间的问题。当家庭与工作发生矛盾时，多数女性会选择家庭而放弃工作。如照顾家庭中的父母，与心爱的人团聚，或保持与家庭成员的联系等。另外，家庭经济状况也影响着子女的职业选择。来自不同家庭经济状况的个体往往在职业选择时对薪酬的预期存在一定的差异。经济状况好的家庭一般在社会地位和人脉资源方面较贫穷家庭有优势，对子女择业就业能提供更多社会资源的支持。经济状况较好的家庭

会鼓励和帮助子女获得相对应的职业成就。家庭经济状况不同还会影响子女的自我效能感。这些都会在一定程度上影响子女的职业选择。

三、职业配置方案

科学的职业配置可以帮助自身对职业生涯有一个较为清晰、明确的目标，帮助找准自身定位。制定职业配置方案要充分结合自身特点、行业特点、社会发展现状以及未来趋势，并兼顾家庭情况，确保制定可操作、具有可观效果的职业配置方案。

由于所处环境、能力、个人责任等多方面的差异性，这里针对专业毕业生和企业员工分别进行职业配置方案的制定。

1. 针对专业毕业生的职业配置方案

我国是一个有 14 亿多人口的大国，每年有 1000 多万大中专毕业生。据有关数据统计，[1]2023 年本专科毕业生预计达 1158 万人，同比增加 82 万人，除此外还有大量的中专毕业生。他们要求职就业，进行职业配置，就需要帮助和支持。针对专业毕业生就业所考虑的职业配置方案，详情见流程图 4–1。

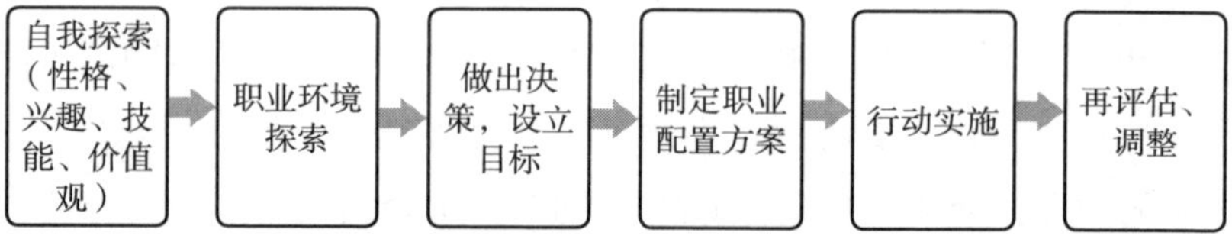

图 4–1　专业毕业生职业配置方案设计流程图

（1）自我探索

系统化职业配置方案是一个“由内而外”的过程，因此构建科学合理的职业配置方案的第一步就是要认知自我、了解自我。从心理角度分析，积极的自我观念是一个心智正常、人格健全的人应有的特质之一，具有积极自我观念的人才能够做到悦纳自己，并在学习及生活中体会到自己存在的价值，

[1] 记者吴丹从教育部获悉：2023 年全国高校毕业生规模预计达 1158 万人，同比增加 82 万人，见教育部网站，2022–11–18.

从而被他人所接纳、喜爱。自我探索，包括职业性格探索、职业兴趣探索、职业技能探索和职业价值观探索四个维度。

①职业性格探索。性格是指人对现实的稳定态度和习惯化行为方式的总和，表现为个体独特的心理特征。性格是在社会生活中逐渐形成的，同时也受个体的生物学因素影响。了解自己的性格类型，我们才能够更好地扬长避短。了解自己的性格特征，探讨自己性格特征与职业的关系，可以认识到每个人都有与众不同的特质。性格与职业要求的最佳匹配使得我们成为更高效的工作者。

②职业兴趣探索。兴趣是指无论自身能力高低，也无论外界评价如何，依然对某些活动、主题或领域产生的强烈喜好或好奇心，并愿意投入精力。兴趣可以划分为职业兴趣和非职业兴趣。兴趣是内心动力和快乐的来源。兴趣是人们获得工作满意度、职业稳定性和职业成就感的重要影响因素，同时也是对职业进行分类的重要基础。大量研究表明，兴趣与工作满意度、职业稳定性和职业成就感之间都存在着明显的关联。因此，职业配置也普遍将兴趣作为自我探索的一个重要方面，并制定出了多种量表来测量人们的职业兴趣。同时，对于工作世界的划分在很大程度上也是参照对职业兴趣的划分进行的，几乎每一种兴趣都可以与某种职业联系起来。

人们通常倾向于选择与自我兴趣类型匹配的职业环境，如具有现实型兴趣的人希望在现实型的职业环境中工作，可以最好地发挥个人的潜能。但职业配置中，个体并非一定要选择与自己兴趣完全对应的职业环境。一则因为个体本身常是多种兴趣类型的综合体，单一类型显著突出的情况不多，因此评价个体的兴趣类型时也常以其在六大类型中分居前三位的类型组合而成，组合时根据分数的高低依次排列，构成其兴趣组型。二则因为影响职业配置的因素是多方面的，并不完全依据兴趣类型，还要参照社会的职业需求及获得职业的现实可能性。因此，职业配置时会不断妥协，寻求相邻职业环境，甚至相隔职业环境。在这种环境中，个体需要逐渐适应工作环境。但如果个体寻找的是相反的职业环境，意味着所进入的是与自我兴趣完全不同的职业环境，则工作起来可能难以适应，或者难以做到工作时觉得很快乐，相反，甚至可能每天工作得很痛苦。

③职业技能探索。技能是指人们通过后天学习和练习而获得的能力，通常表现为某种动作系统和动作方式。能力是人们顺利实现某种活动的心理条

件，它不仅包含了一个人现在已经达到的水平，而且包含了一个人所具有的潜力。

技能可以分为专业知识技能、可迁移技能和自我管理技能三类。专业知识技能包括管理、市场、销售、技术等技能，是人们所掌握的知识，需要经过有意识的、专门的学习和记忆获得。专业知识技能常常与专业学习或工作内容直接相关，它的重要性常常被求职者夸大。可迁移技能包括竞合双赢、职场礼仪、沟通技巧、演讲技巧、自我营销、人际关系、团队合作、任务执行等，也被称为通用技能，就是人们所能做的事情。可迁移技能可以从生活中的方方面面，特别是工作之外得到发展，但可以迁移应用于不同的工作之中，是个人最能持续运用和依靠的技能，从现阶段看也是用人单位最看重的部分。自我管理技能包括积极的心态、时间管理、情绪管理、压力管理、工作方法等，经常被看作个性品质，被用来描述或说明人具有的某些特征和品质。自我管理技能可以从非工作生活领域转换到工作领域，可以用来帮助人们更好地适应环境，在工作中对取得成就和处理人际关系来说是不可缺少的，是成功所需要的品质，是个人最有价值的“资产”。

技能和职业的匹配包括熟练程度和个人使用倾向。如果在工作中经常可以使用到熟练的、擅长的并且最愿意使用的技能，便可顺利取得职业生涯的成功。在求职前，要进行技能的培养与澄清；在求职中，要进行技能的描述与证明；在工作后，要进行技能的发挥与发展。

④职业价值观探索。价值观就是人们在生活和工作中，所看重的原则、标准或品质。价值观指向人内心最重要的东西，它是强大的内在驱动力，是引导行为的方向，是自我激励的机制。职业价值观是指无论人们从事什么工作，都会努力在工作中追求的东西。从另一个角度来讲，工作价值观就是你最期待从工作中获得的东西。职业价值观是个人追求的与工作有关的目标，亦即个人的内在需求及在从事活动时所追求的工作特质或属性。它是人生价值观在职业问题上的反映。

价值观在人们的职业生涯发展中起到极其重要的、决定方向的作用，甚至往往超过兴趣和性格的影响。当人们对某项职业有矛盾冲突，或妥协与放弃时，常常也是出于价值观的考虑。当然，价值观也可以发生变化，个人由于所处的职业生涯发展阶段、社会环境不同，他的需求也会发生改变，从而可能导致价值观的变化。当今多元社会中多种价值观的冲击也会导致原有价值观体系的混乱乃至改变。因此，价值观需要不断地审视和澄清。

在自我评估过程中，职业测评可以帮助求职者更好地了解自我。职业心理测评法是指运用现代心理学、测量学、管理学、社会学、统计学、行为科学及计算机技术于一体的综合技术。它通过人机测评、结构化面试、情景模拟、评价中心等技术，对人才的知识水平、能力及其倾向、工作技能、内在动机、个性特征和发展潜能进行测量，并根据工作岗位要求及组织特性进行评价，从而实现对人才全面、准确、深入的了解，将最合适的人才用到最合适的工作岗位（人、岗匹配），以实现最佳工作绩效。在国外，这种职业测评已经相当成熟，是职业指导中必备的指导方法。21 世纪以来在职业测评中，国外应用广泛的理论有三种：

一是 MBTI。MBTI 是国际上最为流行的职业人格评估工具。MBTI 是以卡尔·荣格（*Carl Gustav Jung*）有关人格中知觉、判断和态度的观点提出来的，其四个维度是内倾和外倾、感觉和知觉、思维和情感、判断和知觉，体现了我们对人、职业和生活的态度和取向，是组成一个人意识层面的重要部分。MBTI 的优点在于它可以揭示为何我们对某些特定的职业兴趣要比对其他职业的兴趣强。MBTI 通过 8 种态度和功能形成四个维度，见表 4-1。

表 4-1 十六种 MBTI 类型

	感觉（S）	感觉（S）	直觉（N）	直觉（N）	
外倾（E）	管家型	主人型	教导型	统帅型	判断（J）
外倾（E）	挑战者型	表演者型	公关型	智多星型	知觉（P）
内倾（I）	冒险家型	艺术家型	哲学家型	学者型	知觉（P）
内倾（I）	检查员型	照顾者型	博爱型	专家型	判断（J）
	思维（T）	情感（F）	情感（F）	思维（T）	

外倾—内倾维度。外倾的意思是指我们的注意力和能力主要指向外部的人和事。内倾则是将自己的注意力和能量集中于内部的世界。按照荣格的观点，这种特点的差异形成了一种人格能力的张力。

感觉—直觉维度。感觉和直觉是我们感知世界、获取信息的两种方式。感觉型的人倾向于通过自己的五官来获取有关环境的事实和现实。直觉型的人则习惯于通过想象、无意识等超感官知识的方式来获取信息。

思维—情感维度。思维和情感是关于我们如何对获取的信息做决定并得到结果的两种方式。思维型的人习惯通过分析数据、权衡事实来做出符合逻辑的、客观的结论和选择。而情感型的人则习惯通过自己的价值判断来做决定，他们通常会对信息做出个人的主观评价。

判断—知觉维度。判断和知觉维度是关于我们如何对待所做出的决策，以及面对外部环境时如何行动的两种态度。判断型的人会通过思维和情感去组织、计划和调控自己的生活。知觉型的人倾向于用感觉和知觉的方式去对事物做决定。

二是职业量表。职业量表的主要目的是提供具体的可供探索的职业。霍兰德兴趣量表是职业兴趣中应用最广泛的量表，是美国著名职业指导专家约翰·霍兰德（Jhon Holland）于1959年提出的人格类型和职业类别匹配理论。霍兰德认为：某一类型的职业通常会吸引具有相同人格特质的人，而具有相同人格特质的人对许多生活事件的反应模式也是相似的。他们创造了具有某一特色的生活环境，也包括工作环境。在同等条件下，人和环境的适配性或一致性将增加个人的工作满意度、职业稳定性和职业成就感。

霍兰德生涯理论把大多数人格特质归纳为六种类型，同时还提出六种职业环境模型，并给予六种人格类型相同的命名，即现实型（R）、研究型（I）、艺术型（A）、社会型（S）、企业型（S）和传统型（C）。霍兰德所划分的六大类型，并非是并列的、有着明晰边界的。他以六边形标示出六大类型的关系（见图4-2）。

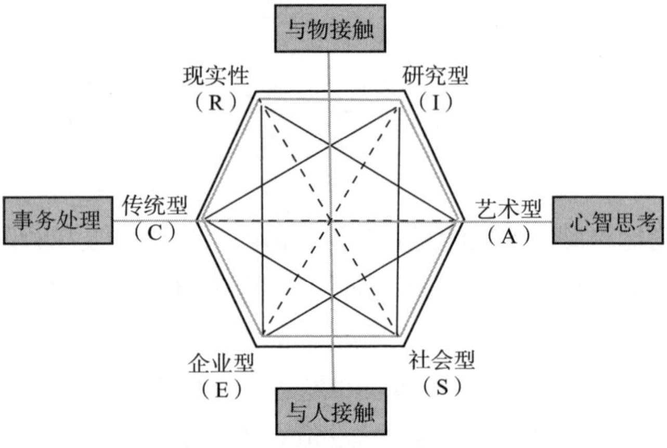

图4-2　霍兰德人格类型－职业环境适配关系图

他认为，人格类型与职业环境适配，可在增加职业满意度、带来职业成就感和提高职业稳定性等方面取得令人满意的结果。

三是“职业锚”。职业锚理论是由美国著名的职业指导专家埃德加·H.施恩（Edgar. H. Schein）教授提出的。他认为，职业生涯发展实际上是一个持续不断的探索过程。在这一过程中，每个人都在根据自己的天资、能力、动机、需要、态度和价值观等慢慢地形成较为明晰的与职业有关的自我概念。

职业锚是指当一个人不得不做出选择的时候，他无论如何都不会放弃职业中的那种至关重要的东西或价值观。职业锚实际上就是人们选择和发展自己的职业时所围绕的中心。经过近 30 年的发展，职业锚已经成为职业发展、职业设计的必选工具。国外许多大公司将职业锚作为员工职业发展的主要参考点。目前，职业锚拓展为八种技术即技术职能、自主独立、纯粹挑战、创新创业、综合管理、服务奉献、安全稳定、生活方式（见图 4-3）。

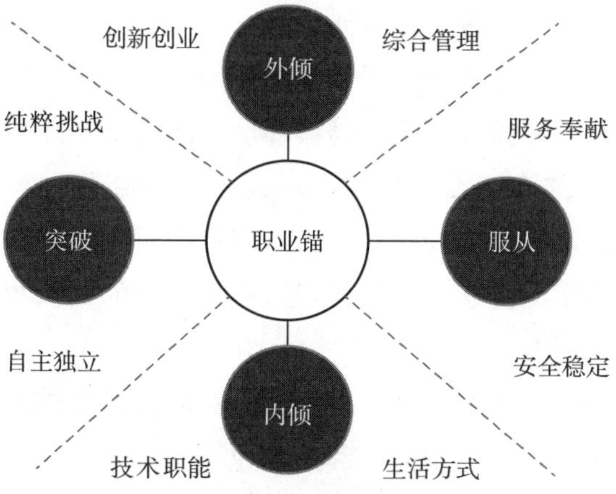

图 4-3 职业锚分类

职业锚是价值观的各种理论中一种有效的职业决策工具。理论的运用有利于高校就业指导工作朝着科学化、专门化、专业化和专家化方向发展。

（2）职业环境探索

通过探索工作世界，可以了解职业环境，掌握职业的分类和内容，具体职业对工作人员的要求，教育方面的选择和获取职业信息的方法，从而找到适合自身发展需要的职业，并依据职业生涯发展的长远目标，结合自我探索的结论，突破障碍，实现个体与职业的最佳匹配，找到实现理想的道路和方法。职业环境可以划分为社会环境、行业环境、职业环境、学校环境和家庭环境五个方面。

①社会环境分析。每个人的生活、工作都处在社会这个大环境中，因此人们的任何行为都会受到社会环境的影响。所以，无论个体想要做什么，首先都需要对社会这个大环境进行分析。而所谓的社会环境分析，也就是对当前社会中的政治环境、经济环境、科技环境和文化环境等宏观因素进行分析。只有对社会环境进行分析并有了大体的把握后，个体才能更好地寻求自身的发展机会。

政治环境，包括政治制度和政策方针。首先，需要学生熟悉与职业生活有关的法律法规，如《中华人民共和国劳动合同法》《中华人民共和国就业促进法》等。若自身想要从事的行业、职业有特殊的法律法规，则需要进行进一步的研究和理解。其次，需要了解国家和地方的政策方针，不同省市对于人才引进和就业培养的政策方针都不相同。因此，在进行政治环境分析时需要有侧重地对政策方针进行认真研究。

经济环境，包括国家经济发展的水平和阶段、经济制度、国家财政收支情况、收入水平和国际贸易等宏观经济环境。随着全球经济一体化进程的加快和我国市场经济的高速发展，国家对人才有了更高、更严格的要求。因此，学生要紧跟经济环境的变化，了解经济社会对于人才具体的新要求，并以此作为自己日常生活的学习目标，努力提升自身的知识和技能水平，以适应经济社会发展的需要。

科技环境，科学技术的发展日新月异，对职业的发展有着非常重要的作用。历史上三次科技革命的发生，都为职业结构带来了巨大的变化和发展。随着我国科学技术水平的不断提高，许多新兴职业不断产生，同时也使得一些职业逐渐消亡。因此，学生需要时刻关注科学技术的变化，尤其是那些与自身想要从事的行业有关的科学技术。

文化环境，是一个国家从历史上传承下来并经过长期沉淀形成的环境，对人们的道德观念、价值观和行为习惯等有较大的影响。虽然提及文化环境，很多人会觉得很抽象，但它却实实在在影响着人们日常的点点滴滴，包括人们的职业生涯。因此，学生在规划职业生涯时，要认清文化环境对自身的影响，对自己的价值观要有清晰的认识，做出符合自身状况的、科学合理的职业配置。

②行业环境分析。对行业环境进行分析，也就是要分析行业的发展阶段和未来的发展趋势，以及该行业在国民经济发展中所占的地位，从而对行业有个全方位的了解。一般来说，可以通过以下 7 个方面来对行业环境进行分析。

其一，想要从事某个行业，首先需要全面地了解该行业的定义。不同的人或行业组织对同一个行业的定义不尽相同，因此在了解行业定义时，应集各家所长，这能帮助自己加深对该行业的了解。

其二，该行业目前的发展阶段与前景趋势。要明确该行业现在是处于萌芽阶段、快速上升发展阶段、平稳期，还是衰落期。一个行业的兴衰是有客观规律的，并不会因人的意志而转移。对于那些处于衰落期的行业，学生要考虑是否还值得入行以及之后的转行问题。而对于那些正处于萌芽或快速上升发展阶段的行业，则要对其前景及发展趋势做分析，结合其未来的发展来确立自身的未来发展目标和方向。

其三，该行业包括的领域。可以根据政府或行业协会对该行业的分类，明确该行业包含的具体领域范围，如房地产业包括房地产经营、房地产中介服务和物业管理等。

其四，该行业对人才的需求条件。了解该行业对人才的需求，如对哪些类型的人才需求量大，对哪些类型的人才需求已经达到饱和。这样，学生才能更好地进行自己的职业配置。

其五，该行业具有代表性的企业和杰出人物。对该行业领先的企业和杰出人物进行详细了解。这些企业和个人往往具有该行业突出的特点和优势，通过对他们的了解，学生可以进一步加深对该行业的总体把握。

其六，该行业的入行条件。入行条件是指一个职业在发展过程中总结出的对新人的入门要求，如具体的职业能力、相应的从业资格证书、某项特定的专业技能等。

其七，权威人士对该行业的分析和评估。可以查阅该行业所属领域权威人士对该行业的分析与评估报告，这类人士往往对该行业了解得比较透彻，看待该行业的发展问题比普通人更具有前瞻性，因此可以借鉴这些人士的分析，来完善自己对该行业环境的认识。

③职业环境分析。职业环境和行业环境不同，行业是所有同种类型企业

的集合，职业则指具体的工作岗位。一种行业可以包含不同的职业。职业环境分析需要落实到学生求职者想要从事的某一个具体职业岗位上，职业环境分析通常包括以下两个步骤。

第一，先分析该职业的社会需求、岗位竞争压力、薪资水平和未来职业发展道路等因素。如机动车驾驶员这一职业，由于社会的发展和生活水平的提高，开车几乎已经成为人人都会的技能。这两年虽然物流行业的迅猛发展使得机动车驾驶员这一岗位的需求增多，但是其岗位增加的数量仍然赶不上求职者增加的数量，所以对于机动车驾驶员这一职业来说，目前是处于供小于求的局面。

第二，具体落实到学生求职者有意向的企业上去。比如，该企业的整体实力、企业文化、企业发展状况、企业对该职业的用人需求、薪资福利待遇等方面的内容。这样，才能明确自己是否适合该企业，了解如果进入该企业能获得多大的职业发展和提升空间，以及自己在该企业是否能够实现自我价值。

④学校环境分析。学校环境指的是学生在求学过程中的学校教育资源特点，以及自身专业的特点。简单来说，可以分为校园文化和专业环境两个方面。

校园文化指的是校园整体的文化熏陶氛围，包括学校提倡的价值导向、宣扬的校风校纪和学生之间自主形成的学习风气等。校园文化是一个学校的灵魂核心。它对外能展示学校形象，对内能塑造和培养学生的价值观。每所学校都有自己的培养侧重点，有其自身的发展特点。因此对校园文化进行梳理，可以了解学校教育资源的特点，并充分利用这些师资、软硬件的优势，努力提高学生自身的能力，将校园文化优势转化为自身优势。

专业环境指的是所学专业对学生职业发展的制约和影响状况。社会上对不同专业的人才需求量不同，随着目前我国经济水平和科学技术水平的快速发展，优秀的科学技术人才变得十分抢手，因此诸如航天工程、机械、电子、自动化等专业的学生就很受欢迎。

⑤家庭环境分析。家庭环境包括家人的职业、家庭经济情况以及家庭人脉等。家庭环境对一个人的成长有着重大的影响，其产生的影响早于学校环境对个人的影响。因此，在做职业配置的时候，需要结合家庭的实际情况，

考虑家庭成员提供的意见。一般从以下 4 个方面对家庭环境进行分析。

一是家庭教育。俗话说，父母是孩子的第一任老师。家庭教育的方式和内容能影响孩子的性格和家庭的关系。如民主的教育方式会让孩子从小得到充分的尊重，有很好的思考能力，并且家庭关系和睦会使得这类孩子长大后在做职业决策时，能较好地结合自身条件，并会充分考虑家人的意见。而从小在溺爱中长大的孩子，会盲目自大，做出不切合实际的职业配置，并且很少考虑家人对自己职业发展的意见。

二是家庭资源。家庭成员的人际关系网或社会资本，如就业机会、社会关系资源等，在一定程度上能影响学生就业的心态和择业取向。如果家庭资源丰富，则能增强学生的就业信心，减少就业前期的择业成本，还可能增加就业机会和提高就业待遇。若一个家庭的资源较差，则会让学生在前期的择业和工作搜寻上成本增多，使学生就业时承受的压力相对较大。

三是家庭经济状况。家庭经济状况在一定程度上影响着个人的职业决策行为。一个经济条件较好的家庭，可以减轻子女的家庭经济压力，子女可以选择继续读书深造或自由选择工作范围；而经济状况不大好的家庭，其子女需要考虑现实需要来调整自己的职业发展路线，暂时选择一份收益较高的职业，来减轻家庭经济负担。

四是家庭就业观念。家庭长辈的择业观在一定程度上会影响着子女的择业观，如父母希望子女从事稳定的职业，子女往往会选择当教师、考公务员等。

劳动力市场和经济形势都时常发生变化，甚至是急剧的变化。有的行业在目前可能充满了机会，但也可能会在数年内饱和。变化伴随人的生活，我们的决定很可能不会持续一生，因而需要不断调整和变化才能保持满意。因此，需要学会如何应对工作的变动，而不是如何去避免它。

（3）作出决策，设立目标

做出决策，设立目标，就是找到自己的职业目标，认识到个人信念和假设对职业发展所产生的影响，辨识和纠正个人的非理性信念，愿意以开放的心态不断修正个人对自我和工作世界的认识。能够自己承担责任，自主决策，并落实到行动中。

职业决策的目的是寻找和优化职业生涯的发展方案。由于职业决策与大多数即时决策不同，这个过程中没有固定的选项和思维模式，所以，具体做出的选择在现实条件和要求之间就可能存在不同程度的冲突。对此，学生在做职业决策时，具体可以运用决策平衡单。

职业决策实际上是为了平衡多方利弊，并最终做出最符合自身利益的决断。而决策平衡单正是针对这一特点，根据个人的利益和需求，直接对预备选项进行筛选。这种方法经常被应用于实际问题的解决和职业咨询中，前面提到的职业决策方法，都可以运用决策平衡单来进行最后的评估和筛选。决策平衡单的主体框架包括内在物质层面的得失、外在物质层面的得失、内在赞许与否和外在赞许与否四个方面。

决策平衡单运用起来简单直观，经过初步的职业筛选，它可以帮助学生具体地对每个职业选项进行分析。学生可以通过分析各个方案实施后的利弊得失，结合个人在物质和精神层面的利弊，排出各个预备选项的先后顺序，从而得到最优的结果。其具体使用过程见图 4–4。

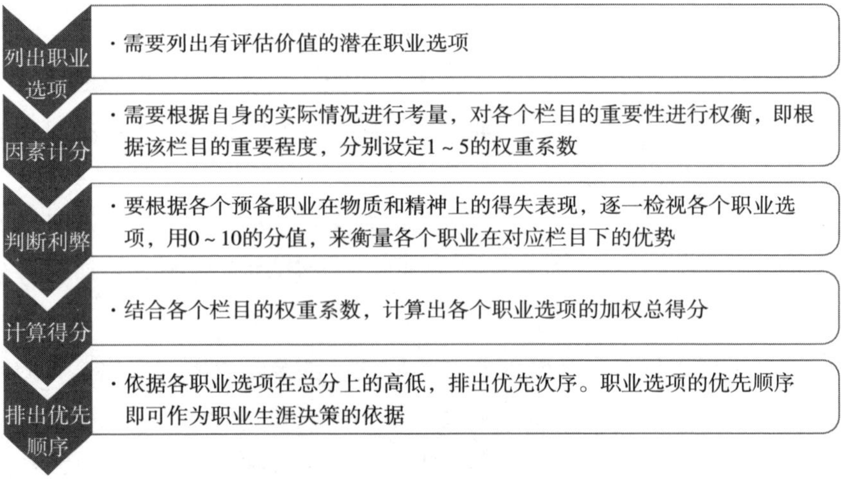

图 4–4　决策平衡单使用流程图

在实际运用中，由于“自我赞许与否”和“社会赞许与否”显得比较笼统，所以可以将这两项改为“内在精神层面的得失”与“外在精神层面的得失”，实际是从“内在—外在”“物质—精神”这 4 个方面来考虑的。职业决策平衡单如表 4–2 所示。

表 4-2 职业决策平衡单

项目		权重系数	职业 1	职业 2	职业 3
			得分	得分	得分
内在物质层面的得失	经济收入				
	升迁机会				
	办公条件				
	福利待遇				
	休闲时间				
	其他				
外在物质层面的得失	家庭的经济利益				
	对家庭生活的影响				
	社会资源的获取				
	家庭社会地位				
	其他				
内在精神层面的得失	兴趣一致性				
	个性的适应性				
	价值观的契合度				
	个人精神世界的发展				
	其他				
外在精神层面的得失	家庭关系的维系				
	友谊的增进和维系				
	社会关系的培养				
	其他				

（4）制定职业配置方案，付诸实施

在进行完自身的职业决策与职业定位以后，学生就可以着手制作职业配置方案书了。职业配置方案书是个人在职业配置过程中思考和总结的书面呈现，文字的表达形式便于学生理顺总体思路，并对整个职业生涯的发展方向进行把握，可以随时进行参考、评估和修正。一份完整的职业配置方案书，通常包括以下 7 个部分：

①职业配置方案书的标题或封面。在写任何东西的时候，都需要先写明标题，这样才能让人清楚这是关于什么的文书。若想设计职业配置方案书的

封面，则还需包括姓名、规划的年限和起止时间。职业生涯发展的规划年限一般不作硬性要求，可以根据自身的具体情况而定，可以分为 1 年、3 年、5 年和 10 年等。

②个人简历。个人简历主要是简单地描写自己所受过的教育、培训、实习或工作经历。将这些经历记录下来，使自己对过往所学知识和技能有个总体的把握，也能让学生对自己的成长过程有个清楚的认识脉络。

③个人因素分析。个人因素分析主要是简要罗列个人因素的特点并对其进行分析。此处需运用到自我认知时分析出的结果，将个人的生理、兴趣、性格、能力和价值观等因素分别罗列出来，并进行分析。在这里可重点对兴趣、性格和能力进行分析。

④外部环境分析。外部环境分析主要是简要罗列外部环境因素并对其进行分析。学生可结合前面所总结的具体外部环境因素，分析哪些外部环境对自身职业发展有利，哪些不利，分析其可能带来的机遇和挑战，以及可能对自身职业生涯发展造成的障碍。

⑤职业生涯目标。职业生涯目标主要是描写学生所选择的职业方向、职业总体目标和阶段性目标。所选择的职业方向指第一职业目标和备选职业。职业总体目标指的是职业生涯发展想要达成的最终目标。阶段性目标则指在达成最终目标之前，将时间划分为具体的时间段，对每个时间段都设置一个具体的小目标。通常可以将阶段性目标分为短期目标、中期目标和长期目标。在这里，学生需要对短期目标进行重点阐述，罗列出具体的短期规划。比如，在两年内花多长时间去掌握某种知识技能，在工作中如何去学习并提升工作技能等。而对中期和长期目标，则不必过于详细描述。

⑥实现目标的方案。实现目标的方案主要是通过前面的分析，找出自身与职业实际需求之间的所有差距，并有针对性地制定具体的方案并采取措施来缩小此差距，从而实现各个阶段的目标。

⑦评估结果的标准。评估结果的标准主要是设定一个科学客观的参考标准来评估目标是否达成、职业生涯是否成功。另外，如果在职业生涯发展的过程中发现目标难以完成，还需设定一个对职业目标进行修改调整的方案。

表 4–3 是一个大学生的职业配置方案书。

表 4-3 职业配置方案书

一、自我认知

通过人才测评分析结果以及本人对自己的认识、朋友对我的评价，得出的自我认知如下：

1. 职业兴趣：研究型，希望日后能从事科研方面的工作。

2. 职业能力：逻辑推理能力相对比较强，信息分析能力也不错，比较喜欢对复杂的事物进行思考，将复杂事物简化。

3. 个人特质：喜欢追求各种不确定的目标；观察力强，工作自觉、热情，能够吃苦耐劳；主张少说多做；爱学习；喜欢独立工作。

4. 职业价值观：基于家庭条件，首先考虑待遇较高的工作。其次所选择的职业要有能从中不断学习并获得新知识的机会。当然，如果没有工资收入限制，我会先考虑自己最喜欢的工作，同时考虑这份工作是否能实现自己的目标或者自己的理想。最后，考虑我是否适合去从事这份工作，我的能力能否胜任等相关问题。

5. 优缺点分析：

（1）优点：头脑灵活，有较强的上进心，逻辑推理能力比较强；能够客观地分析和处理问题，对自己要求严格，经常制定目标。

（2）缺点：有严重的个人中心主义，有时听不进别人的劝导。

自我分析小结：我认为自己有明确的职业兴趣及方向，我要发挥自己的优点，努力改正自己缺点。平时要多与人沟通，多听取别人的建议和意见。

二、职业认知

从家庭环境、学校环境、社会环境、职业环境、行业环境等方面对职业进行分析，得出以下职业认知：

1. 家庭环境分析：家庭经济能力仅能维持正常的生活，我的学习费用为全额贷款。我父母的工作不够稳定，所以经济收入不稳定。家庭文化氛围一般，姐姐从医，妹妹钢琴弹得不错，父母均未完成九年义务教育，但支持我们完成大学教育。

2. 学校环境分析：我就读于某医科大学，教学设施齐全，且比较先进，教学水平也较高，只是学校更重视研究生，本科生不受重视。我所在的预防医学系虽不是全校最好的学科，但所开设的专业课受到一致好评，毕业学生的就业率达 100%。

3. 社会环境分析：我国人才的竞争日趋激烈，大学毕业生渐渐增多，市场需求渐渐饱和。不过，政府越来越重视预防专业，我正在提高自己的专业才能，以期在众多应聘者中脱颖而出。

4. 职业环境分析：在我国，由于预防医学为新兴专业，这方面的人才需求量较大，社会分工还算明确，前景不错。但也因此，专业知识技能不够发达，报酬也不高。

5. 行业环境分析：我希望将来进入疾病预防控制中心工作。预防医学目前还处于幼童期，不够壮大，但就业范围比较广，在医药、食品、卫生等行业均容易找到工作，只是待遇不高。目前国内此类高端人才及技术缺乏，不过国家越来越重视预防，正提倡培养该方面的人才，全国各地都逐渐设立起疾病预防控制中心。现在自己应多取得相关证书，以便在上述就业范围内更易找到工作。

三、职业决策

综合前面的自我认知和职业认知这两部分内容，得出本人职业定位的 SWOT 分析如下：

1. 优势（S）：头脑灵活，逻辑推理能力较强，具有创造力，认真、负责、有毅力，观察力强。

2. 弱势（W）：具有个人中心主义，顽固，不喜欢模式化工作，偶尔会有厌倦心理。

3. 机会（O）：新兴专业的工作岗位相对较多，疾病预防发展前景较大。

4. 威胁（T）：社会环境不断变化，竞争激烈，就业形势日益严峻。

综上得出结论：

1. 职业目标：成为一名预防医学专业的科研工作者。

2. 职业的发展路径：考取各种证书→公务员→疾病预防控制中心工作者→进华中研究院。

续表

四、计划与途径 1. 大学期间 （1）大三、大四学好各科专业知识，掌握预防医学的基本知识。 （2）大四前英语六级争取过 600 分，积极考托福，希望能用英语与外国人自由交谈。 （3）大四前考取全国计算机二级证书。 （4）大三开始业余学习韩语，希望能用韩语和商务伙伴自如沟通。 （5）假期实习和本人专业对口，积累社会经验。 2. 大学毕业后的 5 年 （1）若考上研究生，则继续勤奋学习。 （2）考公务员，去疾病预防控制中心工作。 （3）进科研院所。 （4）去国外留学，学习本专业，继续深造。 （5）去国外工作。 3. 长期计划 （1）在努力工作之余，不断学习各方面的知识，增长各方面的见识。 （2）坚持锻炼身体。 （3）学习他人的各种优点，不断发现自己的不足，并予以改正，提高自身的修养。 （4）扩大自己的交际圈，享受友谊。

（5）再评估

世界唯一不变的就是“变”，我们本身就生活在一个变化多端的社会环境中，因此职业方向也有可能会发生变化。学生在制定自己的职业配置方案时，一定要掌控多手信息，全面了解职业发展的动向，提高自己的灵敏性。如果发现原先的职业配置已经不适合或者说无法引起自己的兴趣，就应该马上对职业配置方案进行调整。

在实施职业配置方案的过程中，审视规划是否合理可行，并根据各种因素的变化，结合实际情况进行调整，甚至重新规划。再评估的重点是理解动态平衡的意义，认识到职业配置是一个变化的过程，愿意在实践中深入探索自我，不断调整职业配置，为职业生涯发展的转变做好心理准备，并学习管理职业生涯，保持发展的观念。

2. 针对企业员工的职业配置方案

职场上常说，计划赶不上变化，即使已经步入职场，对于自己碰到的问题和环境也需要及时调整。职场上的职业配置方案类似于学生时期的职业配置方案，但由于所处阶段和拥有身份的不同，考虑因素及对应权重也会有所改变。不同职业对应的职业配置千差万别，难以进行统一的职业配置。以康明斯中国 IT 职业为案例，[1] 其拟定六个步骤建立可行的职业配置实施方案，见图 4-5。

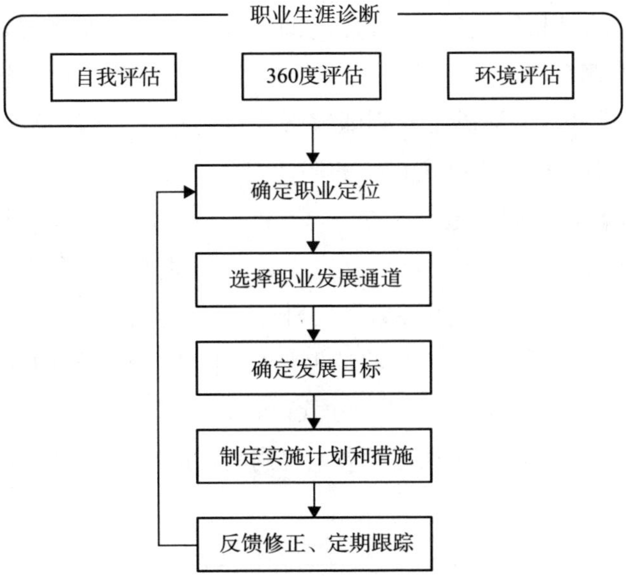

图 4-5 康明斯中国 IT 职业配置实施步骤

（1）职业生涯诊断

在职业配置方案实施之前，只有对自身条件和外在因素都有了充分的认识、了解、评估后，才能做出适合自己的职业配置方案。知己的过程可以通过自我评估和 360 度评估来实现。分析自己的职业发展目标和职业技能，了解自身的兴趣爱好、特长、个性特点、知识水平以及价值观、拥有的资源等。接着通过与员工工作、生活相关人员（如父母、领导、下属、业务合作伙伴、朋友等）的 360 度评估，全面了解员工的个性特征。知彼的过程可以通过环境分析来实现。通过对相关行业的职业需求分析、职业满意度评价、职业发展前景和该行业状况的了解，分析员工在该行业中可能的职业发展机会。

[1] 以康明斯中国 IT 人员为例进行的职业生涯规划的相关设计资料来自于：何亚．康明斯中国公司 IT 人员职业生涯规划方案设计［D］．吉林大学，2016.

（2）确定职业定位

通过职业生涯诊断，梳理康明斯中国 IT 员工的从业经历后，通过职业锚测评，明确自己的职业定位，在职业发展中少走弯路。如果是工作年限小于 5 年，年龄在 30 岁以下的员工，其所面临的实际工作情景还不能全面反映自身能力、动机和价值观。因此，在职业锚确定后，仍需要定期地回顾，加深认识、了解自己，从而修正自身的职业定位。而对于工作年限超过 10 年，年龄在 40 岁以上的员工，则能够根据自己过往的职场经历和在不同岗位中的绩效表现，选定或确定自己的职业定位。

（3）选择职业发展通道

根据职业锚理论确定职业定位后，以“发挥优势，弥补劣势，抓住机会，规避威胁”为原则，利用 SWOT 分析法开始制定职业发展通道。根据已制定的纵向职业发展通道，可以将康明斯中国 IT 员工分别归入三个通道内：应用 IT 发展通道、IT 基础架构发展通道和 IT 管理通道。对归入三个通道的员工重新进行技能评估，以划定发展通道内的当前岗位级别（见图 4–6）。

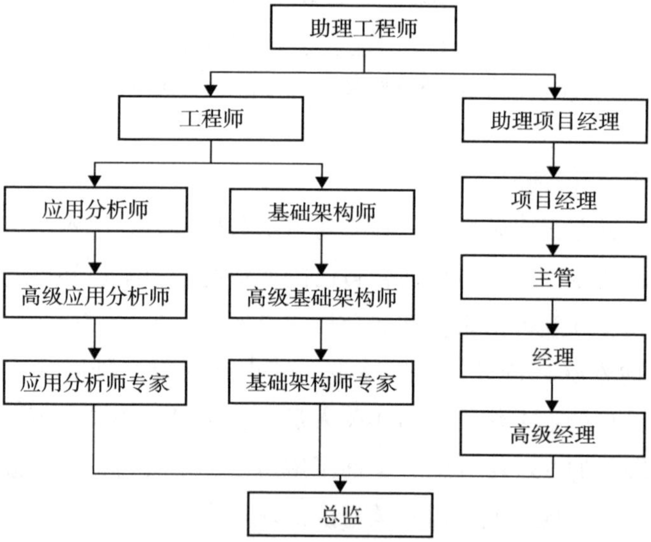

图 4–6　康明斯中国 IT 员工职业发展通道

①管理类通道。适用于康明斯中国 IT 管理岗位员工，如项目经理、部门主管、部门经理等。由于项目经理在累积足够项目经验后，可能发展成为组织中的团队领导角色，因此将项目经理加入到管理类职业发展通道中，帮

助现有项目经理明确自己的职业发展方向。

②基础架构类技术通道。适用于康明斯中国 IT 从事基础架构类服务的所有员工。在 IT 基础架构方面已有建树的员工，同样可以提升为首席架构师，不用担心自己因为对管理工作不感兴趣，或是管理能力不足、管理经验欠缺而失去晋升的机会。

③应用支持类技术通道。适用于康明斯中国 IT 从事应用支持类服务的所有员工。期望在应用支持方面继续发展的员工，可以晋升为高级应用分析师，甚至应用分析专家，为中国区所有工厂提供应用支持工作，参与中国区的应用支持项目。在应用支持领域，同样可以获得与高级经理同等的职位级别和薪酬福利，实现自我的发展。

此外，员工也可以利用网状职业发展通道，评估、规划可能适合的发展通道。例如，有意愿加入六西格玛团队担任黑带的康明斯中国 IT 人员，可以在六西格玛团队每年的黑带招聘中自荐。在黑带 3 年任期满后，回到 IT 团队，利用六西格玛理念提高 IT 的管理运营水平，也可以继续在六西格玛团队中晋升成为黑带大师（见图 4–7）。

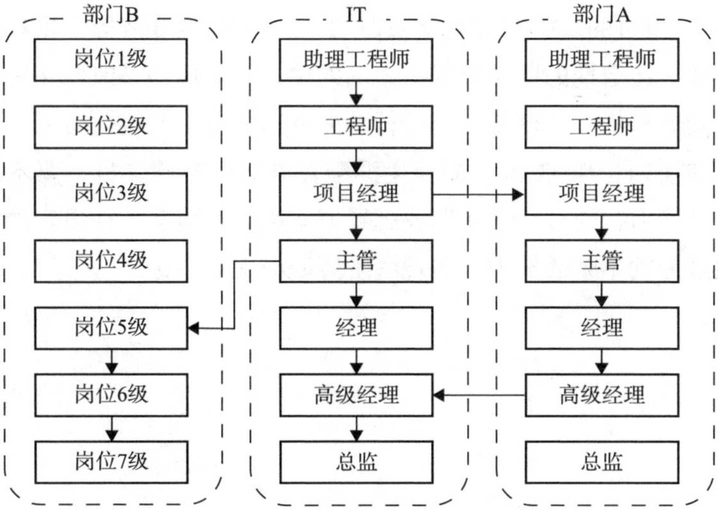

图 4–7 康明斯中国 IT 多元化职业发展示意图

（4）确定发展目标

职业配置方案中所确立的目标应该是可行的、可能实现的，按照时间跨度分为 1 年到 3 年的短期目标、3 年到 5 年的中期目标以及 5 年以上的长期目标。目标确立的方法通常是先确立长期目标，然后分解出中期目标和短期目标。长期目标的设定需要结合职业诊断结果和职业定位、职业兴趣。长期目标就是 IT 人员职业生涯的重点，按照 SMART 原则，分化出能够支持长期目标实现的、可行的中期目标、短期目标。另外，短期目标应与组织年度 AOP 保持一致性，而中期目标应与组织的 5 年发展目标相结合。

（5）制定实施计划和措施

在确定了职业生涯目标后，需要着手制定实施计划与措施，制定短期、中期、长期职业发展目标所需要的技能矩阵，评估现阶段职业技能，根据技能矩阵中各技能评估值，确定现阶段职业技能与发展目标的差距。通过对技能差距的进一步分析，制定具体的职业技能提升措施。随着轮岗、外派、在职培训、脱产学习、导师计划、帮带计划等一系列措施的逐步推进，缩小阶段性技能差异，顺利提升到下一阶段需要的技能水平。

（6）反馈修正、定期跟踪

变化无处不在，又难以预见。拟定的职业生涯目标在实施过程中，常常因为职场中各种不确定因素的存在，如裁员、组织结构调整、未列入年度工作计划的 IT 项目的实施，甚至是公司 IT 人员家庭的变故等，出现偏差或是受阻。因此，在定期的职业配置方案回顾中，员工应该及时修正可能受到影响的职业发展目标，并调整相应的行动方案以应对随时变化带来的影响。

随着康明斯中国 IT 人员职业生涯配置方案的实施，员工要不断提升职业生涯管理能力，通过每一步职业配置方案措施的落实，往设定的阶段目标靠近，通过持续不断的努力，实现各阶段职业发展目标。

第五章

职业经营

职业经营是谋划做好职业经济活动的基本要点。从业为生，讲求提高和实现职业效益，要利用好职业资源条件，充分发挥人力、场所、设施、器具、资金等职业资源的作用，做好职业经营。要明晰职业经营含义，树立合理的职业经营理念，确定职业经营立足点，探索职业经营之道，服务好国计民生。

一、职业经营含义

职业经营指的是一种经营。汉语中早有经营一词。按汉语的解释，[1]经营的意思本谓经度营造，语出《诗·大雅·灵台》，“经始灵台，经之营之”；引申为筹划营谋，《史记·项羽本纪赞》，“为霸王之业，欲以力征经营天下”；也专指经管办理经济事业，如经营商业。

另据有关研究，[2]司马迁的《史记·货殖列传》中讲，“百道营生，积财如山，贩物求利，贸迁有无”，其中的营生，注释为“职业、工作”，译文为各种各样的经营，能积累像大山一样多的财富。商人们的贩卖活动，虽然是为了获取利润，但他们的往返贩运，却起到了沟通有无、调节余缺的作用。在这里，“营生”对应“职业”与“经营”两种解释，把职业与经营统一于营生。在人的经济活动中，职业与经营相互融合。

从根源来讲，经营源自于人的能动作用，人是高级动物，具有高级理智和能动性，高级理智在于能够认识包括自己的客观事物，能动性在于能够用认识到的知识、方法、秩序和规律指导实践活动。经营是人的能动性的表现，是基本的管理活动。通常说的企业经营管理就是一种表达。其实，经营是人的自我管理的普遍存在的活动，分为人生经营、职业经营、家庭经营、企业经营等。

职业经营是从业者的算计谋划，包括职业发展取向和目标目的、职业资源的利用、职业劳作方式的选择、职业收益水平的预期、职业活动策略的考虑等，属于从业者个人对自己的职业活动进行的基本管理。在职业资源、职业资本为既定的条件下，职业经营是决定或影响职业资本生财增利的一个主要因素。

---

[1] 辞海编辑委员会编．辞海（中）［M］．上海：上海辞书出版社，1999：3304.

[2] 唐汉编译．商经［M］．西安：三秦出版社，1995：6-7.

职业经营是职业管理的一部分。职业管理具有多重性，包括从业者个人、职业组织单位、行业协会、政府部门等多方面的不同层次特点的管理活动，从业者个人的职业管理内涵包括谋划、计算、施作等职业经营活动，职业组织单位管理是如企业等职业组织单位的计划、组织、实施、调控等活动，行业协会管理是对包括个人、组织单位成员进行的业务咨询、培训、行规、指导等活动，国家管理是通过方针、政策、法规、制度等对从业者个人、组织单位施予的管控。职业管理是驾驭既定职业活动上的能动活动，职业经营是保障其顺利实施及其实现目标目的的基本内容。

职业经营具有重要作用。作为职业经营主体的从业者，是家庭和社会的主要成员，是百业主体，分布在各行各业，从事国民经济与社会发展的各项事业，科学讲求提高和实现职业效益，从就业生财增收的民生根本点上撬动国民经济和社会发展，提高经济社会发展质量和效益，直接决定国计民生，推进全面建设社会主义现代化国家和中华民族伟大复兴事业，保障全体人民共同富裕的美好幸福生活。

二、职业经营理念

做好职业经营是从业者的基本职责。时逢全国人民踏上了以中国式现代化推进全面建设社会主义现代化国家新征程。中国式现代化是实现高质量发展和全体人民共同富裕的现代化，坚持新发展理念，以经济建设为中心，着力促进全体人民共同富裕，实现人民向往的更加美好的幸福生活，从业者的职业经营是基本的实现路径和实践活动，对此职业经营者责无旁贷。

首要的是树立合理的职业经营理念。人是世界上的高级生物，具有高级智能，能用认知的科学指导自己的活动，有目的的生产和生活。人的各种活动都是在一定的思想意识支配下进行的，思想意识是人类活动的先导，职业经济活动也不例外，其中的一个关键点就是职业经营理念。

职业经营理念要符合世情事理。人们是在自然界的人类社会里进行职业经济活动的，要明晰世情事理。老子在《道德经》[1]中从包括人本身的万物来源的视野，阐述了自然、道、德、公、利的关系，其中的德是个基本要

[1] 老子．道德经［M］．沈阳：万卷出版社，2009.

点。自然是原本的自然世界，衍生和承载万物万事，德源于自然秉性，依道而存，公、利蕴含其中；道为法理，衍化万物，德是道的造化，生而不有，为而不恃，长而不宰，施惠于含有人的万物；德的内涵为公，公为德性，利为德生，德的本质是施惠于人，为人利人益己，德力承载人生。天之道，利而不害，以德经营，既以为人己愈有，既以与人己愈多。

马克思说，社会的本质是一切社会关系的总和。人们是在相互关系中存在和生活的，社会是人与人的存在组织和人为人的生活体系。人生来养育依赖父母亲人，年老离去依赖子女他人，特别是生产劳作分工与合作的社会化发展，促进大家互为劳作服务，衣、食、住、用、行等生活需要的满足更多地依靠别人，人们互为生存和发展。原始人的共同抵御猛兽、获取食物和分享共生，中国古代先贤的“天人合一”“大同社会”等思想表达，是人类互为共生的生活本性的显现与向往，依存、互为、同享、共富、永续是人类生活本性的本质特征。现代人们的依存互为生活更加细化和密切，生产经营专业化、社会化、全球化发展，职业分工与合作的经济纽带把人们的生活紧密联系起来，形成了庞大的互为共生和发展共荣的人类生存体系。人类生活本性的本质特征有了更加充分的显现，职业内涵体现了人生本性。著名教育先贤、中华职业教育社创始人黄炎培说，[1] 职业是一种确定的互助行为，是为自己谋生，为他人服务。从业要合理讲求提高和实现职业效益，“效在多方、益在多处”，也是人生本性的要求和表达。

树立“效在多方、益在多处”的职业经营理念。职业是自然、社会和人生的一个交汇枢纽，关系错综复杂。从业者的职业经营关联合作者、消费者、国家和未来人等多方主体，存在多方面的利益。从业者个人增收、合作者得利、消费者获得所需，国家收税、人们生活，讲求提高和实现职业效益的实质是互为共生的利益分享。职业经营理念可以概括为“效在多方、益在多处”。归根结底，职业经营就是为消费者提供多方面的服务，受益的人越多越广，事业发展就越发达，职业贡献就越大。

遵循“效在多方、益在多处”的职业经营理念，要以消费者需求为基本导向，做好市场细分，坚持创新、协调、绿色、开放、共享的新发展理念，能动作为，发展事业。

---

[1] 中华职业教育社．黄炎培教育文集（第一卷）［M］．北京：中国文史出版社，1994：5.

三、职业经营简况

中华人民共和国成立后，中国人民为了共同富裕的生活进行了不懈的探索和努力。特别是改革开放以来，国家实施富民政策，鼓励勤劳致富和科技致富，允许一部分人先富起来，大力发展市场经济，广大城乡人民解放了思想，放开了手脚，涌向社会的广阔天地进行择业和创业。政通民心，百业俱兴，自此我国的职业经济发展突飞猛进，人民生活发生了翻天覆地的变化。

在乡村，人们纷纷走出家门，面向社会选择开辟各种职业。从小而全的家计生产活动转向大而专的社会职业劳作，打破了自给自足的自然经济常规，与千家万户的社会生活需要密切联系起来，既有外出“打工”赚钱，亦有在乡村因地制宜进行粮食、蔬菜、养殖、林果、旅游、小吃等职业经营。农业经营由过去经营房前屋后等园田地的粮食、蔬菜、牲畜等自给自足的家计经营，逐步变为面向社会消费需求的专业化职业经营，从事自己擅长的经营项目。如专门进行粮食生产、蔬菜种植、养畜等细化职业经营，以及木匠、瓦匠等匠人从事具有一技之长的职业经营，出现了“种粮大户”“养殖大户”“蔬菜大户”“水果大户”等经营类型。

在城市，集聚农民工、院校毕业生等求职者和创业者，个体职业、企业等社会职能组织如雨后春笋般涌现出来，饮食、服装、建筑、商贸、交通、信息、教育、医疗、演艺、咨询、保险、修理、安全等各行各业日新月异，出现了餐馆、旅店、服装店、出租车、超市、打印社、诊所、健身房、施工队等新兴职业经济形式，适应人们新的社会生活需要，我国经济社会发展繁荣起来。

职业经营方式各有特点。大家利用经验、学习、辛劳、合作、探索、创新等方式经营和发展。一如有个体早餐经营者辛勤劳作，凌晨三点左右就起床到餐馆开始劳作，做馒头、稀饭、小菜、豆浆、油条等。六点接待用餐客人，有的持续到中午，下午休息后准备第二天的营业，主要利用经验或学习掌握的方法与诚实待客，富裕起来。二如有从个人职业经营实践探索发展成为名企，如老干妈麻辣酱创始人陶华碧从摆地摊、开饭馆卖凉粉和冷面，制作出了风味独特的麻辣酱，深受消费者喜欢，办起了“老干妈麻辣酱”食品加工厂，发展成名牌产品和知名民营企业。三如合作经营起家成就事业者，如刘永言、刘永行、刘永美、刘永好四兄弟，合作创业经营发展，取得巨大成功，等等。

职业经营极大促进了经济社会的发展进步，正在逐步消除城乡差别。农民的职业身份已经得到确认，转变为与城市“职工”同样的职业人员的社会地位，得到了相应的权益保障。在认识上过去一直认为，职业是个人在社会中所从事的作为生活主要来源的工作，农民从事的种植、饲养等农业劳作不算作“工作”，职业观念淡薄。简要地说，职业是人为满足生活需要所从事的事业或劳作。农业是百业之首，最早出现的原始职业就是种植、畜牧等农业生产经营，是人所从事的最基本的职业。现在城乡从业者“八仙过海、各显其能”，达小康奔富裕，逐步实现共同富裕。这是中国经济社会发展的一个历史突破和进步，中国人民进入了一个全面发展、繁荣、富强的新时代。

在职业经营探索发展过程中也出现了一些不良现象。一如生产经销伪劣食品、药品、白酒、香烟等创收；二如乱砍滥伐、乱采乱挖等损害资源环境生财；三如餐饮、旅游通过提供劣质产品或欺诈获利；四如医疗增加医疗费用多得；五如行政以权谋私增利等。通过不良方式生财创收，损害他人利益，危害自然资源环境与社会和谐。职业经营出现了偏差，产生了不良后果。其中，有的品牌倒下了，如“三鹿奶粉”等。

新时代以来，国家全面整治，深化改革开放，贯彻新发展理念，职业经营偏差现象有了很大的转变，逐步走上正轨。具体表现为出现了比较和谐的农、工、商等各行各业的社会职业大分工，与人们的各项社会生活需要一一对应。大家分工合作，互相提供需要的东西，各得其所，相互依赖，共同生存，共同富裕发展。已经形成了一种新的社会生活秩序和规律，即后备职业人员就业前接受专业教育或职业培训，毕业后就业创业，从事职业劳作，为社会消费者提供产品或劳务的服务而获得收入，通过交换满足生活所需，到一定年龄离职退休，并按照一定的秩序交替、循环和发展变化，成为职业经营社会化的一种人类社会生活的秩序和规律。

四、职业经营立足点

别人的需要就是你的财富[1]。在分工合作专业化、社会化和全球化的市

[1] 齐经民．别人的需要就是你的财富［N］．经济日报，2003-2-21.

场经济条件下，财富蕴藏于消费者或用户的需要中，满足用户需要是职业经营的立足点，了解和满足用户需求是职业经营的基本内容。

1. 了解需求

中国先人很早就对人的需要作了认识划分。如：荀子说：❶“饥而欲食，寒而欲暖，劳而欲息，好利而恶害，是人之所生而有也。”司马迁说：❷“富者，人之性情，所不学而俱欲者也。”从人生本性和感知对人的需要作了认识划分，包括吃的需要、穿的需要、休息的需要、趋利避害、富裕需求等，这是人天生所具有的。中国先贤对人需要的认识直观而简洁。

美国学者马斯洛（Abraham · H. Maslow）提出需求层次论。这个理论被大家普遍认同和应用。马斯洛将人的需要分成由低到高五个层次：一是生理需要，指吃、穿、住等方面的生存需要；二是安全需要，指避免受到人身伤害、威胁等需要；三是社交需要，指希望属于某一团体或组织的归属和交往、互助等需要；四是尊重需要，指自尊心、荣誉感及其人格、职业、业绩得到尊重和重视等需要；五是自我实现需要，指成就欲、个人抱负和价值实现所要求的需要。

马斯洛认为，人的需要由低级到高级逐级上升，较低级的需要得到满足后，才会考虑较高级层次的需要，把高级层次的需要作为追求的主要目标，只有未满足的需要才具有激励的作用。需求层次论把人的需要划分为五个层次，并指出了由低级到高级逐级上升满足的关系，对人的需要作了新的划分概括。

但是，从人类生活实际需要来看，需求层次论存在一定的局限性。一是没有考虑到人生第一需要的生态需要。人生来就是大自然生态的造化，而后人类生活世世代代持续，人生第一需要是生态需要。只有有适合人生存的生态，人才能生存下去，生态需要是人生最基本的生存需要。二是与中国的实际有差异，人的需要不完全是从低级到高级逐级上升满足的关系，有的人较低级的需要还没有得到满足时，却会考虑较高级层次的需要。我国有许多家

---

❶ 引自荀子·荣辱［Z］. 见古诗文网，荀子名句.

❷ 引自史记·货殖列传［Z］. 见清风. 读史札记（43）：司马迁的经济思想［N］. 开封日报，2021-4-7.

庭生活很困难，但父母省吃俭用也要供子女上大学，父母有句名言——“砸锅卖铁”也要供子女上大学。他们追求更高需要，其中包括名利、光宗耀祖和对国家有贡献等。三是还不能完全显示和表达人的需要，比较概括，不够具体。需求层次论是一种理性的机械逻辑思维认识结果，是一种有缺陷的需求机械论。对待国外的认识观点应从中国实际考量、分析、吸纳和应用。

对人需要的认识应从人的来源和生活的多维性进行认识和划分。考察人的社会生活实际，可以了解到人的需要是多方面全方位的，呈现环状形态，人的需要还需要进一步的划分和具体化（见图 5-1）。

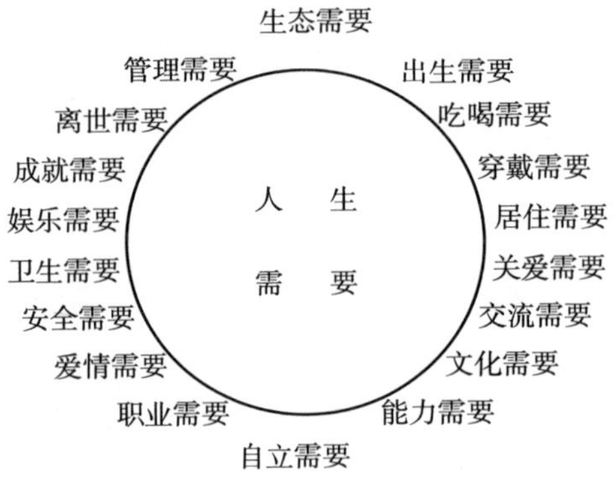

图 5-1　人的多方面全方位的环形需要

资料来源：齐经民，等.人力资源管理［M］.北京：经济科学出版社，2007：30.

现实中人的生活实际表明，人是在包括人类社会在内的自然界里特定的环境中生活的，出生于家庭，经过学校的学习，毕业后就业，进入行业部门，在一定的职业单位或个体从事职业劳作，获得收入，供给和满足生活需要。人从孕育出生到离世的生活旅程中，有很多方面的需要，主要可分为生态需要、出生需要、吃喝需要、穿戴需要、居住需要、关爱需要、交流需要、文化需要、能力需要、自立需要、职业需要、爱情需要、安全需要、卫生需要、娱乐需要、成就需要、离世需要、管理需要等。

生态需要，是土地、水源、阳光、空气、树木等自然界的生态系统的需要。

出生需要，是出生时的接生、保健等需要。

吃喝需要，是饭、菜、饮料、水果等需要。

穿戴需要，是穿的衣服、裤子、鞋与戴的帽子、饰品等需要。

居住需要，是居住的场所、房子、室内设施、家用器具等需要。

关爱需要，是父母关爱、兄弟姐妹关爱、子女关爱、夫妻关爱等需要。

交流需要，是亲人、同学、朋友、同事、交易双方等之间的交流需要。

文化需要，是道德、语文、法律、数学、地理、生物、物理、化学、历史与财务、保险等生活知识和技能文化需要。

能力需要，是脑想、眼看、耳听、嘴说、手动、腿行、劳作等生活能力需要。

自立需要，是自主的学习、恋爱、就业、成家等需要。

职业需要，是职业资源、工作平台、劳作器具、专业科技等从业为生的需要。

爱情需要，是恋爱、结婚等需要。

安全需要，是人身、财产安全等需要。

卫生需要，是医疗、清洁等需要。

娱乐需要，是参加文体活动、观看文艺节目等需要。

成就需要，是事业取得进展、突破、贡献等需要。

离世需要，是逝者的整容、祭奠、安葬等需要。

管理需要，是家庭、单位、部门、国家的管理等需要。

上述的人生需要是个基本认识，可为职业经营选择方向提供支持。作为职业经营的立点来说，要从国计民生的需求出发，对市场进行细分，确定职业经营方向与项目。

2. 选项立业

作为职业经营者，无论是个体职业经营，还是企业等管理职业经营，都要善于做好谋划，合理经营。其中，需要适时做好分析判断，这是立业运营和顺利发展的基本保障。

就业立业的分析判断，主要根据社会生活状况和发展变化趋势了解人们需求情况，包括现实需要、潜在需要、未来需要的基本情况。同时关注对需求影响较大的国家大政方针、社会生产发展、科技进步、环境变化、政策举措、思想观念、时尚追求、消费者生活水平等相关情况。这些因素交织在一起发生作用。应综合考虑，关联分析判断对生活需要的影响及其需要情况，着眼现实需要，了解潜在需要，关注未来发展需要，做出合理有利的经营选择。

人类社会总是发展进步的，发展进步是社会变化的常态。我国改革开放以来，社会全面发展进步，围绕人民生活需要来改善和提高，全面建成了小康社会，人民生活得到了全面改善，生活水平有了很大提高。现在我国进入了新时代新发展阶段，开始了以中国式现代化推进全面建设社会主义现代化国家新征程，职业经营面临新时代新阶段的发展目标、任务、战略及其高标准要求，与改革开放初期相比有了巨大进步。因此要抓住机遇，合理决策，乘势而行。

从大处着眼选项。国家是国民的大家庭，国家的社会主义事业就是国民大家庭的事业，细分国民经济和社会发展各行各业。其中，从业者主要是国民，具有多重身份，既是个人小家庭的主要成员，又是国家大家庭的主要成员。国家的事业和发展目标是通过作为主要成员的从业者的职业活动运行和实现的。从发挥个人优势选项经营，一如思维敏锐、志在探索发展者可从事科学研究事业；二如有较强成就欲望的生产综合素质能力强者可自主创办企业经营发展；三如专长中医药业者可经营中医诊治医疗事业等。

从小处经营立业。从个人职业岗位脚踏实地经营做起。从业者要在自己的职业岗位上能动作为，聚焦人民群众急难愁盼和高质量发展的卡点瓶颈，锐意进取，探索发明、守正创新、攻坚克难，和谐分工合作，内外联动优化，少消耗多产出，提升产品质量和劳作效率，大力提高职业效益，大家利益分享，“效在多方、益在多处”，消费者满意，从业者多得，国家增收，子孙后代的利益得到保障等，推动经济实现质的有效提升和量的合理增长，走生产发展、生活富裕、生态良好的文明永续发展道路。

五、职业经营之道

职业经营之道是指合理有效的职业经营的门路，也就是职业经营的合理路径或方式，是职业经营实践经验的知识性、进步性和科学化的职业经营文化的结晶。我国改革开放后涌现出了许多优秀和卓越的企业管理者，积累了大量的职业经营成功经验和经营之道。

1. 老干妈经营之道[1]

陶华碧是老干妈麻辣酱的创始人和掌门人。贵州省湄潭县人，没有上过学。她的经营从街边食品小摊开始，发展成为贵阳南明老干妈风味食品有限责任公司，是享誉海内外的中国食品名牌的民营企业，取得了卓越成就。

现在，老干妈拥有分布在贵州省内的 3 个生产厂区，总面积达 1800 亩，员工近 5000 人，年产值 50 亿元左右。企业先后通过了 ISO9001 质量管理体系认证、ISO22000 食品安全管理体系认证、ISO14001 环境管理体系认证及 HACCP 食品安全管理体系认证。老干妈牌产品主要有风味豆豉辣椒酱、油辣椒、辣三丁、香辣脆、香辣酱、香菇油辣椒、干煸肉丝、风味鸡、糟辣椒火锅底料、肉丝豆豉、风味腐乳、香辣菜、风味糟辣剁椒、番茄辣酱等。产品畅销全国各地，并出口世界各大洲 70 多个国家和地区，是目前世界最大的油辣椒和豆豉生产企业，真正做到"有华人的地方就有老干妈"。

陶华碧始终把食品安全和产品质量放在首位。以农业部认定的"国家农产品加工技术研发分中心"为依托，以企业技术中心和原料基地为支撑点，强化了从农场到餐桌的全产业链的监控，为食品安全和质量控制提供了强有力的技术支持。面对传承发展"波折"，陶华碧从容担当作为，肩负时代重任和社会责任，充分发挥作为国家级农业产业化经营重点龙头企业和油制辣椒行业的领军企业优势，带动农户和推进产业化经营，帮助农民脱贫致富，为民造福。如 5000 名员工中的八成来自贵州贫困乡镇，解决部分农村剩余劳动力就业问题；为国生财，如 2019 年，完成销售收入 50.22 亿元，同比增长 14.43%，上缴税收 6.36 亿元，同比增长 16.82%。

陶华碧荣获"全国非公有制经济人士优秀中国特色社会主义事业建设者"称号，"老干妈"已经发展成为全国知名企业、国家级农业产业化经营重点龙头企业，先后获得"中国名牌产品""中国驰名商标""贵州首届省长质量奖"等多项荣誉，并且是由老干妈作为标准的国内首个"油制辣椒"国

[1] 贵州省企业展示公告［EB］. 中国经济网，2023；新时代民营经济观察："造血式"产业扶贫为乡村引"活水"［Z］. 人民网，2019-09-21；董瑶，程丹 . 国民品牌"老干妈"一心做好辣椒酱"［Z］. 多彩贵州网，发布日期：2020-08-18；贵阳南明老干妈风味食品有限责任公司董事长陶华碧荣获"全国非公有制经济人士优秀中国特色社会主义事业建设者称号［Z］. 中共贵阳市委统战部，2019-09-10；唐福敬，黄莎莎 . 有华人的地方就有"老干妈"——陶华碧一家调制的贵州味道［J］. 当代贵州，2008（24）35-38；夏青 . 陶华碧：我只干我会的［J］. 农经，2013（1）28-31 等。

家标准的主要起草单位，是贵州的民企百强、企业百强、农业产业化龙头企业百强，以及贵州省“千企帮千村”精准扶贫行动100家先进民营企业，入选《2022水肌因·胡润中国食品行业百强榜》。

“老干妈”的食品经营别具一格，秉持创民族品牌、立千秋大业的企业精神，探索原料、工艺、酿制、销售、管理自成体系的独树一帜的麻辣酱生产经营方式。她在总结30多年创业经营经验时指出3点：一是拼，苦拼，苦活累活亲自拼；二是真，真情，真情得员工不忍背叛；三是诚，诚信，诚信得别人不忍欺骗。面对来谋生的员工、面对来就餐的学生、面对奔波辛苦来就餐的大货车司机等，都心怀深切的慈母之爱，对待他们就像自己的孩子一样。她把拼、真、诚做到了极致。

“老干妈”的呼声起先来自就餐的贫困学生。“老干妈”的食品物美价廉，还赠送小菜，吸引了附近几所中专学校的学生常来就餐。有一些学生因家庭经济困难无钱付账，就赊账就餐。陶华碧了解情况后对家境困难的学生一律销账，碰上钱不够的学生，反而多给一些。其中，一个贫困学生很感激陶华碧，亲切地叫她“干妈”，后来大家都叫她“干妈”。这饱含深情的母爱赢得了大家的敬重和信赖，最后成了“老干妈”食品经营的品牌。

大道至简，母爱是无私的人生大爱，是值得敬仰和传承的人生之爱。如果人们从业都能用母爱之心经营，那必定会善待用户、吸引用户和赢得用户，大家和谐有爱，共富共享美好生活。正如《爱的奉献》歌曲中唱的“只要人人都献出一点爱，世界将变成美好的人间”。陶华碧开辟了一个契合人生本性的母爱式食品经营之道，契合人的互为共生本性，是根本性的永续发展的从业富裕生活之道。

2. 绿能经营之道[1]

凌继河是江西省绿能农业发展有限公司董事长，是江西省安义县人，中

---

[1] 刘兴．江西绿能公司创新粮食生产经营模式：农田进了“托管班”［N］．经济日报，2023-2-2；关于我们［Z］．凌代表网，2023-4-17；沈洋．“田保姆”凌继河——数百万“城归”现象观察［Z］．半月谈网谈天下，2017-1-19；徐景，王旭．“城里老板”变身农户“田保姆”凌继河演绎传奇人生［Z］．搜狐网，2016-4-25；江西省农业农村厅组织人事处、宣传处．全国农村创业创新优秀带头人凌继河［Z］．江西省农业农村厅网，2018-12-17；曾子怡，范晶．回乡种好田，是我一生的事业［Z］．中国江西网，2021-5-15；刘昀彤，杜曦晨，石坤．超721万元，他给农户的年终奖，够豪横［Z］．光明网，2023-1-13.

学文化。他从小在家跟随父母干农活，1977年初中毕业务农。1979年被公社委派到海南学习水稻育种技术，改革开放后分田到户，成了家里种田能手。外出打工多年后返乡务农再创业，成立了江西省绿能农业发展有限公司，粮食生产经营取得了显著成效。

2009年，凌继河返乡创业。适逢国家“十一五”规划（2011—2015年）发布实施，要求推进农业结构战略性调整，转变农业增长方式，提高农业综合生产能力和增值能力，巩固和加强农业基础地位，改革传统耕作方式。有条件的地方可根据自愿、有偿的原则依法流转土地承包经营权，发展多种形式的适度规模经营。他把握时机，因势利导，顺势而为，建立农业开发、土地流转、水稻种植、种植技术研究、优质粮食深精加工等一体化经营体系，制定“流转有租金、入股有股金、务工有薪金、超产有奖金”的激励经营机制。

实施种植、加工、贸易一体化经营方式，全面实施订单农业、规模化种植、系列化生产、优化产品、打造品牌，辐射和带动周边农民增收致富。改变劳动密集型农业，建立完善各种现代作业设施和设备、参与有关农业院校和农业研究机构的合作项目等，大力发展规模农业、科技农业、现代农业、特色农业。公司成立了专门服务队，为流转的土地提供水稻种植全程机械化服务和技术指导，包括机械翻耕、机械播种、机械插秧、机械开沟、机械打药、机械收割以及机械烘干各个方面。从春播、夏管到秋收，每一个环节他都亲自深入田间地头进行指导。他还将物联网、大数据、云计算等智能技术运用于农机设备管理，推动传统农机领域的数字化、智能化、精准化运行管理。

聚焦打造绿能品牌。坚持以市场为导向，着力开发“好、特、优”的大米产品，成功注册了“绿能农”“凌继河”“凌代表”三个省级著名商标，特别是“凌代表”米已成为全省稻米区域公用品牌和绿色特色品牌。绿能大米因其“绿色、健康、安全”的产品特性，受到市场追捧，已销往全省各大市、县区及南昌市600多家星级酒店，并作为省委、省政府食堂指定供应产品。2022年，公司加工稻米6.25万吨，年销售额达3.6亿元。

带领村民致富效应显著。如2022年，流转的农田面积达5万多亩，由27个生产队负责管理，每个生产队由4对夫妻组成，平均每对夫妻年收入达15万元左右。贫困户每年获得分红收益，年均增收3000～5000元。公司员工以“基本工资+奖金”的承包经营制度，员工年均收入5万～6万元。

就奖金来说，自 2009 年以来连续 12 年为超产者发放年终奖累计 4300 多万元。其中，2015 年，公司为农民发放了 228 万元年终奖超产奖，其团队种粮状元万三毛领到 46 万元，个人种粮状元刘高美领到 23 万元。2022 年，为超产者发放年终奖达到 721 万元，2023 年年终奖发放高达 1169 万元。

凌继河及其公司获得了很高的荣誉。公司 2013 年被农业部评为全国农机合作示范社，2014 年被教育部与科学技术部评为首批全国特色产业基地，2015 年被中国科协和财政部评为全国科普惠农兴村先进单位，2018 年公司荣获全国“星创天地”称号，2021 年被党中央、国务院授予“全国脱贫攻坚先进集体”称号等。

凌继河的粮食生产经营实践凸显农民本色。农民是指利用土地进行谷物等生产经营之人，粮食生产的种植业是重中之重，是国计民生之根基。中国先人世代进行谷物生产经营，从认知到实践造就了中华农耕文化，如民以食为天，农乃天下之本，地乃万物之源，顺天时、量地利，计量播殖耕稼，慎之劳、劳则富，苟富贵、勿相忘等。凌继河一直秉持和传承乡情、淳朴、勤劳、智慧、坚韧、精细、厚道、善良的高贵品性的农民本色。这正是凌继河的农民本色经营之道，人间正道是沧桑。

3. 海尔经营之道[❶]

张瑞敏是海尔集团创始人，山东莱州人，中国科技大学工商管理硕士。他经过 30 多年的经营，把海尔从一家濒临倒闭的集体小厂发展成为享誉世界的知名家电品牌大企业。他是人单合一模式和生态品牌的创立者，是第一个登上哈佛讲坛的中国企业家，荣获中国质量领域最高荣誉奖、中国制造终身成就奖、企业管理创新优秀企业家、中国最具影响力商界领袖、中国最美奋斗者、全球杰出企业领袖、全球 50 位最有影响力的管理思想家之一等荣誉。

1984 年，张瑞敏临危受命，接任当时已经亏空 147 万元、产品滞销、

---

❶ 走进海尔［Z］. 海尔官网——海尔集团，2023-3-30；马萧 . 赛马不相马海尔的用人之道［J］. 职场，2006：34-35；海尔集团公司 . 以自主经营体为基础的人单合一管理［J］. 企业管理，2012（6）：7-11；王方华 . 立足“人单合一”管理创新，推进中国管理理论探索——访谈海尔集团张瑞敏先生观点内容摘编［J］. 管理学报，2018（6）：814-817；张金隆 . 从“人单合一”模式到“海尔制”——访谈海尔集团张瑞敏先生内容观点摘编［J］. 管理学报，2018（10）：949-952；张瑞敏 . 最新演讲：所有企业要么自进化，要么自僵化［Z］. 凤凰网，2020-8-31.

资不抵债、濒临倒闭、人心涣散的青岛电冰箱总厂厂长。通过砸冰箱、OEC管理、赛马用人、吃休克鱼、人单合一的经营管理举措，经过了6个发展阶段。一是名牌战略阶段（1984—1991年），砸冰箱，创出中国第一个冰箱名牌；二是多元化战略阶段（1991—1998年），以海尔文化激活“休克鱼”模式，创出中国家电第一品牌；三是国际化战略阶段（1998—2005年），成为中国品牌走向全球的代表，创出中国的世界名牌；四是全球化品牌战略阶段（2005—2012年），整合三洋家电、斐雪派克、通用电气家电和Candy，创建出全球最大的家电品牌集群；五是网络化战略阶段（2012—2019年），变成网络上的一个节点，实现从“制造产品”到“孵化创客”的转型；六是生态品牌战略阶段（2019年至今），从传统时代的产品品牌，到互联网时代的平台品牌，再到物联网时代的生态品牌。海尔从冰箱、洗衣机等家用电器生产经营发展到厨房等装修装饰一体化服务商，现已成为全球领先的美好生活和数字化转型解决方案服务商，为将海尔集团打造成为世界商业帝国而努力。

创新提升发展走直路。海尔的“斜坡球体”理念，把企业看作是斜坡上的小球，要提升发展，就要有制动下滑的止动力和上升发展的提升力，止动力来自常规管理，提升力来自创新，创造性地不断满足用户需求，持续拉动和提升企业发展。海尔在全球建立起庞大的创新实业体系。全球设立了10大研发中心、71个研究院、35个工业园、138个制造中心和23万个销售网络；连续4年作为全球唯一物联网生态品牌蝉联“BrandZ最具价值全球品牌100强”；连续14年稳居“欧睿国际全球大型家电零售量”第一名。2022年全球营业收入达3506亿元，品牌价值达4739.65亿元。集团旗下有4家上市公司，子公司海尔智家位列《财富》世界500强和《财富》全球最受赞赏公司。拥有海尔、卡萨帝、Leader、GE Appliances、Fisher & Paykel、AQUA、Candy等七大全球化高端品牌和全球首个智慧家庭场景品牌三翼鸟，构建了全球引领的世界级工业互联网平台卡奥斯COSMOPlat和物联网大健康产业生态盈康一生，旗下创业加速平台海创汇已孵化7家独角兽企业、102家瞪羚企业和120家专精特新“小巨人”。

人单合一人微至本。海尔不断创新，逐步形成了应对互联网时代的管理模式，以自主经营体为基础的人单合一管理。张瑞敏说：“海尔之所以在2005年提出‘人单合一’，主要是基于我个人对企业发展的一种思考。由于官僚主义与远离市场的大企业病、接班人的代际传承，企业都很难基业长青，海尔也是这样，也遇到了大企业病。”海尔不强调增长，也不希望成为企业帝国，而是注重进化，即进化成一个热带雨林，一个生态系统。在互联网时代，企业必须从“卖产品”向“卖服务”转型，要完成由制造到服务的转型。员工也必须转型，从听命于上级转向听命于用户，改变传统的经营模式，搭建一个能够将用户需求、员工价值自我实现和企业发展有效融合的崭新管理模式，即“人单合一”管理。其中的“人”是员工，“单”是用户的需求，把员工和用户连接在一起就是人单合一，核心是如何让员工和用户连接到一起，由自主经营体直接决策和满足用户需求，彻底改变决策流程链条太长、执行迟缓、员工被动的缺陷。各行各业的人都愿意体现自身价值，都想拥有自身的尊严，海尔搭建这个平台就是要充分发挥每个人的价值而体现其尊严。在传统的科层制组织里，人的价值不能充分发挥，同外界也无法实现零距离，而互联网带来最主要的一个改变就是零距离。海尔实行“人单合一”模式时，一下取消掉一万多名中层管理岗位。每个创业团队所面对的都是一个部分的用户群体。当这个用户群体的市场做大之后，一定可以再进一步细分和裂变，整个系统本身则一定生生不息，组织事业将永续发展。

“人单合一”模式从实践上是个不断积累发展的必然过程。从2000年7月为哈尔滨市居民宋明伟通过互联网订制海尔BCD—130E左开门的中国第一台网上订制冰箱开始，到2015年“人单合一”模式的全面实施，是海尔人认识与实践交互作用的必然结果。当时张瑞敏就认为，个性化需求正成为新经济时代的消费趋势，家电企业中谁能洞悉更多的个性化市场需求，制造出更多的个性化产品，谁就拥有更多的市场先机和市场份额。他断言，只要用户需要，也许明天海尔能给你一台三角形冰箱。2005年提出的“人单合一”模式，经过多年的试行、探索和实践，实现了海尔经营模式的转变。从逻辑上讲，砸冰箱砸出“零缺陷”的高质量观念、OEC管理保障高质量生产运营、赛马用人提升员工素质能力、吃休克鱼扩大增强实力、砸库存砸出与用户“零距离”，生产者与用户零距离，通过网络实现零距离接合，实施“人单合一”是水到渠成的自然成果。

“人单合一”取得巨大实效。海尔2016年营业收入突破1000亿元大关，之后每年都在增长，且稳定在1500亿元以上；2017年，营收同比增长率高达30%；2018年，海尔智慧家电销量增长79.8%，智慧家庭用户数增长15.6%；2019年在智能互联生态圈带动下，海尔全品类市场份额持续提升，整体市场份额位居行业第一，营业收入已突破2000亿元，逐年增加归母净利润达82.06亿元；2020年上半年，健康生态场景帮助海尔实现全品类销量增长，市场份额增长4.4%；2015年，海尔品牌世界排名跃升到第82位，较2014年进步90位；2017年，其品牌影响力已跻身世界50强。[1]海尔的“人单合一”通过内部市场激活了海尔的人力资本，增强了整体创新能力，提高了全要素生产率和全员劳动生产率；也能帮助中小企业提高研发能力和盈利能力，实现高质量发展。[2]在和全世界的企业竞争当中已经获得了三大国际标准组织认可，由海尔主导全球的工业互联网标准制定。

“人单合一”模式是企业生产经营的一个跨越性飞跃和进步，具有划时代意义。张瑞敏说：“我们的中国企业一直在学习和模仿国外的管理模式，物联网给了我们一个机会，让我们来引领世界的管理模式。”他任职海尔后，从砸冰箱、OEC管理、赛马用人、吃休克鱼到“人单合一”等，进行了一系列的创新经营管理，是过去直线职能型管理质的变化，既造就出了一个举世瞩目的海尔集团，又造就出了一个独树一帜闻名世界的海尔经营管理文化，特别是“人单合一”模式与生态品牌。从过去为消费者生产产品形式转变为用户进行产品设计、制作、送达、使用等一条龙全面服务，生产者与用户互为合作，价值统一，两全其美，不仅生产组织变化，也将劳作延展、服务全面化。生产经营延伸并融入了用户生活，助力改善人民生活和提高生活质量，促进人民美好生活，是企业生产经营质的改变，是以人为本、以人民为中心的经济社会的一种发展进步，海尔伴随人生需要持续发展。

潜静道合。海尔集团实业、“人单合一”模式是张瑞敏的卓越智慧和开拓创新经营发展的结晶。他的《海尔是海》(1994)、《破一微尘出大千经卷——致创客的一封信》(2014)、《新年只是一个数字，新我才能迎接新的太阳》(2018)经典之作，诠释了他的敬业报国和追求卓越的民族情怀、为社会作出奉献的高尚精神、把不可思议和不可能都变为可能和现实的雄心壮志，可谓“潜深入静，静观其道，道合通天，天人合一”，海尔集团走的是一条明哲创新发展的大成经营之道。

---

[1] 王能民，王梦丹，等.海尔人单合一模式：基于数据驱动的大规模定制[J].工业工程，2022(25)：8-9.

[2] 刘运国，郭瑞营，张周仪.“人单合一”助力海尔高质量发展[J].会计之友，2022(12)：161.

第六章

职业收入消费

从业获得职业收入，是为了满足生活需要，进行职业收入消费是职业经济活动延伸到人们生活消费领域里的职业效益最终实现方式，是职业经济的一个根本要点。同时，生活消费的过程又是从业者人力恢复的过程，是职业劳作不断进行的基本前提条件。职业收入消费内容包括职业收入形式、职业收入消费用途、职业收入消费问题与应对等。

一、职业收入形式

职业收入是从业者从事职业活动收获的东西，也可以说是人的从业活动得到或带来的好处，分为实物、货币、福利、保障、荣誉等多种形式。

1. 实物

实物是原始的古老的职业收入形式。它是自然经济社会的职业收入的典型形式。在自然经济条件下，男耕女织，自给自足，职业收入直接以粮食、蔬菜等实物形式存在，直接用于满足个人的吃、穿等生活需要，在现实社会仍然存在。

在乡村还存在农民收入以实物为形式的现象。在农村各家各户均有自己使用的土地资源。乡村居民吃的粮食、蔬菜、瓜果、禽蛋等食物主要来自传统职业的家计生产经营，是主要的食物来源，保障基本的生活需要。

其中，乡村的种田专业户收获的粮食、养畜专业户放养的牲畜、水果生产专业户收获的果实等，虽然是作为商品出售，但一般也要留够自消的，仍保留着一部分实物的收入形式。

城镇职工收入也存在一定的实物形式。如工厂、学校、医院等职业人员，有时也获得实物收入。如春节等重要节假日发的米、面、油等实物，就是实物收入。有的甚至退休后仍然持续，成为终身性的福利。

2. 货币

货币是取代实物的一种职业收入形式。在市场经济条件下，货币是职业收入的典型形式，职业劳动者的劳作通过交换供给和满足用户所需，产品或劳务转变为货币资金，具体表现为工钱、工资，以及福利和保障等不同形式。

（1）工钱

工钱也是一种传统职业收入形式，在简单商品经济社会中就已经存在了，在现代的市场经济社会中仍然存在。一般是个体职业劳作者、自由从业者从事零星劳作获得的报酬，如木匠、瓦匠等匠人收入的报酬，家庭的卫生清洁、水电维修等职业劳作者所获得的报酬，就是工钱。

（2）工资

工资是指企业等社会职能组织单位的从业者从事职业劳作获得的报酬。如农场的工人、工厂的员工、学校的教师、医院的医生、政府的公务员等行业部门的职能组织单位岗位上的从业者获得的职业收入，主要是工资，分为职务工资、绩效工资、津贴、奖金等具体项目。

3. 福利

福利是从业者从事职业获得的免费待遇，如免费供餐、免费体检、免费通勤、休假疗养等。福利是职业组织单位给予从业者的免费优待，企业、学校、医院、政府等职能组织都有一定的福利待遇。个体从业者通常没有这类福利待遇。

4. 保障

保障主要是指“五险一金”的生活保障，是国家法律规定的用人单位给予员工的多种保障性待遇的总称，包括养老保险、医疗保险、失业保险、工伤保险、生育保险和住房公积金。“五险”即养老保险、医疗保险、失业保险、工伤保险和生育保险，“一金”即住房公积金。其中，“五险”中的养老保险、医疗保险和失业保险是由用人单位和个人共同缴纳保费的。工伤保险和生育保险完全是由用人单位缴纳的。“一金”也是由用人单位和个人共同缴纳的。这是企业等用人单位对从业人员的一个基本保障待遇，是国家赋予社会从业者的利益保障。

5. 荣誉

荣誉是从业者从事职业获得的光荣的名誉，是从业者的职业劳作表现好、成绩突出、贡献较大，得到有关方面认定所给予的表彰，分为中央、省、市、县、乡等政府表彰，企业、学校、医院等用人单位的表彰，表彰一般包括发荣誉证书和颁发奖金或相关优待，可谓是名利双收。

二、职业收入来源

职业收入来源于职业劳作。有一种职业就有一种收入来源。在现实社会，人们从事的职业往往不只是一种，除了本职业外，还有兼营其他职业。本职业可叫第一职业，兼营的职业可叫第二职业，甚至还有第三职业。因此，职业收入的来源是多途径的。

在乡村，居住地区自然资源一般都各有特点，居平原有平展土地，居山区有山地，居河畔有水域，居高原有牧区，自然资源比较丰富，居民都能因地制宜从事多种职业经营。现在大体都在从事食物生产的同时兼营商品生产，如有的在种植玉米、高粱、谷物杂粮、蔬菜等的同时，兼营养蚕、药材、水果、养鱼、养畜等地方特产，发展商品经济，既保持了传统农业生产收获粮食等实物收入来源，又发展了现代特色商品生产经营获得货币收入，同时农闲外出打工收入工钱或工资，收入来源于多种职业。

在城镇，有些人利用自己的业余时间从事第二职业。如有的科技人员兼营产品开发经营或在企业兼任科技创新工作，再如有的教师利用业余时间从事其他有关教育工作等。

第一职业是人们从事的基本职业，往往是人们终生选定的职业，很大程度上与人们的兴趣、爱好、特长或专门技能相适应，变动比较小，即使有些变动，也大都是变换职业单位，而不改变职业性质或本行职业。第一职业是人们必有的职业。因此，第一职业具有长期性，职业收入比较稳定，是职业收入的主要来源，是人们生活的基本保障。

第二职业一般是人们根据自己的能力，在空闲或方便的时间从事的职业，其中有与第一职业相同的职业，也有与第一职业不同的职业。如农民兼营养蚕、养鱼、养畜等职业，农闲时外出打工的职业；科技人员利用业余时间承包科研项目，以及教师利用业余时间从事的校外教学等。第二职业一般不是长期的，大多是短期的或临时的，也有一定的收入，是职业收入的补充来源。

在第一职业收入较少的情况下，应考虑从事第二职业增加收入，改善生活。同时能力强者也可兼营第二职业，多获收入，又能为社会多作贡献。如在乡村，农民光靠种地打粮的第一职业，不能满足生活的全部需要，粮食生产只能满足自己的吃粮需要，缺乏钱财来源，而在农闲时间就可从事力所能及的第二职业，解决钱财来源，满足其他方面的生活需要。城镇职工中，有条件的在不影响第一职业的情况下也可从事第二职业，适当增加收入，更好地改善生活。

三、职业收入核算与分析

核算即核对计算，它是人类经济生活的一种数量管理，如企业经济核算、学校财务核算等。职业收入核算是一种细化的关于个人职业劳作的经济核算，是指对职业劳作的投入、占用、消耗与成果进行登记、计算等。通过职业收入核算，可以了解和掌握职业经营状况和收入水平，更重要的是分析研究用较少的劳作耗费为用户多提供产品和劳务，多得收入，更好地追求提高和实现职业效益。应做好职业收入核算，因职业单位不同，职业收入核算的方法也就不一样，分为个体从业者单位的职业收入核算与企业等职业组织单位岗位上的从业者的职业收入核算。

1. 个体从业者的职业收入核算

个体从业者的职业收入核算通过一定的方法进行，一般可由下式表示：职业收入 = 职业总收入 - 职业耗费 - 税金，用代数式表示：

$$N=ZS-ZF-SJ \qquad (6-1)$$

式中，职业收入（N）是从业者从事职业劳作所获得的纯收入或净收入；职业总收入（ZS）是职业毛收入，即职业活动所获得全部收入，包括货币和实物等不同形式；职业耗费（ZF）是职业劳作使用消耗的人力、设施器具、材料用品等；税金（SJ）是从业者按要求向国家税务部门缴纳的税金。从业者所获得的全部收入减去职业耗费与税金所剩下的余额是从业者所获得的职业收入，即可供个人自由支配的职业纯收入。式中的各项数额按货币价值计算出资金额。

上述公式是一个简单的一般的职业收入的核算方法。它适用于个体从业者的职业单位收入核算，通常分为月、季、年等不同时期的职业收入核算。

2. 企业等职业组织单位岗位上的从业者的职业收入核算

企业等职业组织单位岗位上的从业者的职业收入核算与个体从业者的职业收入核算不同。一般可由下式表示：职业收入 = 职业基本工资 + 职业津贴 + 职业奖金 + 其他收入 − 税金，用代数式表示：

$$QN=ZBZ+ZJT+ZJJ+ZTX-SJ \tag{6-2}$$

式中，职业收入（QN）是从业者从事职业劳作所获得的纯收入；职业基本工资（ZBZ）即职业固定收入部分；职业津贴（ZJT）是职业劳作岗位差异性的收入，由难易、安危的岗位差异不同决定不同的收入数额；职业奖金（ZJJ）是职业劳作超量或有贡献的收入，体现多劳多得；其他收入（ZTX）不是固定的，是变动的，有时有，有时没有，如荣誉奖励收入不是从业者经常有的，或单位事业发展好了设立新名目增收；税金（SJ）是从业者工资收入超过一定数额时向国家税务部门缴纳的税金。式中的各项数额按货币价值计算出资金额。

需要说明的是，职业组织单位岗位上的员工职业收入细目核算不完全一样，有的细目多一些，有的细目少一些，但基本内容是一样的。算法大体也是一样的，万变不离其宗。当职业收入达到纳税额度时就要上缴税金，可由单位统一缴税。

从实际情况来看，运营正常的企业等职业组织单位都有专职人员从事财务管理，进行职业收入核算。而个体从业者的职业收入核算有所不同，有的个体从业者比较重视，对自己的投入消耗与收入成果进行登记、计算和对比，分析研究提高职业效益，千方百计增加职业收入；而有的个体从业者则不够重视，不对自己投入消耗与收入成果进行细致登记、计算和对比，只有大概的简单的核算，甚至是只有心算，不精细，不利于讲求提高职业效益。对此个体从业者应该重视和加强职业收入核算，建立职业收支明细账户，进行精细的个人职业收入核算，做好自己的职业生计管理。

3. 居民收入和生活水平分析

职业收入是人民生活的保障，在我国亿万从业者的世代持续努力下，特别是经过改革开放以来 40 多年的持续稳定高效发展，中国人民的求富发展取得了历史性的突破，已经摆脱了贫困，建成了小康社会，逐步地富裕起来了，居民收入有了很大的提升，人民生活有了很大的改善，选取前后 20 年两个时段了解和分析有关情况，见表 6-1、表 6-2，总体呈现出持续性的发展特点。

（1）1978 年与 1998 年居民收入和生活水平

见表 6-1，从 1978 年到 1998 年，居民收入大大增加。❶ 农村居民人均纯收入由 1978 年的 134 元增加到 1998 年的 2160 元，增加了 16.1 倍；城镇居民人均可支配收入由 1978 年的 344 元增加到 1998 年的 5425 元，增加了 15.8 倍。

其中，恩格尔系数，❷ 1978 年，农村居民为 67.7%，城镇居民为 57.5%，全国为 63.9%；1998 年，农村居民为 53.2%，城镇居民为 44.2%，全国为 48%。❸ 20 年间，恩格尔系数降低，农村居民下降 14.5%，城镇居民下降 13.3%，全国下降 15.9%，表明我国城乡居民生活有了很大的改善，农村居民由贫穷大体达到了温饱，城镇居民由温饱大体达到了小康，城乡生活相差较大。

表 6-1　1978 年与 1998 年居民收入和生活水平

项目	居民收入（元）		恩格尔系数（%）		
	农村居民人均纯收入（元）	城镇居民人均可支配收入（元）	农村居民（%）	城镇居民（%）	全国（%）
1978 年	134	344	67.7	57.5	63.9
1998 年	2160	5425	53.2	44.2	48
增降变化	增加 16.1 倍	增加 15.8 倍	下降 14.5	下降 13.3	下降 15.9

资料来源：国家统计局与计算。

（2）1999 年与 2019 年居民收入和生活水平

见表 6-2，从 1999 年到 2019 年，居民收入持续增加，❹ 农村居民人均纯收入由 1999 年的 2210 元增加到 2019 年的 16,021 元，增加了 7.3 倍；城镇

---

❶ 齐经民 . 中国的求富与可持续发展的矛盾和出路［J］. 经济研究资料，1999（10）：14.

❷ 恩格尔系数是食品支出总额占个人消费支出总额的比重。恩格尔（Engle）是 19 世纪德国统计学家，他研究发现，一个家庭收入越少，其总支出中用于购买食物的费用所占的比例就越大，其大小反映出人的生活状况，划分生活状况的标准为，该系数大于 60% 为贫穷、50%~60% 为温饱、40%~50% 为小康、30%~40% 相对富裕、20%~30% 为富足；20% 以下为极其富裕。

❸ 数据来源：国家统计局。

❹ 数据来源：国家统计局 1999 年国民经济和社会发展统计公报、2019 年国民经济和社会发展统计公报。

居民人均可支配收入由1999年的5854元增加到2019年的42,359元，增加了7.2倍。

其中，恩格尔系数，1999年，农村居民为52%，城镇居民为41.3%，全国为45.5%；2019年，农村居民为30%，城镇居民为27.6%，全国为28.2%。[1] 20年间，恩格尔系数持续降低，农村居民下降22%，城镇居民下降13.7%，全国下降17.3%，表明我国城乡居民生活有了更大改善，农村居民收入增长快于城镇居民收入增长，城乡居民富裕起来了，国家富起来了。

表6-2　1999与2019年居民收入和生活水平

项目	居民收入		恩格尔系数（%）		
	农村居民人均纯收入（元）	城镇居民人均可支配收入（元）	农村居民（%）	城镇居民（%）	全国（%）
1999年	2210	5854	52	41.3	45.5
2019年	16021	42359	30	27.6	28.2
增降变化	增加7.3倍	增加7.2倍	下降22	下降13.7	下降17.3

数据来源：国家统计局与计算。

（3）前20年与后20年的居民收入和生活水平的比较分析

从两个时间段的居民收入和生活水平比较来看，都持续提高，显示出居民收入大幅度提升和生活水平突破改善。

在居民人均纯收入和人均可支配收入[2]增长方面，前20年的农村居民增加比后20年的增加多8.8倍，前20年的城镇居民增加比后20年的增加多8.6倍。农村居民比城镇居民多增加0.2倍，城乡相差微小，表明两者在增收幅度上几乎相当，没有太大的区别。

在居民生活水平提升上，前20年的农村居民恩格尔系数下降比后20年的下降少7.5%，前20年的城镇居民恩格尔系数下降比后20年的下降少0.4%，农村居民比城镇居民多降了7.3个百分点。这表明，后20年农村居民生活水平提升比前20年提升幅度大，农村居民比城镇居民生活水平改善幅度大，城乡居民生活水平差距缩小，2019年的农村居民的恩格尔系数与

[1] 恩格尔系数资料来源：国家统计局。

[2] 国家统计局在2014年前统计农村居民人均收入称为：人均纯收入。2014年起统计称为：人均可支配收入，与城镇居民人均可支配收入的统计一致了，两者均是总收入和扣除支出的净收入，之前只是称谓不同，实际一致。

城镇居民的仅相差 2.4 个百分点，城乡相差微小，同处 30% ~ 40% 的区间，基本上已经共同富裕起来了。新中国成立以来的城乡人民生活差别大体消除，这是中国人民生活改善和迈向共同富裕的巨大历史进步。

同时，我们发现，农村居民人均纯收入（人均可支配收入）与城镇居民人均可支配收入相差很大。如 1978 年的农村居民人均纯收入（人均可支配收入）是 134 元，城镇居民人均可支配收入是 344 元，城镇居民比农村居民多 210 元，城镇居民收入是农村居民收入的 2.6 倍；2019 年的农村居民人均纯收入（人均可支配收入）是 16,021 元，城镇居民人均可支配收入是 42,359 元，城镇居民收入比农村居民多 26,338 元，城镇居民收入还是农村居民收入的 2.6 倍。

那么，为什么农村居民人均纯收入（人均可支配收入）与城镇居民人均可支配收入相差很大，而生活富裕程度却相当，也就是共同富裕了，原因何在？分析可知，这是国家富民的制度、政策和措施作用的效应。从根本上说，公有制是实现共同富裕的制度。公有制是社会主义社会的一个根本制度，共同富裕是社会主义的本质要求和发展追求：一是稳定农民的土地资源利用，并利用现代农业技术，精耕细作，农村居民吃的粮食、蔬菜、水果、肉蛋等食物自产自给自足，藏富于土地资源，保障了农村居民的基本生活；二是鼓励和保障农民外出务工增收，如推动区域内信息对接、培训联动，方便通行，保障权益，为农民工外出务工提供支持等，增加农民经济收入；三是持续的扶贫，特别是新时代以来的精准扶贫，针对不同贫困区域环境、不同贫困农户状况，运用科学有效程序对扶贫对象实施精确识别、精确帮扶、精确管理的治贫，以及实行农村最低生活保障制度兜底脱贫，保障贫困户脱贫，共同富裕。

值得一提的是，在农民经济条件未有根本改变或农民职业经济能力未有较大提升的情况下，建议农民的土地资源利用政策应该持续下去，既不空闲浪费土地资源，又能发挥农民精耕细作技能，保障食物来源，减轻农民生活压力，也减轻国家负担。

四、职业收入用途

职业收入的用途是消费，这里讲的职业收入的用途主要是指货币资金及实物收入的使用方向。但对于不同的从业者，职业收入的用途不完全一样，特别是个体从业者与企业等职业组织的从业者或员工的职业收入用途存在着明显差异。

1. 个体从业者的职业收入用途

（1）个体从业者的职业收入用途及其划分

个体从业者的职业收入用途包括职业消费与生活消费。职业消费，是满足职业劳作需要的消费，主要是用于劳作设施、器具、材料用品、能源等生产资料的投入的消费，如更新设施、购买材料用品等，进行不断地职业劳作；生活消费，是满足从业者生活需要的消费，包括其扶养的家庭人员的吃、穿、住、用、行等生活消费。其中，生活消费是满足人们生活需要的最终消费，是职业效益的最终实现，同时也是从业者人力的再生产。从这个意义上讲，生活消费是从业者职业劳作不断重复进行的基本前提，而职业劳作又是作为生活消费的前提条件而存在，两者互相促进。

因此，个体从业者要把职业收入分为两部分：一部分用于生活消费，满足现在生活所需；另一部分用于职业劳作，不断满足职业劳作需要，包括发展的追加投入需要。另外，剩余的还可用于储蓄或用于其他投资。储蓄或其他投资也是不断增收的需要，更好地满足以后生活需要。但是，在职业收入中，多少用于生活消费，多少用于职业活动需要，不一定在量上均等。

（2）个体从业者的职业收入花用

个体从业者的职业收入花用，要根据职业收入的多少与实际生活需要、职业劳作需要的具体情况确定，要坚持应有的原则。①兼顾满足生活与职业劳作及其发展两个方面需要的花用原则。既不要只顾生活需要，也不要光顾职业劳作及其发展需要，不要顾此失彼，而要两者兼顾。一般是先考虑满足生活需要，后考虑职业劳作及其发展需要，也就是在满足生活需要的基础上满足职业劳作及其发展需要。在职业收入少的情况下，考虑生活需要但不能有过高的要求，考虑职业劳作及其发展需要也不能过度；在职业收入多的情况下，则既可考虑改善生活而满足更高的生活需要，又可考虑改善职业条件而满足职业发展需要。②坚持勤俭节约的花用原则，无论用于生活需要，还是用于职业劳作及其发展需要，都要精打细算，尽量减少和避免浪费，珍惜劳作成果，讲求消费效益。

在职业收入既定的条件下，多少用于生活消费，多少用于银行储蓄，多少用于投资入股，多少用于社会保险，这是需要算计的。在大体富裕起来的情况下，可以考虑职业收入的50%用于生活消费和学习的发展性花用，20%用于银行储蓄，30%用于投资、社会保险等，受益的机会多，风险小，比较可靠。当然，这也不是绝对的，只是一种系统性的考虑或是一种方案。

2. 企业等职业组织中从业者的职业收入用途

从企业等职业组织实情来看，从业者因财产所有与非所有的差异，职业收入用途就不完全一样，一般有两种情况。

（1）财产所有者的职业收入用途

财产所有者的职业收入用途与个体职业者的从业收入用途是一样的，也包括职业消费与生活消费。如私营企业主的职业收入用途：一方面供给保障企业经营正常运作，消费包括劳动设施、器具、材料用品等费用；另一方面是生活消费，用于包括从业者扶养的家庭人员的吃、穿、住、用、行等诸方面的生活需要。

（2）非财产所有者的职业收入用途

非财产所有者的职业收入用途，与财产所有者的职业收入用途明显不同。一般来看，非财产所有者的职业收入不直接用于职业消费，只用于个人的生活消费，在大体富裕的情况下与个体从业者的职业收入用于生活消费大体一样。

应该强调指出，非财产所有者的职业收入，除用于供给和改善现实生活，保障生活消费需要外，应适当用于储蓄或用于其他投资。特别是银行储蓄利息较低的情况下，应更多地考虑投资入股，用于生产投资，增加收入来源；还可以考虑用于参加社会保险，以使退休后多一些收入，保障晚年的生活需要。

五、职业收入生活消费及问题应对

生活消费伴随人生，内容有许多方面，消费形式也多种多样，是一种比较复杂的人类生活现象，存在着一定的构成与消费形式。

1. 生活消费构成

生活消费是人满足生活需要的活动，如吃是满足营养需要的活动，穿是满足保护身体需要的活动，住是满足休息等需要的活动，等等。

有什么生活需要，就有什么生活消费，与人的生活需要构成对应存在着特定的生活消费构成。从生活消费的特性上分为吃、穿、住、用、行、教育、医疗、旅游等消费；从生活消费的用品形式上分为产品消费与劳务消费，产品消费是指使用生产出的食物、衣服、器具等物品的消费，劳务消费是指使用劳作形式的消费，如教育消费、医疗消费、旅游消费等；从生活消费的层次上分为生存消费、发展消费和享受消费，生存消费是指人为满足生存进行最基本的吃、穿、住等生活消费，是最基本的生活保障，称为一级消费；发展消费是指人为满足生活发展进行的学习等消费，是在满足了基本的生活需要的基础上考虑的发展需要，是较高层次的生活消费，称为二级消费；享受需要是指人们为满足生活享受的需要进行的高级复杂的吃、穿、住以及观赏、游玩、娱乐等活动，它是高层次的生活消费，称为三级消费（见表 6-3）。

表 6-3　生活消费结构

项目	吃	穿	住	用	行	医疗	教育	旅游	娱乐等
生存消费	一	一	一	一	一	一			
发展消费	二	二	二	二	二	二	二		
享受消费	三	三	三	三	三	三	三	三	三

生活消费构成还取决于劳作供给状况与消费者支付能力。在生产落后、消费者支付能力有限的情况下，人的生活需要难以完全得到满足，生活消费少而简单。在这种情况下，只好进行满足最基本生活要求的消费活动，把绝大多数收入都用于吃、穿、住、用上，保证基本的生存消费，发展消费少，更谈不上享受消费；在生产进步、消费者支付能力大的情况下，人的生活需要能够完全得到满足，把收入分别用于生存消费、发展消费和享受消费。

2. 生活消费的社会形式

人们在社会中生活，人的活动都是通过一定的社会形式进行和实现的，生活消费也不例外。人的生活消费有两种形式，即家庭消费与社会公共消费。

（1）家庭消费

家庭消费是指在家庭进行的消费，包括在家庭中的吃、穿、住、用等。家庭是基本的社会组织，人们除了外出社会交往以及进行社会性的职业活动外，一般自己的吃、穿、住、用等都是在自己的家庭中进行的。家庭消费是基本的生活消费形式。

家庭消费形式与社会经济状况相关。在自然经济社会，经济不发达，男耕女织，自给自足，职业收入少，人们联系交往少，主要在家庭中生活消费，家庭消费比较典型和普遍，是主要的生活消费形式。在市场经济社会，经济发达，人们在社会分工与合作的经济关系中从事职业劳作，职业收入来路多，人们联系交往也多，在社会场所的消费就多。

（2）社会公共消费

社会公共消费[1]是指在社会公共组织和场所进行的消费，包括在学校、旅馆、饭店、影剧院、公园等公共组织和场所中的吃、穿、住、用、行、学习、游玩、娱乐等消费。

当分工与合作社会化，人们交往联系增多，社会公共消费就变得重要和普遍了，成为人们生活消费的重要形式。在市场经济社会，这种情况比较普遍，但家庭消费仍然是一种基本的消费形式。

现实中国社会，随着改革开放的深入发展，人们的交往联系日益广泛和密切，职业收入不断增加，生活消费不断改善，社会公共消费发展很快，尤其是饮食、美发、学习、保健、旅游、娱乐等消费发展迅速，已经成为社会生活消费不可缺少的重要组成部分和存在形式。

3. 职业收入消费问题应对

职业收入消费具体实施不仅是作为家庭主要成员的从业者及其家庭成员，还包括整个社会成员，如从业者、退休者、学生、幼儿等，这是整个社会的生活消费现象。在科技手段发达的当代市场经济社会，消费者要经过交易的商场、网络平台等环节实现消费，就会出现一些问题，需要认真对待并

---

[1] 齐经民 . 职业经济学（第二版）[M] . 北京：经济科学出版社，2004：229.

加以解决。

（1）职业收入消费问题表现

中国消费者协会在2023年“3·15”期间，就消费问题做了问卷调查。从受访者反馈情况来看，当前消费仍然存在着一些短板，集中反映了存在的问题[1]，见表6-4。

表6-4 消费存在的问题

序号	问题	比重（%）
1	个人信息泄露	37.7
2	浪费现象如餐饮浪费	28.3
3	网络谣言多发	26.6
4	预付费/卡商家“跑路”	25.0
5	虚假宣传或引人误解的宣传	21.1
6	价格虚高	18.9
7	投诉长期无反馈或无效	18.8
8	假冒伪劣	17.8
9	售后服务	17.4
10	损害健康	17.1
11	货不对板	16.3
12	霸王条款	11.6

资料来源：中消协发布2023年消费维权年主题调查结果。

表6-4调查结果显示：个人信息泄露问题排在各类问题首位，仍然困扰着消费者，浪费消费仍然存在，网络谣言多发、预付费/卡商家“跑路”、虚假宣传或引人误解的宣传、价格虚高等行为，这些不良现象仍然频发；投诉长期无反馈或无效、假冒伪劣、售后服务差、损害健康、货不对板与霸王条款，一直存在，对消费者产生不良影响。

其中，有消费者本身的问题，如餐饮浪费；有生产经营者的问题，如价格虚高、霸王条款、假冒伪劣、损害健康、货不对板、预付费/卡商家“跑路”；有消费者权益保护部门的问题，如投诉长期无反馈或无效；还有与消费者联系的相关方泄露消费者个人信息。与过去情况相比，消费问题弱化

[1] 中消协发布2023年消费维权年主题调查结果，中国消费者报［N］. 2023-3-15.

了，但是问题复杂了。

（2）职业收入消费问题应对

以上不良现象是多方面的综合性问题，解决上述问题需要相关部门共同行动，在政府的主导下，发挥中国消费者协会的监督作用。有关生产经营者要转变不良行为，逐步解决问题。其中，消费者本人是个基本方面，要自律自约，做好自己的事。

①做好自己的生活消费。从儿童、青年、中年、老年不同年龄段的身体需要特点出发，避免外部因素影响，规避消费风险，讲求消费质量和效益，消费者应注意做好以下几点。

合理消费。合理消费是指要按照科学要求进行消费，主要有两大方面的科学要求：一方面是人体本身的科学要求，就是要按照人体本身的需要和要求进行消费。一是就吃而言，应根据人体所需要的各种营养成分，兼顾人体对脂肪、蛋白质、维生素及钙、磷、铁等微量元素的需要，讲究食品搭配，加强饮食营养；二是就穿而言，要根据人体保健的需要，讲求舒适、大方和健身；三是就住而言，要讲求南北通透、宽敞、明亮，外部视觉平和宜人；四是就用而言，要选用简单、方便、顺手的物品，养成习惯，保障安全。另一方面按照消费对象本身的科学要求使用消费，尤其是电视、电冰箱、洗衣机、空调、淋浴器等家用电器，要了解产品的机电原理、特性和功能，严格按照使用说明书进行安放、操作和使用，避免造成人为损坏和意外伤亡事故。

适度消费。适度消费是在个人与社会经济条件所允许的范围内进行的消费，有三个基准与要求：一是消费支出要以自己的职业收入为基准，坚持量入为出的生活消费原则，消费支出不要大于职业收入，使自己消费支出与职业收入大体平衡。一般来说，消费支出要少于职业收入，留有节余，以备机动之用。其中，借贷消费要考虑偿还能力，避免承担过大压力。二是消费支出要以自己的实际需要为基准，与自己的实际需要一致，需要什么就购买什么，不受外在因素的干扰和影响，尤其要避免“从众”等心理的干扰，防止不自主地跟风或攀比消费。三是消费支出要以市场的有效供给为基准，把自己的消费支出与市场的有效供给统一起来，购买消费市场上货真价实的产品或劳务。

节约消费。节约消费是发展经济的基本要求，要精打细算，财尽其力，物尽其用，低耗费多受益。这在职业收入有限的情况下尤其重要。但是，在现实生活中，许多消费者不注意节约，花费大手大脚，铺张浪费，不珍惜劳动果实，对于个人来说似乎不算什么，但从整个社会来看，就是很大的浪费。我们应为后代人留点生存发展的余地，正如美国艾伦·杜宁（Alan Durning）所说[1]，如果交给我们的孩子一个这样的世界，在这个世界里，为了满足个人的食物、教育、充实的工作、居所和良好的健康状况的需要，他们的选择扩大了，而不是缩小了，这将是多么的美好。这种情况只要我们消费者社会中的那些人转变生活方式就有可能发生。

②做好自己的消费保障。要增强自我保护意识。由于市场“信息不对称性”，消费者购买活动总是存在着“价值不对称的买卖”，在购买活动中造成货币贬值等，消费者利益受到损失。因此，消费者要有自我保护意识，特别是在购买产品或劳务时，应留心注意，在自己的思想意识中，不贪求额外收益，注意规避风险，这是消费者自我保护的基本要求。

有自我保护戒律。这里讲的消费者自我权益保护的戒律，是指消费者在社会消费活动中自律约束自己行为的禁戒自律。信守戒律是消费者自我保护的一道屏障。一是不买“三无”产品，即不购买无产地厂名、无商标、无合格证的“三无”产品，这类产品可靠性差，不买此类“三无”产品以免上当，或上当后不好挽回；二是不买没有“三期”的食品，即不购买没有生产日期、保质日期或存放日期的食品，以免买到腐坏变质食品；三是购买家电产品验货时当场测试选好，以免日后使用发现问题有麻烦；四是购买高档耐用商品，要有保修业务，日后使用出了问题，便于维修；五是线上平台广告推销产品，购买时要谨慎，应先了解商家的信誉等，确认可靠后方可购买；六是比较选购商品，俗话说“货比三家不上当”，往往是同种商品，由不同厂家生产，由不同商家经销，产品质量和价格均有所不同，消费者应进行比较，择优购买，保证质量。

③通过多种途径保护自己的权益。在消费者权益受到损害或伤害时，有多种途径可以考虑保护自己的权益：一是自己与生产者或商家直接交涉解决；二是自己无法合理解决时，向消费者协会投诉或通过新闻媒体的舆论监

---

[1] ［美］艾伦·杜宁．多少算够——消费社会与地球的未来［M］．毕聿译．吉林：吉林人民出版社，1997：6.

督，促进合理解决；三是不能解决好的情况下，就应通过法律途径解决问题，直接向法院提起诉讼，法律是保护消费者权益强有力的手段，这些问题可从法律上得到解决。

第七章

职业效益评价

职业效益是职业活动追求的目标，职业效益研究是职业经济学研究的核心问题[1]。做好职业管理的重要前提之一是做出正确的职业效益评价，因此，职业效益评价研究也是职业经济学研究的重要内容。

一、职业效益评价研究现状

职业效益评价的客观活动历史上很早就存在，古代中国的官员考察、当代中国的干部绩效考核、广泛存在的企业员工绩效考核、劳动模范评选等，事实上都属于职业效益评价。职业效益评价的学术研究是在职业效益概念的提出及职业效益评价探索开始的，集中表现在燕山大学职业经济学研究团队的工作。

1. 燕山大学研究团队的工作

1992 年，第一版《职业经济学》[2]出版，其中专列一节讨论了职业效益评价问题，其时叫“职业效益考评”。书中，分别从单因素、双因素和综合因素三个层次论述了职业效益评价的内容。单项因素考评分别从职业劳动者与社会消费者的角度考察评估职业效益，考评的指标对劳动者来说是劳动收益与劳动耗费之比，对消费者来说是消费收益与消费支出之比。双向因素考评把职业劳动者与社会消费者直接联系起来，从二者统一的角度来考察评估职业效益。当二者均衡时，社会协调发展，当出现严重不均衡时，社会关系失调。综合因素考评从职业劳动者与社会消费者以及人类环境统一的角度综合考察评估职业效益，把职业活动对人类存在环境的影响考虑进来。其中的环境既包括自然环境如山、水、动物、植被和大气，也包括人工环境如道路、桥梁、水库、城镇等。作者在分析中从职业效益角度严厉谴责了不道德的职业活动和破坏环境的职业行为。书中还从树立合理职业效益观念、促进社会和谐稳定发展、增强环境意识、有利于职业管理等方面论述了职业效益考评的意义。在 2004 年的《职业经济学》第二版中，“职业效益评价”单列一章，深入讨论了职业效益评价的重要性、评价依据、评价体系和评价指

---

[1] 齐经民．职业经济学（第二版）［M］．北京：经济科学出版社，2004：183.

[2] 齐经民．职业经济学［M］．兰州：兰州大学出版社，1992.

标，进一步从劳作者、消费者和环境当事人角度综合考虑提出了三因素职业效益评价理论，另外还分别讨论了管理职业效益评价和非管理职业效益评价相关问题，形成四元职业效益评价理论。在评价体系的论述中包括了评价的主体对象、评价依据、评价原则、评价指标、评价方式等方面，其中认为职业效益评价依据应包括理论依据和法律依据。

2006 年，燕山大学职业经济学研究团队集体合作，完成了《职业效益讲求及评价》[1]专著，专题研究职业效益评价问题。在书中，首先从职业、职业效益、讲求职业效益和评价职业效益等四个方面概括总结了基本理论成果，然后分饮食业、农业、建筑业、机械制造业、矿业、维修业、通信业、金融业、人寿保险业、房地产业、财会从业者、市场营销业者、导游、教育从业者、律师、人力资源管理者、商业管理者、物业管理者、国际商务管理者、企业管理者、学校管理者、医院管理者、政府管理者 24 个行业或职业领域研究了相关的职业管理问题。

在 2006 年后的十余年中，燕山大学职业经济学研究团队对职业效益问题不断深入探索。2016 年出版《效在多方　益在多处：公民职业经济学》[2]，探讨了人与自然的基本关系及其秩序、人与社会的关系及其秩序、公民职业行为等基本问题，对企业管理、教育、食品生产、医疗、房地产、导游、环保、基层公共管理等领域的职业活动如何追求职业效益做了具体讨论和案例分析，研究了评价指标体系。“效在多方、益在多处”既是关于职业效益的基本认识观点，也是建立职业效益评价理论和设计评价方案的基本指导思想。

2018 年出版的《职业经济解析——国计民生基本问题研究》[3]一书是对职业经济学理论体系的最新综合整理和提高，职业效益问题是其核心主题，相关内容包含员工职业效益影响因素、管理职业效益影响因素、职业效益评价和员工职业效益评价四章。其中职业效益评价一章根据十三要素评价理论深入讨论了职业效益评价中的评价项目分类、评价目的、总指标、评价目标、价值关系、评价对象、评价主体、评价指标体系、评价模型、评价标

---

[1] 齐经民，等．职业效益讲求及评价［M］．北京：经济科学出版社，2006.

[2] 齐经民，郑涛，等．效在多方　益在多处：公民职业经济学［M］．北京：经济科学出版社，2016.

[3] 齐经民，刘新建．职业经济解析——国计民生基本问题研究［M］．北京：经济科学出版社，2018.

准、评价实施和评价结果等内容，提出了职业效益评价分类体系，介绍了层位评价理论。在“员工职业效益评价”一章中，针对生产性企业的员工职业活动，从员工、社会、资源环境相关者三个维度、六个一级指标设计了评价指标体系，深入考虑了不同岗位员工的价值需求。通过这一项评价实践，我们获得了对职业效益评价的实证认识。

2. 其他职业效益评价研究

虽然职业效益评价非常重要，但除了企业等机构单位的内部员工绩效评价外，其他方面的研究还很少。

职业效益评价的重要前提是做好职业分类。新版《中华人民共和国职业分类大典（2022 年版）》（以下简称《大典》）的发布，对国家人力资源开发、培训、统计、评价、教育等工作产生重大影响。[1] 在 1964 年第二次人口普查时，由于没有职业分类标准，所以在对职业种类统计时产生了巨大困难，无法做出科学分析。在 1982 年第三次人口普查时，专门制定了《职业分类与代码》文件。1986 年发布第一版国家职业分类标准《职业分类与代码（GB/T 6565—1986）》，此后分别于 1999 年、2009 年和 2015 年发布了三次修订版，1999 年和 2015 年还同时发布了《中华人民共和国职业分类大典》。除此之外，我国还在 1992 年颁布过《中华人民共和国工种分类目录》，1999 年颁布过《劳动力市场职业分类与代码（LB501—1999）》（2002 年出了修订版）。

2015 年版《中华人民共和国职业分类大典》将分类原则由“工作性质同一性”调整为“工作性质相似性为主、技能水平相似性为辅”，关于职业的定义强调其社会性、目的性、规范性、稳定性和群体性特征。[2] 2022 年修订版《大典》在原则理论上没有变化，在个别归类和定义修改的基础上，增加了 4 个中类、15 个小类、157 个细类。在《大典》中特别的一项工作是标注了绿色职业和数字职业，但是，这项工作确实不属于客观职业分类的工作，而是职业评价的工作。虽然从职业评价的角度可以对职业进行分类，但是，这样的分类不适合对职业进行定义，容易造成职业歧视。对职业进行定

[1] 赵宁，范巍．我国职业分类工作的建设与发展：历史的视角［J］．中国人事科学，2023，（1）：44-50.

[2] 同上。

义只应以技术特性为主。每一种职业，作为社会中的必然需求，无高低贵贱之分，无价值大小之分，无官方偏好之分，除了需求的急缓差别外，它们是平等的。

甄远远以职业效益评价为主题的文章中指出：[1] 职业效益评价（1）应该考虑所有利益相关者，且各自有其特征指标；（2）应该增加对环境相关的评价；（3）职业活动的利益相关者包括股东、金融机构、供应商、客户、政府和未来人。此文认识到了利益相关者的多样性和特殊性，认识到了可持续发展，但是，此文因为没有严格区分职业效益评价与企业管理评价，所以，论述论证就不是很清晰。魏菊在齐经民三益思想的基础上讨论了企业管理职业效益评价，根据利益相关原则将企业管理职业效益划分为股东、企业员工、债权人、供应商、客户、政府以及环境资源享用者七个部分，但是，其具体评价方法将企业效益指标、企业投入指标、生产效率指标等混杂，将全面职业效益评价等同于简单的加总评价，在模型结构上存在科学逻辑缺陷。

教师绩效评价是研究比较集中的一个职业效益评价领域。在知网中以“教师绩效评价”为主题进行搜索（截至2023年6月3日），有1553条结果，包括高等教育796篇，中等教育192篇，初等教育38篇，职业教育221篇。在各种文献中，有不少讨论建模方法的，但是，其对指标体系的重视不够。如果不能建立科学的评价指标体系，任何模型方法都不能解决问题。还有大量文章谈了一些理念和原则，但是，理念和原则如果不能落实在评价指标体系和评价模型或模式上，基本上是空谈。夏隽曾总结了高校教师绩效评价指标体系，[2] 认为有三维度、四维度和五维度以上等。三维度分别是教学、科研和学科发展，[3] 或人才培养、科学研究和区域经济发展贡献。[4] 四维度分别是资质、教学、科研和管理，[5] 或教学、科研、社会服务和师德。[6] 五维度分别

---

[1] 甄远远．职业效益评价视域下的企业管理研究［J］．商，2015（15）：19-20.

[2] 夏隽．我国高校教师绩效评价研究述评［J］．吉林省教育学院学报，2017，33（10）：18-20.

[3] 周双喜，冯俊文．基于PCA的高校教师绩效考核指标体系构建研究［J］．南京理工大学学报（社会科学版），2011，24（3）：90-95.

[4] 李薇，王雪原．高校教师绩效评价指标体系的设计［J］．统计与决策，2012（4）：68-71.

[5] 房国忠，孙杏梅，杨雪．高校教师综合绩效评价系统设计［J］．东北师大学报，2006（3）156-160.

[6] 李元元，王光彦，邱学青，等．高等学校教师绩效评价指标研究［J］．高等教育研究，2007（7）：59-65.

是教学、科研、学生培养、学科建设和服务性工作。❶还有六维度的如师德、教学、科研、学科建设、人才培养和社会服务工作。❷对于这些观点，我们认为：教师绩效是对教师工作成果的评价，因此，应从对教师工作范围的界定入手。目前，大学教师的核心工作是教学和科研，为社会发展提供公益咨询的社会服务工作可以相当于科研工作。另外，学校或学院委托的学科建设或辅助管理服务工作也应当考虑计评。师德虽然绝对重要，但是，它不是工作的成果，如果出现负面行为，可以视为负绩效，其后果首先是取消荣誉奖励的资格；如果做出重大突出事迹，属于特别奖励绩效。态度和素质一般不适合作为绩效评价的依据，它们是影响绩效的原因。人才培养的部分工作在许多学校将其量化为教学工作量。还有一些人才培养的成果无法直接计量，采取特别奖励的方式，如优秀学位论文奖。同一项工作的奖励一般不应重复。

项目经理绩效评价也是职业效益评价的一个常见领域。有多种项目经理，如施工项目经理、研发项目经理、安装工程项目经理、服务项目经理等。在对施工企业项目经理部的绩效考核中，陈有忠曾提出，❸在进度管理考核、质量管理考核、文明安全管理考核、成本管理考核和资金管理考核五大绩效评价之外，应增加顾客满意度和员工满意度两项考核，同时提出，在每一大项考核中应设置保证指标，保证指标中有一项不合格所属大项就被判不合格，这种评价模式体现的正是层位评价思想。

对于企业员工绩效考核，尤显光提出应建立不同层级的考核体系，❹如分为公司高层管理者、本部员工、派出机构 / 服务型专业公司或经费单位、项目经理部领导班子成员、项目经理部一般员工，分别由不同层次的管理者采用不同的方法考核。在考核方法上提出三种模式以建立指标体系，分别是基于企业经营目标分解的设计方法、基于工作分析的设计方法、基于综合业务流程的设计方法，以三种模式来源的指标为基础确定关键绩效指标。该文强调，指标体系和权重不是固定不变的，可以根据公司每年不同的工作重

❶ 徐倩，屈文磊，仇方春．基于 AHP 法的高校教师绩效考核指标体系设计［J］．青岛科技大学学报（社会科学版），2008，24（4）：88-91.

❷ 田国双，尚航标，全良．高等学校教师绩效评价指标体系的构建［J］．黑龙江高教研究，2013，31（10）：91-94.

❸ 陈有忠．对工程施工项目经理部的绩效考核［J］．中国质量，2007（3）：17-20.

❹ 尤显光．建立不同层级的绩效考核体系［J］．施工企业管理，2016（2）：98-99.

点，结合管理者的思路做出改变。

医院医生绩效考核是绩效评价应用的最广泛领域之一。我国在医院管理改革中尝试了许多新的制度和管理模式，人们逐渐认识到以经济效益为中心的管理模式不适合医院这种性质的机构组织。医院必须将社会效益和病人利益作为医生绩效考核的主要方面，应弱化对经济指标的考核，将工作的重点转移到提高医疗技术和改善服务上。[1]对医生的职业效益评价必须建立在对医生职业特点的深刻认识上。郑大喜认为，医生职业的主要特点是专业化程度高，技术性强；工作强度高，心理压力大；拥有医疗决策优势和特殊干涉权；医疗内容的非标准化；医患之间存在委托—代理关系（导致信息不对称）；职业风险系数高（诊断和疗效不确定性大）。由于医生工作的协同合作性特点，所以，医生绩效评价更适合以团组为评价单元。鲁文婷、何梅等人提出基于医生岗位医疗业绩的绩效评价体系，[2]以责任组为最小绩效评价单元，责任组内部根据医生的岗位级别、个人能级分配绩效，责任组内医生岗位的设置参考主诊医师负责制。

职业病是职业活动的负效益因素，在某些领域如果防护不当会严重损害职业人的身心健康。我国有关部门制定了职业病危害评价技术标准，包括《职业病危害评价通则》（以下简称《通则》）《建设项目职业病危害预评价导则》等系列文件，其中将职业病危害评价分为职业病危害预评价、职业病危害控制效果评价、职业病危害现状评价。《通则》推荐的评价方法有职业病危害作业分级法、类比法、检查表分析法、职业卫生调查法、职业卫生检测法、职业健康检查法。企业或项目职业病危害综合评价经常委托第三方机构实施，如陕西“安科安全生产技术研究所”做了选煤厂项目职业病危害评价，[3]曾采用职业卫生调查法、类比法、检查表分析法、工程分析法等。此类评价不采用通常的综合打分法，而是针对项目有关的工程、卫生、设备等国家标准指标逐一对比评估，并根据相关标准给出危害度类别和等级，最后提出改进对策建议。

---

❶ 郑大喜．从医生的职业特点看医院绩效评价与分配制度设计［J］．现代医院管理，2009，7（6）：6-9.

❷ 鲁文婷，何梅，罗伟，等．基于医生岗位医疗业绩的绩效评价体系构建［J］．中国医疗管理科学，2021，11（5）：34-38.

❸ 王丹丹，弥季明．陕西某300万t/a洗选煤项目职业病危害预评价［J］．现代职业安全，2023（1）：50-54.

二、职业评价分类体系

作为一种社会事物，职业发展面临着多种多样的评价。评价是为管理决策提供依据信息的，不同的管理决策需要不同的评价信息。有的管理决策需要评价指标的绝对水平信息，如国家的现代化水平评价，在人均收入上存在绝对水平的要求，区域空气质量的评价也需要给出绝对水平。有的管理决策只需要评价指标的相对水平信息，比如要在不同的评价对象之间做出选择，或对评价对象进行排序，这时只需要区分出评价对象间的差异。这种绝对水平与相对水平的区分类似于经济学中基数效用论与序数效用论的区分。

对评价活动进行分类既依赖对评价活动结构的认识，也依赖对评价对象结构的认识。一般评价活动的分类可以从不同角度进行，[1]如社会实践领域角度、评价对象集合特点角度、评价内容特征角度、评价目的特征角度等。

从社会实践领域角度，职业评价可以按照行业分类，每个行业都可以对本领域的职业人做评价，从而有公务员职业评价、教师职业评价、医生职业评价、运动员职业评价等。

从评价对象集合特点角度，可以有个人职业评价、类别职业评价、给定群体职业评价等。

从评价内容特点角度考虑，可以有职业资格评价、职业水平评价、职业伦理评价、职业声誉评价、职业效益评价等。

评价目的在评价实践活动中具有关键性作用，既能指导评价方案设计的各个环节，也能指导评价实施的各个环节。评价目的的实现水平是评价一项评价实践活动质量的基本指标。在职业评价中，评价目的可以是为个人选择职业或工作单位，可以是为组织选聘人员，可以是为政府职业管理提供信息，可以是为机构单位的员工管理提供信息或作为管理手段，也可以是社会中介机构作为第三方为多方提供职业相关信息等。

对评价实践中的具体一项职业评价应从各个角度对其特性进行分析和确认，这样才能设计或采用合理的评价方案，展开科学合理的评价活动，正确使用评价结果。

---

[1] 刘新建. 系统评价学［M］. 北京：中国科学技术出版社，2006：3-5.

三、职业效益评价作用

评价作为一个组织系统活动的基本功能是信息输出和行为影响。从管理者角度看，这两个功能就是为决策提供信息和对被管理者产生行为调控，从而可以承担决策信息提供和管理手段职能。[1]但是，评价作为一个社会事物一旦开始，就会对相关的事物产生影响，即作用。有的作用是在评价者的计划或预期之内，有的则是未曾预期到甚至是不希望的。从涉及的人或机构角度看，相关主体包括评价对象、评价者和其他社会环境主体。所谓其他社会环境主体的具体外延，与评价本身的特征有关，有的比较复杂庞大，有的比较简单纯粹。职业评价首先在职业人身上产生作用，其次就是对职业人的工作机构及其管理者产生作用，最后是对其他社会机构产生影响。职业效益评价的作用也是如此。

评价的作用体现在评价实施的事前、事中、事后。在评价实施之前，有主体的评价对象可以参照评价标准积极改进工作，通常称为“以评促建”。对于无主体的评价对象，如自然环境、外部环境等，可以通过评价前的宣传活动，提高人们对相关事物的关注度和认识水平。在评价的过程中，可以促使有关主体更好地认识评价对象、认识自身，认识社会或有关部门对工作的要求标准。在评价结果出来之后，评价对象及其上级管理主体对其状态就能获得清晰确定的认识，为管理者决策提供依据。

职业效益评价的作用是多方面和多层次的。首先，人们在进行职业选择决策的时候要做职业效益评价，根据评价结果选择自己满意的职业。其次，人们在从事职业过程中，会做职业效益评价，根据评价结果或进行职业行为调整，或重新选择职业。职业行为调整包括调整个人的行为方式，完善职业素质，还包括以适当的方式改进职业单位。重新选择职业包括改变职业种类和调换职业单位。现在的年轻人改变职业种类的会越来越多，已经有大学毕业生通过短期职业培训或再读专科重新选择就业方向。最后，机构单位对员工的职业效益评价会显著影响员工的工作积极性。不仅职业效益评价的结果会影响职业人的思想和职业行为，评价结果的公布方式也会产生意想不到的影响。从面子角度看，一个负面的评价结果如果管理者私下与评价对象谈话

---

[1] 刘新建．系统评价学［M］．北京：中国科学技术出版社，2006：46–49.

会比较合适，保留了评价对象在众人面前的尊严。

概括各种职业效益评价的作用，对职业人而言，可以总结出以下三点：

（1）提供职业信息。职业效益评价可以提供有关职业的信息，如职业要求、培训要求、职位收入水平、职业发展前景等，从而帮助个人进行职业选择，帮助机构单位选聘职工。

（2）影响职业发展。职业评价可以帮助个人了解自己的职业发展情况，并能从中获得职业发展方向和突破口，从而帮助个人实现自己的职业目标。机构单位为了留住人才，吸引人才，可以根据职业效益评价信息制定员工激励制度，为员工职业发展提供更广阔的上升空间。

（3）影响职业认同。通过职业效益评价能够增强个人的职业认同感，从而增强工作热情，提高工作效率。职业评价信息在社会中传播，会影响社会对职业的认同水平和认同角度，从而影响相关职业者的求职希望。

四、职业效益评价的基本指导思想

作为评价学的一个分支学科，职业效益评价的基础理论有三个层次，首先是包括作为上级学科的一般评价学理论和作为其基础的相关管理学理论、心理学理论、系统科学理论及其他社会科学理论（如经济学、政治学、伦理学），其次是职业学（含职业管理）的相关理论，最后是职业效益评价本体的特殊理论。

"效在多方、益在多处"是关于职业效益性质的基本认识，是职业效益评价的基本指导思想。所谓"效在多方"，指职业活动的效果涉及多个方面主体的利益；所谓"益在多处"，指职业活动的效益不是单一的，而是由多方面组成的。

1. 职业人的责权利体系[1]

人之为人，以其在社会中的地位、权利、责任和义务而存在。从规范概念考虑，人在社会中，以一定的权利和义务进行各种活动，因活动而在社会

---

[1] 齐经民，郑涛，等.效在多方 益在多处——公民职业经济学［M］.北京：经济科学出版社，2016：3-36.

中处于一定的地位，地位又反过来影响其活动。权利包括权和利两个方面。权包括指挥处置权和收益权，利是收益、是活动的效果。广义而言，权也是利。根据现代产权理论，对一定事物的权利包括五个方面：所有权、占有权、使用权、处置权、收益权，其中所有权是最根本的方面。作为一个职业人，其最大的拥有物就是自己的身体及其包含的知识和能力，通俗地可称为人力资本（但大多数人难以以此获取剩余价值）。职业人通过对人力资本的操作产生各种利益效果。责任和义务相伴而生，是职业活动的基本社会属性，负责任通常意味着要承担职业活动的可能不良后果，意味着特定的付出。人从事职业活动不可能没有责任和义务。作为一个完全的有一定行动能力的社会人，每一方面都有其丰富的内涵。责、权、利在职业活动中是三位一体的。

（1）职业人的公共性

每一个职业人，既是一个家庭的成员，也是一定社会的成员，还是一定劳作单位的成员。全体职业人分布在三百六十行的各个领域，是国民经济系统的有机组成部分。

在国民经济系统中，全体社会劳动者通过分工与合作，满足了人类社会生活的各种需要。无论从事什么职业，大家只有分工不同，没有高低贵贱之分。在未来的共产主义社会，人们收入的高低差别也将消失。在现今的社会中，不同职业的劳作方式不同，如农民在土地上劳作供给粮食、纺织工人通过操作织布机生产布料、建筑工人使用建筑材料建房筑路架桥、教师在学校培养未来劳动者、医生通过望闻问切和仪器诊断疾病、交通警察在岗台上维持交通秩序等。不同职业的人获取的收入会不相同，甚至差异极大，但在法律意义上，所有职业人都是平等的，只有大家共同奋斗才有全社会的和谐幸福，所以，公共性是职业人的社会性或社会属性。

（2）职业人的社会主体性

职业人拥有社会身份，参与社会分工，获取职业收益，是一个社会存续发展的主要主体力量。每个职业人同时都是个人职业的主体、家庭的主体、工作单位的主体、行业的主体、国家的主体、人类的主体。主体在这里指具有自觉意识、一定行动能力和决策能力的人。

①个人职业主体。每个职业人都在既定岗位上劳作，是最小劳作单元，主体唯一。在岗位上，通过自我管理，完成既定的工作，并有权利获取相应

的收益。主体性意味着人的责权利集合。在私有制社会的低级阶段（含资本主义社会初期阶段），发生了劳动的异化，职业人被资本当作特殊的机器部件，从而失去了主体性。这种状态是对社会生产力的破坏。在历史中，劳动者通过斗争来维护自己的主体地位。在社会主义社会，以人民为中心，把保证劳动者的主体地位作为劳动制度的核心原则。

②家庭主体。职业人是家庭的主要成员，承担家庭的责任与义务。家庭是人类生活的基本单元，是最小的生活单元，主要职责是通过养育子女、赡养老人、管理家庭实现人的再生产。许多家庭主妇虽然不参与家庭外的社会生产，但从社会大系统的角度看，她们仍然是职业人，家庭主妇无疑是一种社会职业。有些人站在个体利益角度不愿意生养儿女，实际上是社会责任的缺失。

③单位主体。社会中存在两种类型的生产单位，即个体单位和机构单位。个体单位包括自由职业者和家庭生产单位。自由职业者把自己个人独立生产的服务或产品提供给社会，是自己劳动的主体。家庭生产单位通常称为个体户，其主要职业人既是管理者也是直接生产者，同时单位里包括其他家庭成员和少量的雇佣劳动者。这里把家庭作为人的生产者和作为社会产品生产者的职能分离开，体现了经济中生产与消费的性质区别。机构单位生产者包括农场、工厂、商店等公司机构，包括医院、学校、协会等非营利机构，还包括政府机构等一切社会组织。在任何组织机构中，职业人都是主体，单位的盛衰依赖全体职业人的协作劳动，必须发挥全体职业人的劳动积极性，才能达成单位的使命。

④行业主体。生产同种产品的机构单位构成国民经济的行业部门，同一行业部门的劳动者根据劳动方式的特点形成各类职业。在现代社会中，存在着多种同业工会和同业行会，如英国的火车司机工会、护士工会，法国的教师工会、税务工会。同业行会其实就是同业管理人的协会，他们是同类职业人的组织。充分发挥行业职业人的主体积极性，是保证行业可持续发展的重要社会管理课题。

⑤国家主体。据国家统计局数据，2022 年末中国总人口 141175 万人，其中，就业人员 73351 万人，占总人口的 51.95%，达半数以上。在社会老龄化趋势下，如果不改变退休年龄，就业人口比率将下降。职业人是国家生存和发展的主体人员，国家管理的主要职责就是调动全体职业人的劳动积极

性，保护全体劳动者的合法权益，协调各种职业人的职业行为，实现全社会的和谐可持续发展。在社会主义社会，全体劳动人民是国家的主人，国家管理通过全过程民主方式实现人民的意志。即使在资本主义社会，过分忽视基层人民的利益，也必然会造成社会的不安定，工人阶级就会起来斗争。2023年，欧美国家不断发生大规模的罢工事件，7月达到一个高潮。[1]

⑥地球的主体。在地球这个自然界里，自从诞生了人类，随着社会生产力的不断进步，人类的主体性地位越来越凸显。虽然个体人在大自然面前非常渺小，但是，人类集体的活动显著地改变着地球的面貌，而职业人是人类活动的主体。今天的人们认识到了与自然和谐相处的重要性，但是，面对各种自然灾害，人类必须实现"人定胜天"才能可持续生存下去。人类正在深入宇宙空间，既为现代人的生活创造新的产品，也为未来人类可能面临的灾难寻找出路。在人类与自然的斗争中，各类职业人发挥着各自的聪明才智。

个人管理与家庭管理促进文化传承与生活方式改进，单位及其行业部门管理促进事业发展创新，国家管理促进区域社会发展，全球管理促进人类和谐进步，促进天人合一。人类的各种职业互相促进，互相作用，推动了人类生活的改善、社会的和谐与可持续发展。

（3）职业人责权利的三位一体

职业人是社会中责权利极其分明的群体，法律在许多方面作出了明确的规范。

①基本的公民权利。法律面前人人平等。根据《宪法》或其他法律规定，职业人一般都有选举权和被选举权，有言论、出版、宗教信仰等自由；人身自由、人格尊严、住宅权益不受侵犯，通信自由和通信秘密受法律的保护；公民对于任何国家机关和国家工作人员有提出批评和建议的权利，对于

[1] 2023年1月，法国交通系统工人数次罢工，造成公共交通和民航系统的瘫痪。2月16日，法国多个行业举行新一轮罢工。7月13日至17日，英国初级医生举行罢工抗议活动，导致超过740万人处于延缓诊疗状态，英国医学会（BMA）工会7月17日表示，英国高级医生将在8月举行为期两天的罢工。7月13日，拥有16万会员的好莱坞三大工会之一SAG-AFTRA宣布罢工，美国好莱坞影视工业开始全面停摆，在此之前，美国编剧工会已经罢工70多天。7月13日，意大利多家主要工会组织举行全国铁路系统罢工，要求铁路企业改善工作条件。7月14日，英国国防部设在苏格兰的一处工厂的50多名关键员工，因对工资不满而举行罢工。位于太平洋沿岸的加拿大卑诗省（又译不列颠哥伦比亚省）30余个港口的约7400名工人自7月1日、即加拿大国庆日开始罢工，持续13天。

任何国家机关和国家工作人员的违法失职行为有向有关国家机关提出申诉、控告或者检举的权利。这些权利的落实有一定的法律途径保证。

②劳动的权利和义务。劳动是一切财富的源泉，现代社会的劳动者通过劳动获取收入并购买生活资料。国家通过各种途径，创造劳动就业条件，提供劳动保护，改善劳动条件，并在发展生产的基础上，提高劳动报酬和福利待遇。劳动是一切有劳动能力的公民的基本责任和义务。在社会主义国家，职业公民都应当以国家主人翁的态度对待自己的劳动，鼓励社会主义劳动竞赛，奖励劳动模范和先进工作者。

③劳动者有休息的权利和享受国家福利的权利。国家修建劳动者休息和休养的设施，规范职工的工作时间和休假制度，退休人员的生活得到国家和社会的保障。在年老、疾病或者丧失劳动能力的情况下，公民有从国家和社会获得物质帮助的权利。国家发展公民享受这些权利所需要的社会保险、社会救济和医疗卫生事业。对一些特殊人群，国家保障残疾军人的生活，抚恤烈士家属，优待军人家属，帮助安排盲、聋、哑和其他有残疾的公民的劳动、生活和教育。

④受教育的权利和义务。培养青年、少年、儿童在品德、智力、体质等方面全面发展是现代国家和社会的基本责任，应尽一切努力创造机会和条件。公民有进行科学研究、文学艺术创作和其他文化活动的自由。国家对于公民从事教育、科学、技术、文学、艺术和其他文化事业有益于人民创造性工作的，给予鼓励，提供帮助。

⑤关于特殊人群的责权利。国家通过法律法规保护妇女的权利和利益，实行男女同工同酬。虽然由于历史文化的原因，我国国家干部中妇女的比例还比较低，但国家通过行政法规培养和选拔妇女干部，促进妇女事业的进步。法律规定父母有抚养教育未成年子女的义务，成年子女有赡养父母的义务，对虐待老人、妇女和儿童的行为，坚决予以惩处。各类职业人员都应具有道德责任感，有义务按照法律规定履行对特殊人群的责任。

⑥自由和权利有边界。公民在行使自由和权利的时候，不得损害国家的、社会的、集体的利益和其他公民合法的自由和权利。公德修养是合格职业人的基本素质要求。我国《宪法》要求，公民都有维护国家统一和全国各民族团结的义务；必须遵守宪法和法律，保守国家秘密；爱护公共财产，遵守劳动纪律，遵守公共秩序，尊重社会公德；有维护祖国的安全、荣誉和利

益的义务，不得有危害祖国的安全、荣誉和利益的行为；保卫祖国、抵抗侵略是每个公民的神圣职责，依法服兵役和参加民兵组织是公民的光荣义务；有依法纳税的义务。对于这些要求，每个职业人都应积极响应，努力做到。

2. 职业效益体系

职业效益是职业活动的效果，且应该是有益的效果。在具体的职业活动中，要有投入，但有可能存在不利或有害的效果。如果投入、不利后果和总收益都可以用货币度量，那么，职业效益评价就简单了，用总收益减去总投入和不利后果即可，但实际上是不能这样计算的。

（1）多方效益与多处效益

“效在多方”既包括多个受益方，也包括多个投入方和受害方，通常有职业人自身、相关个人或群体、相关机构、相关社区或地区、国家乃至全人类。“益在多处”在个体利益相关者方面包括物质效益和精神效益，在相关机构方面包括物质与经济效益、声誉效益、组织文化效益、市场地位效益等，在社会利益方面包括物质与经济效益、精神文化效益、结构效益、安全效益等。

将多方利益相关者归为职业人、相关机构和社会三方，“效在多方、益在多处”职业效益体系可以表示为图 7-1。

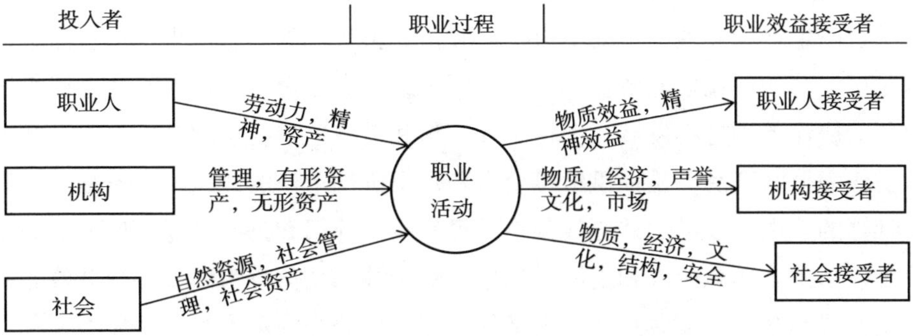

图 7-1 职业效益体系

（2）三位一体的职业效益

社会性是人的本质属性，也规定了职业效益的基本性质。个体、机构、社会既共处于一体创造效益，也共享职业效益。

每一位职业人都有三重身份：家庭的一员，单位的一员，社会的一员。从效益创造的主体角度考察，首先，一切效益都必须依赖一个一个的个体劳动。其次，每一个职业人都处于机构单位中。一些自由职业者或个体户劳动者，表面看起来是独自的劳动者，一个人组成一个生产单位，但实际上他或者把自己的服务提供给机构生产者，只是相对自由的劳动者，或者作为家庭生产单位成员。机构单位作为社会生产的组织细胞，把多个甚至成千上万的职业人联合在一起劳动，形成一个完整的且相对独立的社会产品，从而产生社会效益。再次，国家作为现代人类社会的一个比较完整的独立单位，把国家内的所有职业人和非职业人、所有的机构单位统一组织起来，维护人类作为一个整体的秩序，并提供独有的公共产品。最后，在这个个人、单位、国家组成的三位一体体系中，从生产角度看，职业人是最小的劳作单位，但是，一个人只有在国家提供的秩序环境中，在单位提供的劳动条件中，在与其他职业人的联合中，才能创造出一个完整的效益产品，所以，各方对职业效益的贡献总体上和本质上具有不可分割性。

从职业效益的受益方角度考察，效益既是个人的，也是社会的。首先，人类社会作为一个整体，要可持续生存和发展，是以无数个体的生存发展为前提的，社会的生产也是为了每一个人的消费，所以，个体职业人在付出劳动后，从社会中获得某种形式的收入，满足自身和家庭的消费需求，这是可以计算的个人职业收益。其次，机构单位从产品中获得相应的有形收益，满足单位的生产和发展——简单再生产和扩大再生产的需求：生产消费需求，这是可计算的单位职业效益。再次，国家或社会在全体职业人员和全体机构单位的协作下可持续发展，保持了安宁与和谐，这是社会效益。最后，社会效益作为公共产品，是提供给每个人和每个机构单位的，这种效益是不可简单计算的。进一步说，社会效益也不仅是政府部门和公益事业单位创造的，而是包括了全体职业人和全体机构单位的精神和文化行为体现。社会效益的分配方式在某种角度说是共产主义的，即按需分配，不是平均主义。

个人职业效益是最基本的效益，全体民众生活的改善与社会发展的进步都有赖于个人职业效益的落实与提高，但是，三方获得的效益都建立在同一的资源基础上，三者处于矛盾的对立统一中。总体职业效益就是社会的总收益，不仅在个人、机构和社会三方之间分配，而且在所有职业人之间和所有单位之间分配，甚至在所有国家和地区之间以某种方式分配，这其中充斥着博弈。社会中既有一批为了个人效益不惜通过个人行为和机构行为，甚至借助国家行为，肆意损害他人效益和社会效益的利己主义者，更有众多的为了大众和社会公共利益甘愿牺牲个人效益的人类脊梁。人类社会整体就是在多方博弈中不断取得进步，趋向共产主义理想社会。

（3）职业效益的三世关联

前面的职业效益分析，无论投入、获得还是损害，都是在当代人的范围内讨论，燕山大学职业经济学研究团队进一步提出了未来人利益问题。[1]当代人的职业活动既会为未来人提供效益，也可能损害未来人利益，这也是现代可持续发展理论的认识。从职业效益领域看，首先，当代人享受的成果和通过劳作继续发展的条件都是以过去人创造的财富，包括知识和精神财富为基础的。人们常说，罗马不是一天建成的，一口吃不成一个胖子，不积跬步无以至千里。中国能有今天的成就，是无数代人积累的结果。从经济家底说，是新中国成立以来几代人奋斗的结果。同样，当代人也为未来人创造和积累发展的基础和条件。其次，每一代人不仅创造职业效益，也有消耗和消费。如果当代人过于重视自身消费，不仅在自然资源上超支了未来人的需求，而且为未来人创造的发展条件水平也降低，那么，未来人就会面临当代人留下的许多严峻挑战。在对待消费上，中国有句谚语：知足常乐，这是有深刻的哲理的。节俭作为中华优秀传统文化应该被传承。现在世界上老的发达国家的生活价值意识已经有所偏离正轨，倾向于当世享乐，想依靠技术和资本垄断吃红利，特别是美国社会流行寅吃卯粮的思维，靠霸权掠夺发展，这是需要警惕的。

五、职业效益评价方法论

职业效益评价是职业评价的一个分支，是系统评价学的一个专门领域。作为一种管理或评价专业活动，职业效益评价就是对职业效益进行测度和评定。具体来说，职业效益评价是根据一定的价值主体的价值标准，对职业

[1] 齐经民，郑涛，等.效在多方 益在多处：公民职业经济学［M］.北京：经济科学出版社，2016：14-15.

人的活动效果做出优劣判断的过程和结论。[1] 在文献叙述中，评价有多重含义，如评价结论、评价活动、评价行为等，可根据上下文判断。所谓评价方法论就是确定评价方案的各种要素、建立一套评价方案系统的方法理论。

1. 十三要素理论

所谓十三要素就是在一项正式专业评价活动中必须包含的基本元素。十三要素理论观点在作者的《系统评价学》著作和《评价理论与方法》教学中都初步论述过，在《职业经济解析——国计民生基本问题研究》中第一次系统阐述，这里做了修正和完善。在制定专业的正式评价活动方案时，必须把评价的十三个基本要素一一搞清楚，并以文字表述出来。

（1）评价项目名称

评价有正式评价和非正式评价，正式评价又分规范评价和非规范评价。非正式评价是人们的日常言语表达的评价观点。正式评价是由特定人或组织根据岗位职责或委托关系对评价对象做出评价结论。非规范正式评价是由一定组织对评价对象做出正式的评价结论，但一般不需要专业评价专家或专门评价机构参与，评价结论通常采用自然书面语言表达，如行政管理机构对员工给出的评语、学生毕业评语、干部任免时对任免对象的评论等。规范的正式评价是由专业评价人员开展的专业评价活动，其根据设计好的专门评价方案，将通过分析和计算获得的事实数据代入评价模型或程序，计算或推断出评价结果，再根据结果做出评价结论。评价结果有时和评价结论是同构的，有时是在评价结果基础上进行的再评价（如根据考试分数划出五个等级）。非正式评价和非规范评价的活动形式和程序比较简单，但内涵会很丰富。非正式评价（如征求大众意见）可以作为正式评价的参考依据，但一般需要经过规范化步骤。规范评价结论经常是非规范评价如领导或组织决策的依据。

对职业效益的评价也有非正式评价和正式评价、规范评价和非规范评价等多种形式。正式规范评价一般需要立为专门项目，耗费相当的资源。干部绩效评价是一种形式的职业效益评价，上级部门一般会制定专门的评价方

---

[1] 齐经民，等.职业效益讲求及评价［M］.北京：经济科学出版社，2006：356.

案，委派专业的人员进行。[1] 企业员工绩效评价一般也有专门的评价方案，但执行由主管经理与人力资源部门的管理者完成。正式规范评价在立项时要注意名称规范准确，体现明确的评价内容和评价对象，具体评价还要明确考察的时期。

评价项目的立名要十分讲究，名正才能言顺。合适的评价项目名称一般由“评价对象名称 + 评价内容名称 + 评价”构成，如“高等学校教学评价”，“高等学校”是评价对象，“教学”是评价内容。可以在评价对象前加进一步的定语修饰词以限制对象的范围，如“河北省高等学校教学评价”，对评价内容也可以做出进一步限制，加上总指标，如“河北省高等学校教学质量评价”。总体要求是“准确、规范”。如果不加总指标，意味着可能是全面评价或多维评价。全面评价和多维评价不能用一个总指标值表现评价结果，而要用多个总指标值构成的多元数表现。

在职业效益评价问题中，不存在适合所有职业的一般评价方案，在评价项目名称中应明确职业的范围，如“××× 工人职业效益评价”“××× 经理岗位职业效益评价”“××× 村主任职业效益评价”“××× 驾驶员职业效益评价”等。

如前指出，职业效益分“私人效益”和“社会效益”，在一项评价中，可以只涉及二者之一。再者，面对一种职业活动涉及的多元利益相关者，可以有各自立场的评价项目。在评价名称中，不一定直接用“职业效益”，可以用“绩效”“业绩”“效果”等类词语，可以只包括职业效益的一个方面，具体视各自的评价目的或习惯用语而定。

（2）评价目的

评价目的是评价活动的发起原因，通常表现为组织管理者的管理愿景和决策信息需求，所以也可称为管理目的。这时，评价是实现管理目的的一种手段，如企业岗位绩效评价、产品质量评价、大学招生入学考试与考查等。当评价对象是纯粹的客观存在、非组织构成要素时，评价目的表现为评价者的意志，实现评价者的一种专业研究目的，如生态评价、地质评价。当评价

---

[1] 我国曾在 1998 年制定颁布《党政领导干部考核工作暂行规定》，2009 年发布《地方党政领导班子和领导干部综合考核评价办法（试行）》《党政工作部门领导班子和领导干部综合考核评价办法（试行）》和《党政领导班子和领导干部年度考核办法（试行）》，2018 年印发《关于进一步激励广大干部新时代新担当新作为的意见》，其中提出制定出台《党政领导干部考核工作条例》。

者是社会专业组织、评价项目没有特定的委托者时，评价目的表现为公共利益的需求，如幸福指数评价、人类发展指数评价等。通用商业性评价的目的是满足大众或特殊群体的信息需求，如500强企业评价、大学排名评价、国家主权信用评级等。而评价研究成果可以作为商品为评价者带来经济效益。

无论何种评价目的，评价总是以一定的价值观为基础，其中体现或隐含着管理者、利益相关者以及评价主持者的价值需求。

职业效益评价的目的不是固定的唯一的，它与每一次评价的具体评价者和特定评价背景相关。如一个具体职业人要评估正在谋求的某一个职位时，其评价目的是确定该职位是否值得追求，是否是最适合自己的；如果是评估一个正在服务的职位，其评价目的可能是确定自己对该职位的满意度、分析自己的付出是否获得了充分的价值回报、为决定是否换工作提供具体详细的职业效益信息；如果是上级对下级的职业效益评价，则评价目的可能是为了确定一个具体职业人是否确实胜任该岗位、是否真正尽职，干部年度考核和离任审计可以算这类评价。

不同的职业效益评价项目有不同的评价目的，各种评价目的概括起来有三方面：①从管理者角度考虑，了解职业人的劳作效果，合理安排分工和生产活动，提高机构效能；②从职业人角度考虑，获取工作选择所需的信息，调整职业活动策略，达到最佳职业或生活满意度；③从政府角度考虑，通过对各类职业的职业效益的了解和分析，为制定收入分配相关政策、职业人权益保护相关政策、教育培训相关政策等决策获取信息。如果是社会中介机构在无委托方的情况下开展职业效益评价，其评价目的也有三个角度：①作为专业研究，了解各种职业的特点规律，属于经济学理论研究；②作为公益项目，为社会的各种需求主体提供所需的职业效益信息；③作为营利性组织的商业行为，通过为相关信息需求方提供研究报告获取服务收益，这时的实际评价目的应是有需求方的目的，许多情况下要满足多种目的的需要。

（3）总指标

总指标是对评价内容的最高概括，是正式规范评价的必备要素。[1]总指标的名称不能直接以“×××评价”代替。在评价方案中应对总指标的内

---

[1] 在层次分析理论中，总指标被称为“目标层指标”，但这种称呼不具有一般性，因为以下各层指标也可以是目标性的。

涵予以恰当表述或定义。比如，大学校长绩效评价的总指标不能以“大学校长评价指标体系”作为总指标，比较恰当的总指标是：“××× 高校校长年度绩效”或“××× 高校校长任期绩效”，可以简称“年度绩效”或“任期绩效”。在这个总指标名称中，“×××”可以是地域范围或领域范围，是外延限制，“年度”或“任期”是时间限制，“绩效”是评价内容规定，高校校长是评价对象规定。至于用“大学”还是“高校”则是一种习惯。总指标经常体现在评价项目名称中。“大学校长评价”作为评价项目名称也是不确切的，称为“××× 高校校长年度绩效评价”或“××× 高校校长任期绩效评价”更恰当。“大学校长评价”可以作为一个研究领域，包括“绩效评价”在内的多种评价，如“大学校长领导水平评价”“大学校长素质评价”等。

既然是指标，通常都具有量的属性，即总指标是可以计量的。量既可以是基数性的（整数或实数），也可以是层级性的或排序性的，如优良中差、甲乙丙丁之类。总指标的定义首先是内涵的定性定义，其次是测度的量的定义。评价模型实质上就是给出总指标的量的定义，但是，必须先有性质定义。

（4）评价目标

评价目标与评价目的不是同一个概念。评价目标规定具体一项评价工作结束时对评价对象做出的评价结果的表现形式，如评价分数、排名、分级、分类等。评价目标的实现一般依据评价总指标进行，有时也依据一级评价指标实现。

目的是比目标更抽象的概念。一个具体评价项目的评价目的体现了评价者的价值观。但是在实际工作中，人们经常混淆工作目的与工作目标，有时忘记了工作目的，或者说忘记了初心。比如，执法工作的目的是为了实现社会公平和维护社会秩序，而具体一项刑事审判工作的工作目标是对嫌疑人作出刑罚判决。只要刑罚判决做出就是完成了审判工作，实现了法庭目标，但是，审判是否实现了执法工作目的则是需要进一步作出评价的。即使量刑准确，由于审判方式和舆论掌握不当，也会出现背离执法目的的情况。所以，可以说，评价目标是用来判断评价工作是否完成的，但是完成后是否达到了评价目的则需要对评价工作本身进行评价。评价目标不是自动实现评价目的的。在整个评价工作中，要时时处处用评价目的指导每一项评价环节和活动

项目，最后还要对照评价目的，对整个评价项目进行验收。❶

一项正式的职业效益评价活动的评价目标可以是用总指标的连续数值标定评价结果（如连续的分值），以便比较排序，但是，真正有意义的职业效益评价一般还是给出定性结果，如满意或不满意、合格或不合格，或者是高、中、低等类的分级标定的结果。

（5）价值关系——价值主体与价值客体

评价作为一种人类活动，是对事物相对于人或人的集合体的价值进行判定的过程。这里的人或人的集合体指单个的人、人群、机构单位或区域社会。区域社会小到家庭、社区、村庄，大到国家、全人类。一种事物对人或人的集合体有价值就说在该事物与人或人的集合体之间存在价值关系。所谓有价值就是事物能够以其某种或某些属性满足人或人的集合体的一种或多种需要。评价就是对这种价值大小的确定。

在价值关系中，价值的需要者称为价值主体，价值的提供者称为价值客体。价值主体是人或人的集合体（组织或群体），价值客体则既可以是人或人的集合体，也可以是其他任何客观存在，包括知识和精神以及情感存在。

从语言意义的严谨性考虑，一项评价的评价对象应该是一个完整的价值关系（包含价值客体、价值主体及其关系），但是，在语言的习惯使用语境中，评价对象以价值客体来代表，变成评价客体。对特定具体评价问题的研究和评价实践，都必须以全面分析价值关系为前提。完整的价值关系搞不清楚，不可能提出科学的评价方案，也不可能有完备的评价实践。

价值关系背后反映的是价值主体的价值观。严格来说，评价方案的设计和评价活动中的价值测度都只应反映价值主体的价值观，但是，由于评价活动固有的主观性特征，方案设计者和实施者经常在其中掺入自己的价值立场，使得评价结果的准确性受到影响，形成了评价中的不确定性来源之一。

职业效益反映的是职业活动与相关利益主体（利益相关者）之间的价值

❶ 一项工作的目的可能是多层次的，从最具体的到最抽象的，形成一个系列，这就如中国共产党的最高纲领是为实现共产主义社会而奋斗，在每一个历史时期又有近期阶段纲领，在每一项具体工作中又有特定目的和具体工作目标。在这样一个序列中，具体工作目标是为特定管理（工作）目的服务的；近期又可分为几个阶段，特定工作目的要服务于所处阶段的工作目的和目标。对评价目的，可以分离出直接目的、第二目的、间接目的和最终目的。

供给与价值需求关系。这里，职业活动是价值客体，即价值的提供者，全体利益相关者是价值主体，是价值的需求者，价值客体与价值主体形成价值关系系统。在具体的一个职业效益评价项目中，价值客体可能是一个人在既定时期的职业活动，也可能是一群人在既定时期的职业活动；可能是一个人一生的职业活动，也可能是对某个职业类的一般职业效益评价。价值主体可能是职业者个人，也可能是管理者个人，也可能是组织机构，也可能是区域社会，还可能是一类职业人群体，还可能同时相关多种主体。开展职业效益评价必须有清晰的价值关系系统界定，弄清楚价值主体的价值需求。

在职业效益评价中，价值客体包括五类，具体见下面关于评价对象的论述。价值主体有职业人自己、职业人所在机构和机构的管理者及其他利益相关者四类。其他利益相关者包括其他个人或群体、社区、区域社会、国家甚至整个人类。在一次职业效益评价活动中，具体的价值主体通常是多元的。比如，由教育行政机构对小学校长的职责绩效进行评价，价值主体首先是政府（政府应代表和反映当地人民和国家的利益需求），其次是行政机构的领导，最后是小学所在社区构成的社会和学生家庭，而校长本人的个人效益退居次要位置，不一定在考虑之列。不同的价值主体的需求不同，从而对职业人的工作会给予不同的价值评价。

（6）评价对象

评价对象也称为评价客体，与评价主体相对，是被评价者，一般仅以价值客体指称。但严谨地讲，一次评价活动的评价对象是一种价值关系，同时包括价值主体和价值客体及其价值关系。在职业效益评价中，评价对象有五类：职业人个体、职业人集体、职业人群体、职业和岗位。

职业人个体是一个具体从业者，其职业效益评价可以是对其在一个具体岗位上的效益评价，也可以是对其在一段或一生职业生涯中的效益评价。

职业人集体是在一个组织中工作的一个团队，对其进行职业效益评价一般是上级管理者或其他社会机构提出，也可以是集团中的某个人或集体提出。

职业人群体是在某一时空范围内从事某一种职业的从业者的集合。对其进行职业效益评价可能是一级政府或其职能部门提出，也可能是专业研究者的研究工作需要。评价目的可能是了解该类职业人的社会生存状况，为解决一些社会问题服务，如农民工、金融业职员和经理、垄断行业从业者。

对一种职业的职业效益进行评价，与对职业人群体的职业效益评价有接近之处，通常都要对一个较大的同类从业者群体样本进行调查取证。二者的不同之处是：对职业的职业效益进行评价，职业的外延范围相对更窄，职业的内涵相对更单一，评价的内容是职业的社会属性，评价目的是为了更好地认识该职业。作为管理者可以利用评价信息制定更科学合理的管理制度和政策。比如，对农民工作为一种职业的职业效益进行评价通常不合理，因为首先，农民工不是一种职业，而是一类职业人；其次，不同职业的农民工的职业效益差异可能非常大，不能一概而论。即使在职业人群体评价中，也不宜用一个总指标来概括所有农民工，而需要分门别类进行，然后可以总结出共性问题和特殊问题。对一种职业的职业效益进行评价可以说是对事不对人，强调一般性，其时间范围会具有模糊性。

岗位是更具体的工作地点，对岗位进行职业效益评价有两种：一个是给定机构单位的具体岗位或同种岗位，二是同类机构单位的同种岗位。在一个机构单位内部进行岗位职业效益评价，可以比较不同岗位的职业收入和效益产出，更好地进行人力资源配置。对不同机构的同种岗位进行职业效益评价能够对不同机构的生产效率进行比较，发现管理存在的问题，更好地了解竞争对手和吸引优秀人才。

在具体职业效益评价中，评价对象的完整称呼中应同时明确职业活动本体及其执行者（即职业人），完全信息还包括活动的时间和地点。

（7）评价主体

评价主体是评价活动的主持者和实施者，也称为评价者、评价主持人，一般与价值主体不一致。价值主体可以是多元的，而评价主体是一元的，只能有一个，是评价活动的决策者。虽然具体评价活动的参与者包括工作人员，可能会很多，但是，确定评价结果的决策者只能是一个人或一个集体。当然，在复杂的评价活动中，不同的评价环节或子系统，评价主体可以不同，从而形成一个评价主体序列。

评价活动的顶层评价主体可以直接是评价任务的提出者，也可以是任务提出者委托的第三方评价机构。通常来说，最终评价结果的确认和发布是评价任务提出者的责任。

作为管理活动的职业效益评价，其评价主体是从业者、服务单位或其他利益相关方；作为评价专业活动的职业效益评价，其评价主体是社会专门咨询与评价机构或学术研究者，被称为第三方机构。

（8）评价指标体系

评价指标体系是一个评价方案的核心要素。在价值关系中，价值客体是以自己的客观属性提供给价值主体，满足价值主体的需要，价值效果是价值供给和价值需要的融合反应。

①层次评价指标体系

设价值客体满足价值主体需要的属性集合是：$\{x_1, x_2, \cdots, x_n\}$，价值效果是 z，则从价值关系的客观存在性角度看，有关系式：

$$z=f(x_1, x_2, \cdots, x_n) \tag{7-1}$$

式（7-1）中的 f 代表价值主体的价值需要，它与价值供给 $\{x_1, x_2, \cdots, x_n\}$ 发生作用，产生价值反映 z。属性指标集中的指标一般具有物理量纲，而价值效果则是一个相对价值指标，一般是无量纲的，或者用人们熟悉的分数表示，有时称为指数。

价值关系通常是隐性的，需要一定的开发过程将其揭示出来，这不是容易的。评价学存在的理由之一即在此：揭示和评估价值关系。因为在正式的评价中，评价对象一般比较复杂，直接揭示上述关系式比较困难，所以，一般是根据系统的物理结构和属性的意义结构，形成如图 7-2 形式的层次评价指标体系。

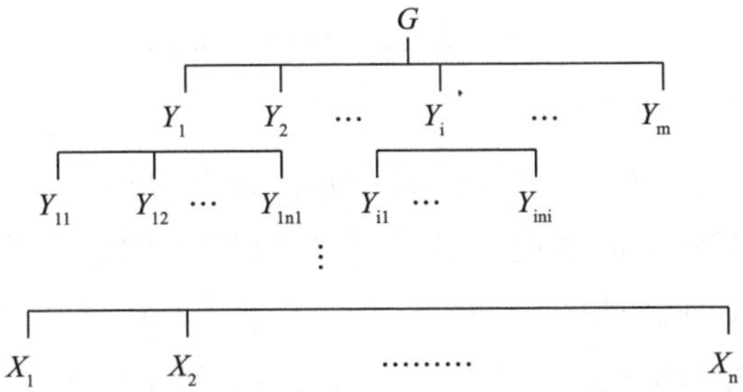

图 7-2 层次评价指标体系示意图

在图 7-2 中，G 叫作总指标，是对总价值效果的测度。最底层的指标集合 $\{X_1, X_2, \cdots, X_n\}$ 相当于价值客体的属性指标集 $\{x_1, x_2, \cdots, x_n\}$，在纯粹理论上应该是绝对客观的事实，可以用一定的物理仪器或其他技术测量出来，或者用专业学科公式计算出来。在 $\{X_1, X_2, \cdots, X_n\}$ 与 G 之间的各层次指标一般都是价值指标，没有通常的物理量纲。从 $\{X_1, X_2, \cdots, X_n\}$ 到 G，概念的抽象层次越来越高，其间层次的多少决定于评价对象系统的复杂程度，一般在三级以内。从上到下，总指标以下各级指标依次称为一级指标、二级指标、三级指标……

在实际评价问题中，很难做到用物理方法测量 $\{X_1, X_2, \cdots, X_n\}$ 中的每一个指标，特别是一些心理行为指标，只有采用定性的方式测度，其中已经包含了专家的主观判断或价值主体的价值赋值。

②不同性质的效益指标及其测度

职业效益评价的指标体系随评价目的和价值主体的不同而不同。以从业者为价值主体和评价主体，职业岗位为价值客体和评价对象，从业者从其职业生活中获得的效益首先可以区分为物质效益和精神效益两方面。物质效益的计算比较简单，但是，必须注意考察的时间长度。一个职位的短期效益和长期效益是不同的。比如，如果所在单位是一个比较大比较高水平的平台，那么，个人成长的空间就比较大。省级机关公务员就比县级机关公务员的平均成长空间要大。成长空间越大的职位，其长期物质效益也就越大。物质效益适用于线性叠加的计算方式，比较困难的是一些实物收益的折价标准的确定。

职业生活的精神效益评价是一件困难的工作。应当明白，精神效益是不能折算为物质效益并用货币单位来衡量的。职业人的精神需求包括两个方面：情感需求和事业成长需求。情感需求通常包括交友需求、亲情需求、环境审美需求、压力释放需求。

交友需求突出体现了人的社会属性和情感方面的要求。职业生活中的交友一是可以有情绪宣泄的渠道，二是可以通过工作生活经验交流提高人们的社会认知水平和职业的能力水平。

亲情需求是人类家庭生活的结果，也是家庭维系的必要条件。由于谋生的压力，职业生活经常会侵害人们的亲情需求，而良好的亲情关系对于职业生活有促进作用。所以，作为有效运行的机构单位，应该为员工提供增加亲情的条件（现实中，有不少机构单位反其道而行之，拼命限制亲情需要的满足）。

环境审美需求是从业者对工作环境的要求。现代科学研究证明，环境会影响人的心情，从而影响工作效率。虽然很难做到不被干扰，但是，追求心理愉悦是人类的基本需求。如果工作环境总是给人压抑的感觉，那么，不仅影响工作效率，时间久了还会影响人们的身心健康。广义的环境可以包括自然环境、人工环境和人际环境。人际环境需求与交友需求和亲情需求对机构单位的要求有交集，有相互影响，在评价中，可以对他们进行分离，以人际环境专门表示人文氛围。

现代经济社会生活对人们的精神压抑是很严重的，如果不能得到有效缓解，会有严重的疾患后果，从而影响机构单位的正常工作。有的企业在内部设立专门让员工发泄情绪的设施就是对这一要求的反映。友情、亲情和环境对人们缓解压力也是有积极作用的，在职业效益评价中专门设立“压力释放需求”指标可以考察这方面的一些特殊要求或解决方案。

在现代管理心理学或组织行为学中有“自我实现需求”概念，属于西方心理学的用语。在我国当代语言中，用“事业需求”或“事业成长需求”更恰当，更能体现中国文化特色。追求事业成功是中国职业人的精神特征。不同的机构单位对一个具体人的事业成长所能提供的可能性是不同的，所以，从职业人立场出发，事业成长需求是职业生活的最核心需求。

对于职业的精神效益评价没有纯客观的测度办法，所以，测度一般采用打分或心理行为量表的方式。各分项指标相对于总指标是一种线性合成关系，且没有明显的客观权重。可以测度具体职业人的主观权重以获得评价模型，也可以不对各项指标进行综合，而是分别评价单项，再采用层位评价模式以确定职业人对其职业的满意情况（参考下一节）。

从评价概念的内涵看，对于物质效益的评价不能以给出货币值来结束，那样就不是评价而是估计。评价就要确定得到的货币数是否令职业人满意以及满意的程度。所以，职业效益评价就是要评测职业人对其职业或岗位的满意度。在职业效益评价时不仅要有货币收入指标，还应区分收入的性质，更要考虑身心的付出。宏观经济学的消费需求理论指出，同样数额的收入，如果是持久性的，比如以后每月都有，那么就有较大的边际消费倾向；如果是暂时的，比如一次性奖金，那么其边际消费倾向就小，这背后就是职业人的价值判断差异。因此，职业人在评价自己正在从事的职业，或选择要从事的职业时，要考虑不同指标值的价值特性。但应注意，相同的价值客体指标值对不同价值观的价值主体会有不同的价值评价。

在分别获得物质效益和精神效益的满意度以后，职业人可以根据自己对各项指标的综合判断得到其职业效益评价值——综合满意度。

③不同层次主体的职业效益评价指标

当以微观营利性组织机构为价值主体时，绝大多数职业人的职业活动，其最主要、最核心的价值需求是产品产量或为机构带来的货币收入。不过，一般员工，关注的是短期货币收益，而高价值员工，如高级工程师、关键技术发明人、关键岗位技术工匠等，关注的则是在一个较长时期内引致的收益。次要的价值需求则包括一个职业人的职业活动对机构文化环境的影响，对其他人传、帮、带的作用。

当以社会作为价值主体时，对具体的职业活动的效益评价应以非货币收益为主，同时考虑正效益和负效果。如一个在重污染造纸企业工作的工人的生产活动，一方面生产了社会需要的纸，另一方面产生了污染环境的废水。但是，这里必须区分真实的责任。企业生产造成污染的责任通常不在普通员工，而应由企业所有者和经理人负责。所以，在这类职业效益评价中，必须准确把握评价目的，认清价值客体，正确评价处于同一个机构中的不同职业人的职业效益，同时区分机构责任和个体职业人责任。分清责任是建立正确科学的评价指标体系要遵循的一条基本原则。[1] 在一个机构中，产出是集体劳动的成果，在进行职业效益评价时，不能过分把某些效益看作某人或几个人的贡献。

如果是管理者对员工或下级人员进行职业效益评价，一般相当于绩效评价。不过，管理者也可以站在职业人的角度对员工或下级的职业效益进行评价，以便于采取合适的人力资源管理措施，提高员工或下级的工作积极性。

（9）评价模型

评价模型是把指标集 $\{X_1, X_2, \cdots, X_n\}$ 的值映射到总指标 G 的操作模式，可以是数学公式，也可以是一种对应表。当 $\{X_1, X_2, \cdots, X_n\}$ 各分量的值取连续实数或整数时，通常需要数学公式；当 $\{X_1, X_2, \cdots, X_n\}$ 的取值是分类或等级值时，则可以使用对应表的形式，即列出每一组评价指标值对应的总指标评价值。

评价模型不是越复杂越好，最简单的线性加权评价模型在许多情况下已经足够。在这里需要提醒的是，制定权重有各种方法，但不同方法确定的权重意义不同，不能滥用。比如人们喜欢的熵权法，其制定出的权重的意义不

[1] 刘新建．系统评价学．北京：中国科学技术出版社，2006：61.

过是代表了样本指标值差异性或名义区分度的大小，与权重的“初心”——对价值效果的重要性不是一个概念。通常的专家咨询赋权法（如层次分析法）只有在专家充分了解所要评估的价值关系内涵时才有可能正确赋值，所以，咨询专家时不能只给一个表格和几句简单的说明，而必须详述评价方案。

评价模型的选择和评价指标体系的设计不是相互独立的，而是相互影响的。一定形式的评价模型需要一定内容的评价指标体系，指标值的可得性限制了评价模型的选择。如广泛使用的数据包络分析（DEA）模型需要一套投入—产出指标体系，而通常的线性加权评价模型需要的是同类评价指标集，不能把投入和产出混合加权。

虽然前面指出，适合不同的评价目的的评价指标体系和评价模型是不同的，但是，职业、工种和岗位作为价值客体，其产生的效果应该是一种客观存在属性，可以作为职业统计的内容，建立指标体系。如果有了正规的职业效果统计，则可以在需要时，根据评价目的建立评价指标体系，根据指标体系从职业效果统计中获取统计数据，从而提高职业效益评价活动的效率。

（10）评价标准

评价标准在评价理论和实践中有两种。第一种是测量标准或测量尺度，用来标度各项指标的测量值，相当于一把量尺。对于纯粹统计性指标，其标准具有物理量纲。第二种是价值标准，用于确定价值客体的属性值对于价值主体的价值量，其一是从统计性指标值映射到价值性指标值，如一定量货币收入对于职业人的满足度；其二是从连续实数或整数价值指标值映射到层级性价值指标值，如百分制或十分制与优、良、中、合格、差五级制的对应关系。

对于第二种标准要避免简单的等距分级法则，可以考虑应用边际递增或边际递减或其他非等距分级法则，如采用 90 分以上对应优、85~90 分对应良、70~85 分对应中，60~70 分对应合格、60 分以下对应差。有时需要首先给出分级的定性定义，根据定性定义制定数量界限。根据聚类特征进行分级也是一种方法。标准的制定要重视内涵即质的规定性。

在职业效益评价中，个体职业效益标准要把职业人的切身感受放在第一位，管理者评价标准要把职责标准作为主要参照。

（11）评价实施方案

所谓“评价实施”就是落实评价方案、获取评价指标数据、得出评价结果的过程。正式的评价实施要有详细的实施方案，准备充分的物力、人力和

财力，有科学的组织计划。把一次系统评价工作作为一项系统工程，其运作过程如图 7-3 所示。❶

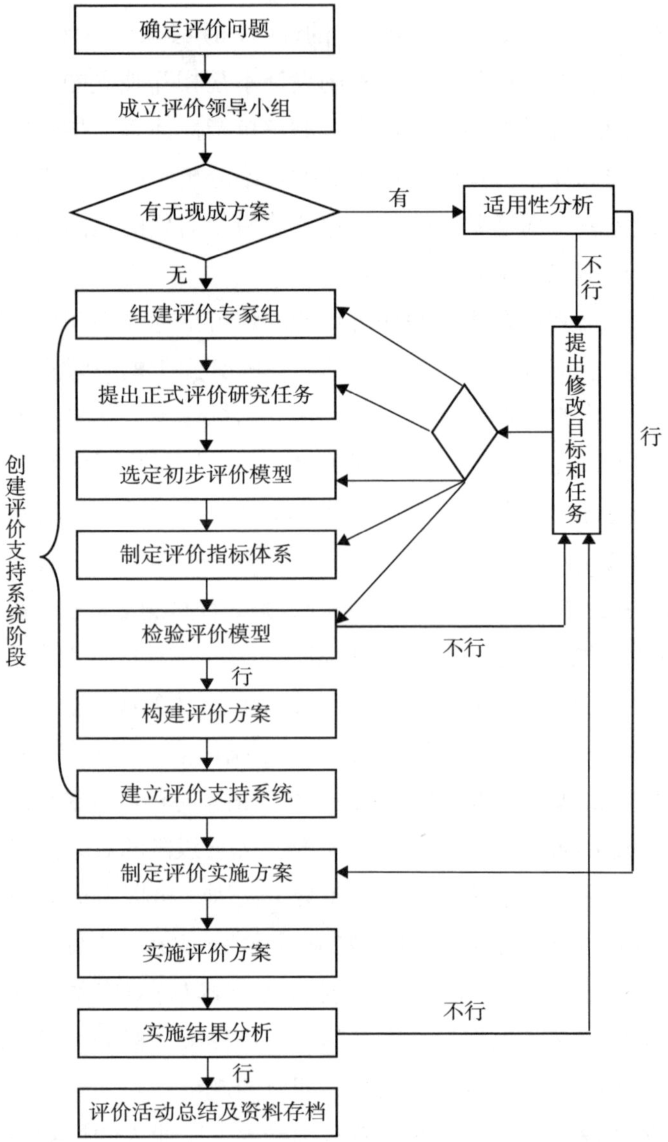

图 7-3　系统评价实践研究方法论框架

❶ 刘新建 . 系统评价领域硕士学位论文的规范要求探讨［J］. 学位与研究生教育，2011（6）：17-22.

图 7-3 展示了从系统评价方案研制到方案实施的一个逻辑步骤系统，其中创建评价支持系统阶段就是评价方案研制阶段，在此之前的属于项目立项阶段，在此之后的属于评价实施阶段。把评价实施作为一项系统工程，其过程分为三个基本阶段和一个收尾阶段。三个基本阶段即制定评价实施方案、实施评价方案和评价（实施）结果分析。收尾阶段的工作即进行评价活动总结及资料存档。在中华武术中有一句格言：练功不收功等于白练功。系统工程项目的收尾阶段是非常重要的，能够将实践中的感性和理性认识进行系统总结，产生认识升华，也能够为未来的相关工作提供经验和资料上的便利。评价工作总结也可以称为评价之评价，复杂的评价项目需要专门的验收评价工作。

由社会职能机构或中介机构进行的比较复杂的职业效益评价应当遵循图 7-3 所示的方法论。如果评价是每年定期进行的，那么，在每年开始之前应首先学习上一年的研究报告和总结资料，对上一年的评价进行再分析。在此基础上，完善评价方案，然后再开始新一轮评价实施活动。

完整的评价实施方案包括评价实施领导组织、评价实施专门队伍、评价方案、评价实施计划、评价工作资金与物资需求方案等。

（12）评价结果使用方案

所谓评价结果就是总指标的评价值以及各级评价指标的值。在正式规范评价中，评价结果的发布和使用方式是一个非常重要的问题。同一个评价结果，由于发布和使用的方式不同，其管理和社会效果会差别很大。职业效益评价是机构人力资源管理特别是薪酬管理的基础，其结果会显著影响职业人员的工作积极性。大家都熟悉的一个惯例是，许多企业的薪酬是不公开的，只有老板和主管知道，这就是为了避免薪酬差异造成员工心理的失衡，从而影响工作。但是，这种做法不是在所有的单位都适用。在公共部门，薪酬公开是大众对管理者和管理机构行为的公平公正性的监督渠道，如果允许暗箱操作，将引起群众猜忌和寻租腐败。可以看出，这里存在多个管理目标的冲突，有效的管理就是在这些冲突目标间做出折中取舍。

评价结果的使用方式可以在评价方案制定中予以考虑，它依赖评价目的、评价主体和评价客体的特性，还可能与社会环境有关。一些情况下，专业评价工作只是给出评价结果，评价结果的发布和使用方案确定是机构管理决策者的职权。如前指出，作为正式组织实施的评价，评价结果还应做好文件和资料的存档工作，这既是现代档案管理的要求，也为以后的评价和管理工作提供了借鉴和基础材料。

2. 层位评价理论与评价模式

职业效益评价一般不把对评价对象的完全排序作为评价目标，分类是更合适的评价目标，因此，更适合应用基于层位评价理论的层位评价模式。

层位评价理论的基本思想可以概括为五个方面：指标定义原理、价值关系原理、指标测量原理、多维价值原理和层位原理。这五大原理既包含了层位评价理论最核心的基本思想，又不要求死板的教条模式。它遵循人们实际的评价思维方式，同时注意了科学严谨性。层位评价理论是一种开放性的评价理论，它不刻意追求定量化，摆脱了权重的束缚，同时容许嵌入其他定量或定性评价模式，更契合实际的决策评价过程。

（1）指标定义原理

评价指标体系是系统评价方案的主要组成部分。人们常说要建立科学合理的评价指标体系，但对于什么是科学合理的评价指标体系并未形成公认的见解。这里认为，科学合理的评价指标体系的一个基本要求是：每一个评价指标都必须是一个有科学定义的规范概念。

若 A 是一个有科学定义的规范概念，那么，① A 必须具有确定的明晰内涵，符合形式逻辑的规则要求；② A 是可以量化的，具有确定的外延。

在形式逻辑中，定义的规则包括：①应相称，即定义概念和被定义概念的外延应相等；②不应循环；③一般不应是否定判断；④应清楚确切。

这里的量化是广义的，包括：连续数量、离散数量、等级、分类。在系统评价中，每一评价指标都是对评价对象某个或某些属性的概括，应为规范概念，必须在质和量两方面都可以确定。

【例 1】花色是人们评价衣服时的一个常用指标。当花色作为衣服的一种纯客观属性时，它是确定的，不以人的主观意志为转移的。虽然当衣服的图案比较复杂、颜色并非单一时，用明确的语言来描述衣服的花色很困难，但是人们可以用它的全部信息特征来限定它（对于人造标准设计产品，这是可以做到的），并可以给它一个代号。当花色作为一个评价指标时，它是衣服的一个客观属性，其定义可为："衣服花色是在衣服平面上，由一种或多种颜色的线条及区块形成的图案。”

花色有可能很复杂，其值无法用简单语言来表达，这时其实际的值可以用一幅图或样品料来表达，而在语言论述中可以用一个代号表示。但作为评价指标，它必定要转化为价值指标以反映一定的价值关系。这时，其对应价值指标的恰当明确的名称应叫作“花色满意度”，其定义也应符合科学定义的规则。比如，可以定义为：“衣服花色满意度是人们对衣服花色的喜欢程度，或说对衣服花色的合意程度。”

这个定义的内涵是明确的，其中“人们”是确定的，这里指买衣服的顾客。“衣服”“花色”所指在一般人来说也是确定的、明确的概念。“喜欢程度”或“合意程度”在这里表面上似乎是一个主观概念，但作为人的心理存在是明确的，人们可以用内心的整体知觉来感知，并表达其愉悦程度，是一个没有歧义的概念。

至于量化方面，关键在于“喜欢程度”或“合意程度”是否可以量化并被准确地测量出来。从实践的角度来看，这一点是显然的，即当人们面对一种衣服的花色时，可以说出是喜欢或不喜欢，甚至说出喜欢的程度：“十分”“非常”“比较”等。另外，第三态也是存在的，即人们对具体的一件衣服的花色，可能既不感到喜欢，也不感到讨厌，是一种中性态。花色满意度用这些程度词来描述应该说已足够了，也可以说已经量化了，但这种量化是一种模糊量化或纯序量化。花色满意度目前还无法准确绝对量化，直到人们发明一种测量技术可以用一种化学物质的水平来确定人的愉悦程度，花色满意度才能成为一个完全科学的概念。不过，在实际生活中所应用的概念恐怕仍然只能是模糊的。

（2）价值关系原理

在一个多属性层级评价指标体系中，总指标反映了价值客体（即评价对象）与价值主体的价值关系，即客体以它的某些属性满足主体的特定需要的关系，因而总指标是一个价值指标。价值的大小是用总指标值来度量的。所以，总指标值不仅反映了评价对象某些属性水平的综合性大小，而且反映着价值主体的需求水平，是客体属性水平和主体需求水平的结合体。

【例2】当一个顾客来到商店选购衣服时，影响其决策的相关因素有：

①顾客的需求水平；②衣服的基本特性；③商店的购物环境；④售货员的服务水平。在这四个指标中，顾客的需求水平和衣服的基本特性属于基本指标，反映的是基本价值关系，后两个指标是附加价值指标，在这一决策问题中属于调节因子。

现在仅讨论基本价值关系。作为一个评价问题，这里的衣服是评价对象，是价值客体，衣服的各种属性是评价的要素，顾客既是价值主体又是评价主体。假设有几件衣服放在一起让顾客挑选，其选项假定为或只选其中之一，或一个也不选（这是大多数顾客购衣时的预定情景）。在这种情况下，每件衣服的各种属性经过顾客的价值尺度的衡量就归结为"衣服对顾客价值需求的满足程度"，可以简称为"衣服满意度"。

从上述例子中可以看出，系统评价的总指标实际上是一个价值指数，是客体的属性值与主体的需求值之比，并进一步表现为满足等级，如优、良、中、差，或十分满意、一般满意、勉强满意、不满意、十分不满意等。

处于层级指标体系之中的评价指标，既可以是包含价值关系的指标，因而是一个价值指数，也可以是一个纯价值客体的属性指标；尤其对于最低级指标，最好是一个可以统计或物理测量的指标，以保证最基本事实资料的客观公正性。

（3）指标测量原理

在层级评价指标体系中，一个评价指标与其直接下属指标之间的关系有三种可能：因果关系、果因关系、总合关系，并且在一个指标集中只能是其中一种。

所谓因果关系即上级指标是下级指标的原因，果因关系即上级指标是下级指标的结果或效果，总合关系即简单的整体与部分的关系，如一个农场的总产量是各块地的总产量之和。

这样的关系模式在一切科学测量中都存在。评价是一种广义的测量方法。

在选购衣服的例子中，顾客最后的满足程度是对各种属性的满足程度的综合结果，二者之间是一种果因关系。虽然在一定评价模式下，总指标表现为各种属性的满足程度的线性叠加，但在一般情况下，这种简单加总的关系并不存在。如，价格大于某一数值或花色为绝对不喜欢时，对衣服的总满意度就可能骤降为零，不予考虑；也可能对一件衣服的某一属性如式样特别满意，那么其他因素在一定范围之内就是可以忽略不计的。这种评价决策方式实际上就是下面介绍的层位评价原理的本质。

评价一所学校的优劣，设总指标是办学水平，则既可以用它的教育成果（在校生和毕业生质量）来评价，也可以用办学过程（管理过程、教学过程）水平来评价，前者是因果评价模式，后者是果因评价模式或综合评价模式。评价一个地区的自然环境质量可以用一系列环境监测指标来评价，也可以用该地区人们的健康受环境的影响程度来评价。前者是果因评价模式或综合评价模式，后者是因果评价模式。

在有些评价中，总指标仅是各级指标的简单加总，因而属于总合评价模式。如决定大学录取的高考成绩，几乎就可以看作是各门科目成绩的简单加总，因而是总合评价模式。

（4）多维价值原理

传统的综合评价模式总是喜欢用一个一维实数来给出评价结果，但在人们的实际评价行为和决策实践中，评价的模式比这要复杂。

仍以人们选购衣服为例。考虑的基本要素包括：款式、花色、价格和尺寸。在价值主体的考评思维过程中，这几个要素与其内部需求的比较都会有一个结果：十分满意、基本满意、不太满意或很不满意。人们最后选择的结果会将很不满意的自然排除。如果可选择的范围比较大，比如售货员一下拿出好多套衣服让顾客挑选，人们也会将选择对象作为整体，分成满意、基本满意、不太满意几大类。但是，在每一类内部，让人们继续进一步排序就可能会出现困难。或许有人建议对这些不能区分优劣差异的对象赋以相同的价值，但是通常不存在一个确定的数学函数来实现这种评价。例如，假设有A、B、C三件衣服，在（款式、花色、价格）上的评价结果分别是：[1] A（十分满意、基本满意、基本满意）、B（基本满意、十分满意、基本满意）和C（十分满意、十分满意、不太满意），这时的综合评价结果都是基本满意，但进一步排序已无法做出，于是顾客就出现了犹豫不决的状态。按照传统做法，可以进行线性加权计算给出综合分，但这个综合分并不是顾客的思想或本意，因为基本的一点是，顾客并不能决定各属性的十分满意、基本满意和

---

[1] 假定尺寸完全相同，在评价时就可以略去这个指标。

不太满意之间有几分之差。特别是在对社会组织系统的评价中，如果不是非要在评价对象之间做出一个选择，排出严格的先后顺序来，对这种多维多对象并列的状况就没有必要再进一步区分下去，不妨用一个多维数来表示评价结果。在实际中，这种多维数结果更有利于指导管理实践，让评价对象（当评价对象是个人或组织时）和决策者认清差距在哪里。如果非要在这样的评价对象之间排出个序来，那么就应当提出附加的价值要求。例如，假设一位顾客必须在上述 A、B、C 三件衣服中选出一件购买，这时，他的做法可以是:（1）任选一件买走，具有随机性;（2）增加评价指标数，如面料偏好、亲友的看法等。

在对各级政府领导干部的绩效考核中，现在强调“不以 GDP 论英雄”，而是要求物质文明、政治文明、精神文明、社会文明和生态文明五位一体，不仅考核经济增长与发展，而且考核生态环境质量改善、社会安全和生产安全提高、民生水平提升，形成了一种多维评价模式，各维度之间不存在相互补偿的关系。

（5）层位原理

在上面的论述中，我们已经发现，用简单的一维单向度评价模式很难满足现实中复杂的系统评价任务的需求，层位原理提供了一种具有一定通用性的评价范式框架。

层位原理的核心思想是：在一组评价指标集中，指标间的重要性差异常常存在阶跃性，即某一个或几个指标相对于其他指标具有优先决定权。这种优先决定权一般是负向起作用，即当这个或这些指标不合格或处于低等级时，对评价对象的总评价就是不合格或不高于该等级。这时，我们用“位”来表明指标在评价中的优先权。最高的优先权指标称为首位或第一位指标。以职业效益评价中常用的德、勤、绩、效四组指标集来说，如果一个职业人在德上的评价是不合格的，那么，其在其他指标上水平再高，评价结论也是不合格，这个“德”就是首位或第一位指标。

假设一个评价指标体系由总指标 G 及其一级评价指标集（Y_1，Y_2，Y_3，…，Y_n）组成，每个指标都是正指标，即都是多多益善或越大越好，且对评价对象的整体评价和在每个指标上的表现都可以分成一定的级别类，从优到劣分别用（A_1，A_2，A_3，…，A_m）表示。则层位模式评价工作采取以下的程序：

①判断在 Y_1，Y_2，Y_3，…，Y_n 中，每个指标是否存在一些关节点。设

β_{11}，β_{12}，…，β_{1n} 是这样一些关节点，若对某个评价对象 w，其在 y_j 上的取值 $y_j<\beta_{1j}$，则认定 G（w）的等级低于 A_1。同样，对任意 A_i，若对某个评价对象 w，有 $y_j<\beta_{ij}$，则 G（w）的等级低于 A_i。这一做法被称为开关函数法。

②分析在对评价结果的影响中，Y_1，Y_2，Y_3，…，Y_n 的评价作用是否存在优先顺序，称为位次。Y_1，Y_2，Y_3，…，Y_n 在评价作用中的优先顺序包括这样一些情况：

第一，对任意评价对象 w_1 和 w_2，其指标评价或观测值是（y_{11}，y_{12}，…，y_{1n}）和（y_{21}，y_{21}，…，y_{2n}）。若存在某指标 Y_{j0}，当 $y_{1j0}>y_{2j0}$ 时，不论其他指标的差异如何，就认为 w_1 优于 w_2，那么就说 Y_{j0} 优先于其他指标。根据这种优先性质可以对评价对象进行字典式排序。

在极端情况下，n 个评价指标被严格排序，每个指标占据一个位次，且每一位次只包含一个指标。如体育运动会中对各代表队的综合成绩排名，评价指标是金牌数、银牌数和铜牌数，金牌数第一就排第一，金牌数相同再看银牌数，依次类推。

在一般情况下，每一个位次可能包含多个指标。

第二，当有些评价指标的统计观测或分析工作比较复杂，另一些指标的统计分析评价相对较简单时，可以把简单指标作为先位指标。这在合格评价中非常有用，可以带来极大的节约和效率。这时，先位指标与其后位指标在对于评价目的的重要性上应没有显著差异。

③经过以上程序，评价对象通常被分成了若干组类，如前述“优、良、中、合格、不合格”“十分满意、比较满意、基本满意、不太满意、很不满意”等。这时，如果根据管理目的的需求，还需将每个对象进行排序，则可以在每个组内分别建立评价模型，并可以通过规定组与组之间的最低差值并反映于模型，用单维单向值或字典序法进行排序。

对于多级评价指标体系，从底到顶，即从末端的统计性指标层逐级向上直到总指标依次实施层位评价模式，就可以推出一个评价对象的总评价结果。这样方式的评价过程就称为层位评价模式。层位评价模式的评价模型可以用一系列对应表表示出来。

在层位评价模式中，先划分大类后细分排序，降低了评价的难度，提高了评价结果的准确性（因为人类在大尺度上更容易把握事物之间的差异），也符合人们一般的思维习惯。层位评价思想与多目标规划中的字典序法有相同的哲学本质，可以认为是其一般意义上的推广。

对职业进行分级分类是一些第三方评价机构开展的职业评价活动，对这些评价，应用层位评价理论进行深入的分析，使用层位评价模式是更适合的，能提供更有意义的信息。

第八章

职业发展

职业发展是职业经济活动持续进行的内容，是长期讲求提高职业效益的一个要点。职业发展有多层含义。第一层含义是职业人个人职业成长，包括职业方向的选择、职业进修、职业进阶路径等方面；第二层是机构单位对员工职业路径的设计和支持，包括职务晋升制度、绩效考核制度和职业培训制度等制度方面及其实施；第三层是国家或相关政府部门对于公民职业成长的支持政策和行为。职业发展研究的基本问题包括个人职业发展的一般规律、机构单位在员工职业发展中的角色与行为特点、政府在公民职业发展中的责任与管理体系。这里总结现代职业发展特点，特别关注中国职业发展的基本情况。

一、职业分类的底层逻辑

职业既是个人的事项也是社会的事项。在一个既定的区域社会，工作是由不同种类的职业人员联合完成的，全体社会人员是相互依存的。

社会对每一种职业和每一个职业人都有具体的要求，从社会角度进行的职业评价要反映社会的要求。对一种职业的社会评价是多层次和多角度的。多层次是指从机构单位到国家层次的多级评价，如职业资格评价标准就是对一种职业的国家要求，中介机构进行的职业需求评价或紧缺专业评估在一定程度上也反映了社会要求。多角度指评价内容的多维度特征。

1. 职业分类的重要意义

如果对职业的概念没有清晰确定的认识，对职业的分类就不会完备，从而对职业的社会管理就会不断遇到困难和矛盾，建立职业培训体系也会出现专业定义困难，个人在选择工作和参加培训时也会遇到困扰。

2022 年 7 月，人力资源社会保障部、市场监管总局、国家统计局联合发布《中华人民共和国职业分类大典（2022 年版）》。与 2015 年版大典相比，在保持 8 大类不变的情况下，净增了 158 个新的职业，职业（细类）总数达到了 1639 个，在保持绿色职业标注的基础上，又增加了数字职业标注。但是，这个分类体系仍存在混乱。

《中华人民共和国职业分类大典（2022 年版）》把我国职业划分为由大到小、由粗到细的四个层次，其中，大类 8 个、中类 66 个、小类 413 个、细类1838个。细类为最小类别，亦即职业。8个大类包括第一大类：国家机关、党群组织、企业、事业单位负责人，其中包括5个中类，16个小类，25个细类；第二大类：专业技术人员，其中包括14个中类，115个小类，379个细类；第三大类：办事人员和有关人员，其中包括4个中类，12个小类，45个细类；第四大类：商业、服务业人员，其中包括8个中类，43个小类，147个细类；第五大类：农、林、牧、渔、水利业生产人员，其中包括6个中类，30个小类，121个细类；第六大类：生产、运输设备操作人员及有关人员，其中包括27个中类，195个小类，1119个细类；第七大类：军人，其中包括1个中类，1个小类，1个细类（实质即不做细分）；第八大类：不便分类的其他从业人员，也不再细分。

8个大类的划分首先就不具有一致性的标准，把行业、职业、岗位、工种混在一起进行划分。第一大类和第三大类是按照岗位工种划分，第二大类和第六大类是按照劳动性质划分，第四大类、第五大类和第七大类是按行业划分。这样的划分必然造成具体人职业归类的非唯一性，并且会很严重，第三大类的性质也很宽泛。例如，专业技术人员在每个行业都是存在的，每个行业的具体营利性单位作为企业都有负责人。

2. 职业的基本特性

一种职业是对人类社会活动的一种类别划分，前提是正确认识职业的基本性质。职业最基本的特性包括谋生性、劳作性、个体性和社会性。[1]

所谓职业的谋生性是指人们从事一种职业是为了获取生活资料或获得生活资料所需的收入。从职业人个体角度观察，从事一种职业首先是谋生的手段。这种目的性在一些情况下可能是非表面的。比如，一个有万贯家财的人，可以一生都为他人谋福利而不收取任何报酬，其收入完全依靠拥有的财产获利。中国革命战争时期的大多数革命者，全身心投入革命事业，在直接目的上并没有考虑获取个人收入，完全依靠组织分配的微小经费生活。到了共产主义社会，劳动不再是人们谋生的手段，社会生产在完全自动化的技术体系中进行，每个人完全按照自己的兴趣选择从事的活动，这时的职业划分是否存在有待深入考察。

---

[1] 齐经民．职业经济学（第二版）[M]．北京：经济科学出版社，2004：36.

所谓职业的劳作性与职业的谋生性紧密关联，但并非绝对不可分割。人们的谋生不一定靠劳作，也不一定靠职业活动，如靠利息生活的寄生人。人们的劳作也不一定是为了谋生，如进行义务劳动的人。但如果说一个人在从事一种职业，那么，他就必须要劳作，即付出体力和脑力劳动，并创造出某种形式的有益成果。

所谓职业的个体性是指对职业的基本考察角度是个体的人，职业的属性是个体人的活动属性。

所谓职业的社会性是指人们的任何职业活动都是社会的一部分，其劳作的成果为社会所需。这个性质是人的社会性本质的体现。“人人为我，我为人人”虽然不能当作一种社会主义核心价值观来倡导，但是，它是人类社会生活的基本规律。这句话的前后两部分不是因果关系，二者都是一种客观存在，是人类社会的群体规律。职业活动也是人类社会的劳动交换活动。作为社会的人，其需求是多领域的，不可能靠一个人全面完成。只有当社会中有比较丰富的劳作种类时才存在一定的职业分工，全社会的工作通过劳动交换和合作完成。

除了以上职业的共同特性之外，把不同人的生产活动区分为不同职业活动的是其技术特性和产品特性。劳动的最终目的是生产出一定产品，生产活动的过程表现为技术即生产方法，所以，产品特性和技术特性是职业活动的重要个体性质。当生产过程比较简单时，可以认为生产同种产品的人从事的是同种职业，但是，当生产过程比较复杂时，一种产品的生产有多个生产阶段，每个阶段形成了阶段性生产成果。同一生产阶段也可能需要多个并行的工作，不同的工作体现为各自的技术。

一个人正在从事的一项社会活动是否属于职业活动和一个人当前的状态是否算是有职业是两个不同的概念。可以认为，社会中正在发生的有益社会工作活动都是职业活动。这个观点排除了把某些破坏社会正常生活的活动称为职业活动，如贩毒制毒活动、非法组织赌博活动、盗窃抢劫活动、环境违法活动。人们在普通非专业语言中称这些活动为职业活动只能说是一种调侃或语言修辞（装饰语）。另外，这里没有把合法作为限定词，是考虑到在某些情况下，存在违法但对社会有益的活动。另外，还要注意到，作为职业活动，谋生性是必要的条件特性。有些偶然的活动如一次性助人活动不能称为职业活动。

一个人有职业可以被称为职业人，但是一个人是否被认为有职业则是一个有点儿复杂的概念。[1]说一个人有职业，应当是在相当长的时期内从事同一类活动，如果一两天在农田除草，一两天在清扫街道，一两天去送快递，没有一种活动坚持足够长的时期，那就不能说这个人有确定的职业。即使某些自由职业者，如果不能在至少一类工作上从事足够长的时期，也不能说他是某种职业人。另外，要区别职业、工种和岗位三个概念。从事同一种职业的人生产同一类产品，当产品比较复杂时，生产同一类产品需要不同的工种。当一类产品比较简单时，职业与工种是同一的。比如家庭式农业生产，虽然生产同一种农产品需要不同的劳作种类，但是，这些活动都可以由同一个人分时段完成。所以，可以认为工种是职业的最小基本子集。在《中华人民共和国职业分类大典（2015 年版）》中，最细的分类就是工种。岗位是具体单位的具体工作职位，一个岗位只能有一个人。虽然有些岗位的工作是同类的，但不是同一的，必须由不同的人做。一个人有岗位才有工作，确定的岗位需要特定的工种职业人。

3. 职业分类准则

以工种分类为基本职业分类，则一个社会的全部工种组成的集合就是其职业总集。职业总集的基本元素是工种。对工种按照一定的属性从不同的角度进行分类（合并同类项）就形成了不同的职业分类体系。所以，《中华人民共和国职业分类大典》就是对现代中国社会的全部职业制定的一种分类体系，形成了大、中、小、细四个层次，加上工种是五个层次。但是，分类必须是有科学准则的，不能仅凭社会习惯和感性。

职业活动的基本内容是劳动。工种是最基本的职业，一个工种区别于其他工种的特殊属性值是其劳动过程诸元素的特殊性。劳动过程除了劳动主体——劳动者之外，基本元素包括劳动对象、劳动过程和劳动产品。劳动对象的分类包括其材料和结构，材料如土地、矿物、塑料、钢铁、玻璃、特殊金属等；结构如单体结构和复合结构。劳动过程既表现为技术或方法，也表现在劳动工具上。劳动过程也表现为简单劳动和复杂劳动，复杂劳动是需要

---

[1] 齐经民，刘新建，等. 职业经济解析——国计民生基本问题研究［M］. 北京：经济科学出版社，2018：155-156.

特殊训练才能从事的劳动。简单劳动以体力消耗为主，辅以基本的脑力。复杂劳动可以是以脑力为主，也可以是脑力和体力同样高强度消耗。对人类的全部个体劳动过程进行分类，实际上就是基于劳动的技术特征进行分类。

一个劳动者的劳动产品既可以是最终被使用或消耗的完整产品，也可以是生产某个产品的中间过程的半成品或零部件。现实中人们对劳动产品是以其可以在市场中交换（但不一定用于交换）的产品形态进行分类的。我国目前存在多种产品分类目录，如国家质量监督检验检疫总局 2003 年发布的《全国主要产品分类与代码（GB/T 7635—2002）》、国家统计局 2010 年发布的《统计用产品分类目录》。中华人民共和国海关总署发布的《2008 年版中华人民共和国海关统计商品目录》。联合国有关部门也发布过两种：《产品总分类（2004）》（CPC，又译《核心产品分类》）、《标准产品与服务分类代码（UNSPSC）》。

经济管理中的行业分类是对全部社会生产活动的分类，分类的核心准则指标是其产品用途特征。根据现行《国民经济行业分类》（GB/T 4754—2017），第一级有 20 个大类，分别是：（1）农、林、牧、渔业；（2）采矿业；（3）制造业；（4）电力、热力、燃气及水生产和供应业；（5）建筑业；（6）批发和零售业；（7）交通运输、仓储和邮政业；（8）住宿和餐饮业；（9）信息传输、软件和信息技术服务业；（10）金融业；（11）房地产业；（12）租赁和商务服务；（13）科学研究和技术服务业；（14）水利、环境和公共设施管理业；（15）居民服务、修理和其他服务业；（16）教育；（17）卫生和社会工作；（18）文化、体育和娱乐业；（19）公共管理、社会保障和社会组织；（20）国际组织。

从分类方法的角度看，一次性给出集合元素的 20 个组别划分在分类标准上是不容易看清的，理论依据不清晰。对于经济生产活动，首先要给出活动的总定义以确定总体集合，即什么是经济生产活动？一组人的活动被称为经济生产活动，当且仅当其活动的成果是社会需要的，即要被参加该种活动的以外的人使用，这也是活动的社会性规定。这时，这些人的活动被称为生产劳动。作为经济生产活动，通过其生产成果即产品与其他经济活动的劳动者形成了劳动交换。从现代经济学的观点看，所有的生产成果根据客观存在形式被分成两类：物质形态和非物质形态，即货物和服务。在货物类中，电或电磁场是一种特殊的物质形态。服务形态的经济活动类被称为服务业或第三产业。货物形态的经济活动类根据其产品是否具有生命被区分为农业和非农产业。农业是大农业，又分为农、林、牧、渔业，称为第一产业。非农产业被称为第二产业，包括工业和建筑业。因此，从产品形态的角度，社会经济活动可以被划分为农、工、建、服务业。这可以看作是经济活动即行业的第一层次划分。从社会分工的历史考察，服务业中的一大部分是从农工建中分离出来的，其产品依然是为农工建的生产服务的。所以，可以把服务业分为两大类：生产性服务业和非生产性服务业，这是从产品用途特征上做的分类。如果把服务业本身的活动也看作是一种经济生产活动，那么，人类的全部活动就分为生产活动和生活活动，而全部服务业就分为生产性服务业和消费性服务业。明显的是，大多数服务业产品既可以用于生产活动，又可以用于非生产活动。所以，从产品用途特征对服务业分类存在不确定性，或者说使某些生产活动具有多重行业性，仅仅当一种活动的产品可以被归为唯一一类用途时，这种划分才是合理的。

一个人的职业活动归类从理论上说，可以根据其劳动对象、劳动过程和劳动成果的任意一个属性做出划分，也可以根据三个维度的联合标准做出划分。我国历史上存在“士农工商”的社会分工思想，这实际上也是一种职业划分，是按照劳动成果类别划分的。用现代语言描述，“士”即公务员，包括各个级别，其劳动成果是社会秩序。“农”即农业劳动者，其劳动成果是农林牧渔产品。“工”即工业和建筑业劳动者，其劳动成果是工业和建筑产品。“商”即商人，是工商企业的管理者和经营者（但不是一般股东），其劳动成果是微观经济生产秩序。

显然，职业的分类与行业的分类有密切的关系，每一个行业有其核心职业种类，各生产不同形态的产品。但是，职业分类是依据个人的劳动属性，行业分类是依据生产活动单位的产品属性。一个生产单位的活动过程会需要不同属性的劳动即不同种类的职业人。另外，具有一种技术的职业人可以选择在不同的行业就业。基于以上理由，职业的分类可以采用基于技术特征和行业特征的联合准则。对于主要在一个行业使用的技术，则可以以行业特征命名职业。比如，一个人具有网络工程师技能，如果其主要在商业单位工作，其职业就是商业网络工程师；如果其主要在教育单位工作，其职业就是教育网络工程师；而医师则主要在医院类机构工作。

基于二维联合分类准则的思想，对职业的分类首先考虑在一个单位内部的工种分类。考虑一个比较大型的单位，无论是国家行政单位，还是事业单位或企业单位，其人员首先都可以分为三大类，即一线生产人员、辅助服务人员和管理人员。这里的管理人员特指中高层管理者，基层管理者同时是一线直接生产人员。以三类单位为例的具体人员分类见表 8-1。

表 8-1　机构单位人员分类举例

	国家行政单位	高等学校	制造业企业
管理者	正副负责人，处级以上（含处级）公务员	正副校级领导，处级干部	正副董事长，总经理，中层干部或部门经理
一线生产者	处级以下（不含处级）公务员和办事人员	全体教师，包括理论教师、实验教师、思政教师（包括辅导员）；专职研发人员	车间人员，包括车间负责人、工程师和普通工人；专职研发人员；营销采购人员
辅助服务者	医卫人员，清洁人员，安保人员，图书资料人员，餐饮服务人员，场地维护人员，财务人员，法务人员	医卫人员，清洁人员，安保人员，图书资料人员，餐饮服务人员，场地维护人员，财务人员，法务人员，其他行政办事人员	医卫人员，清洁人员，安保人员，图书资料人员，餐饮服务人员，场地维护人员，财务人员，法务人员

对于三类人员，其中的管理者可以看作一类职业，但是在不同行业的管理者可以进一步划分为不同的职业，如公共部门管理者、金融业管理者、教育管理者、医院管理者、营销管理者等，他们之间可替代性有很大的差别。一线生产者，可以按照其所在的行业划分职业种类，如石油工人、农业工人（农民）、清洁工人、石油工程师、农业技师、矿业工程师等。辅助服务者如果根据其技术特征可以属于某个行业的核心职业种类，那么其属于专业技术工作者，可以用"行业 + 职业技术职称"命名其职业，如大学计算机工程师、大学研究员、煤矿企业医生等。否则，就属于普通工人或普通职员，可以用"行业 + 工作类型 + 工人"（如高校清洁工人、工厂绿化工人）或"行业 + 工作岗位名称"（如高校办公室职员、高校图书管理员）命名其职业。在职业的命名中要照顾到习惯性名称，如教师、医生、营业员、厨师、收银员等。

在职业分类中，同一职业种类有的进一步区分水平级别，如医生区分为主任医师、副主任医师和主治医师，但都属于医师或医生大类。大学教师区分为教授、副教授和讲师，但都属于大学教师。这些不同级别的工作者在具体单位承担的工作会有不同，但不是所有的行业单位都有区分。

在现实中，存在身兼多职的人，即一个人在某个时期同时从事多种职业，具体职业活动并行开展。比如，高校中的中高层管理者，可能同时是教师。

在国民经济核算体系中，对机构单位的首层划分是：非金融公司、金融公司、广义政府、住户、为住户服务的非营利机构。如果将住户直接经营的生产机构按一定原则划归到非金融公司和金融公司，那么，所有的经济生产活动都可以划归到除住户外的机构部门或行业部门。在 SNA2008 中，将机构单位采用一分为二逐级归类法，除住户单位外，分为市场生产者和非市场生产者。市场生产者包括非金融公司和金融公司，非市场生产者包括广义政府和为住户服务的非营利机构。根据前面的职业二维联合分类思想，可以将除住户外的四个行业的核心从业者归为一类职业。其中属于广义政府部门的可以称为广义公务员，属于为住户服务的非营利机构的称为社会活动者，属于金融公司的称为金融从业者，属于非金融公司的称为实业从业者。这四类是一级职业分类，四类部门也是一级行业分类。与前面的三次产业分类相对照，非金融公司以外都是第三产业即服务业，而非金融公司可以继续划分为非金融类三次产业。可以认为，每个行业除管理者外，都有核心专业技术人员，如在企业中包括具有行业特征的各级工程师和技术工人。这样，这些人的职业就可以用“行业 + 技术职称”命名，而非专业技术人员可以如前所述，用“行业 + 普通工人”或“行业 + 普通职员”命名。对于在各单位辅助服务部门工作的人员，也可以用同类方法命名。

在以上命名方法形成的职业体系中，如果去掉职业名称中的行业限制词，再合并同类项，就形成了纯粹按照劳动技术特征形成的职业体系。比如教育系统中的教师，在区分行业的体系中会分小学与中学的三级到高级的系列和大学的系列，通过合并同类项，最后形成的就是教师这个职业。其他如医生、科研工作者、艺术工作者、体育运动员、军人等职业类别都是如此形成的。各级各类全日制学校的学生在某种管理需要下，其职业也可以称为学生。

随着科学技术和生产力的发展，不断形成具有新的特点的劳动技术。以这些技术从事职业活动的人达到一定的社会规模后就会出现新的职业，或老的职业类别出现分支，增加层次。

从以上论述中可以看出，各个行业的职业人员去掉行业名称后，从顶层可以区分为管理者和非管理者，非管理者可以区分为专业技术人员和普通人员。

在全体社会人中，除了职业人外，还有非职业人。单纯依靠财产收入的人不是职业人，单纯的炒股者也不是有职业者，监狱中的犯人劳动者也不是有职业者。从事宗教服务工作也是一类职业，但不能提供宗教服务的被供养的教徒不是有职业者。已退休不再从业者不是有职业者。在给定时期内，所有不参加劳动的人在此时期内都不是有职业者，所以，一个人的职业状态具有动态性。

二、我国职业发展现状

社会职业的发展表现为一些老的职业消失，一些新的职业诞生，还有一些老的职业发生新的内涵变化。社会职业的发展不仅带来职业教育的发展变化，一些在职者也必须不断更新专业理论和学习新的职业技能。

1. 社会职业种类的新旧更替

现代社会的职业种类越来越丰富，不断有新的职业产生，也会有一些老的职业种类消失。从互联网上可以搜索到关于已经或正在消失的职业的描述，如游走理发师、游走铁匠、街头补鞋擦鞋匠、游走货郎、打井人、补锅匠、个体木匠、车把式、掏粪工、打字员、铅字排版工、公交车售票员、电话交换机接线员、电报员……《中华人民共和国职业分类大典》从 1999 年到 2015 年版，增加 9 个中类和 21 个小类，减少 547 个细类，从 2015 年版到 2022 年版，增加 4 个中类和 15 个小类，增加 255 个细类。

由于三年疫情，服务业受影响较大。根据国家统计局发布的月度调查失业率，2022 年是失业比较严重的一年，有三分之二以上的月份失业率大于 5.8%。进入 2023 年，随着经济总体形势的恢复，失业率趋于逐步下降，但在 4 月份仍然大于 5%，尤其是青年人失业率较为严重，青年失业率达 20%，并且集中于较低学历人群。这种情况与这几年新闻中宣传的职业教育毕业生热门现象有些相悖。在这个过程中，有的人成为非职业人，有的人转行换了职业。

随着人类社会的发展，人们的文化体育生活越来越丰富，因此，近 40 年来我国诞生了大量新的社会职业。从体育职业内部看，首先是出现了许多新类型的运动员职业，如拳击手、网球运动员、台球运动员、跆拳道运动员、攀岩运动员、马术运动员、轮滑运动员等，其次与运动员的发展相对应，一批相关的职业教练也形成了。除专业或竞技运动发展外，我国的群众体育运动更是快速发展，各种运动培训班风起云涌，新兴项目不断创生和引进，一些原来的纯粹游戏娱乐项目（如踢毽子、划船、跳绳等）成了社会运动项目。与之相关，产生了一批专业的指导训练师，如健身教练、瑜伽教练、健身气功教练、武术学校教练或教师、各种体育项目培训班教师等。在体育运动项目发展的同时，还诞生了一批智力运动项目，除了传统的棋牌项目外，像麻将、桥牌、电子竞技等都成为正式的比赛项目，原来纯粹的玩乐消费项目成了职业活动。随着人们对身心健康的关心，还出现了健康营养师、素质拓展师等新的职业。

"养老护理员"这一名称于2000年首次出现。[1]1999年中国达到老龄化社会分界点。2000年3月，原劳动和社会保障部颁布了《招用技术工种从业人员的规定》，养老护理员被正式列入"持职业资格证书就业的工种（职业）目录"。自2015年11月12日起，《招用技术工种从业人员规定》予以废止，养老护理员和其他90个职业取消了就业准入制度。2000年至2002年，在联合国儿童基金会的支持下，民政部联合原劳动和社会保障部共同制定了《养老护理员国家职业标准》（以下简称《标准》）。2002年2月11日，原劳动和社会保障部印发了《关于第三批国家职业标准的通知》（劳社厅发〔2002〕1号）以下简称《通知》，《通知》中有养老护理员职业，从此养老护理员正式成为一种职业。2011年和2019年相继发布了《标准》的第二版和第三版。2015年，养老护理员进入《中华人民共和国职业分类大典》。2010年，实施养老护理员职业技能鉴定制度。截至2018年底，共有44805人获得民政部职业技能鉴定指导中心颁发的养老护理员国家职业资格证书，其中初级25236人、中级15228人、高级4229人、技师121人。截至2020年，我国有超过5000万名失智、失能老人，需要约1500万名的养老护理员。

随着国际交往的不断加深，一些国际职业资格和行业认证项目在我国引入，如注册会计师、质量管理认证、CE（欧盟产品标准）认证等。我国也诞生了一批特有认证项目，如华为认证、中国产品强制认证（CCC认证）、中国绿色产品认证等。与相应的专业认证活动相对应，产生了一批专业认证职业。

随着市场经济的发展，对社会信息的需求越来越大，不仅有行业发展状

---

[1] 杨根来，赵永．养老护理员职业发展20年回眸［J］．中国社会工作，2020（11）：36-39.

态的信息需求，还有对人们心理状态信息的需求，于是一大批社会调查公司应运而生，从而诞生了一批社会调查员职业和调查分析师职业。目前我国的调查机构既有如中国社会科学院和高校主办的一些单位，也有政府部门如国家统计局等单位主持的专项调查活动项目，大量存在的是各种专门调查咨询公司，如零点研究咨询集团、尚普咨询集团、全景求是管理顾问等。

2. 个体职业生涯发展

现在，人们都很重视职业发展，不仅在大学中开设职业生涯规划课程，而且在一些大中型企业管理中也强调对员工职业发展的关注，员工职业发展成为管理学的重要构成内容。

在大学中通常有两门指导学生就业与创业的课程：16 课时的《大学生职业生涯规划》和 8 课时的《创业教育与就业指导》，分别在大一和大三或大四开课。有的学校是两门合一门《职业生涯规划与就业指导》，分在两个学期。有的学校是在每学年开设一定学时的大学生职业生涯规划课。有的学校总课时达到 32 学时。各个学校的课程内容多种多样，很不一致，不少学校参考了国外大学的教材，各个出版社出版了数十种大学生就业指导的教材。教育部学生服务与素质发展中心编写的《大学生就业指导》包括的内容除绪论外有社会职业与职业理想、就业制度与就业环境、自我认知与职业生涯设计、求职择业的知识能力准备、求职择业的心理准备及心理调适、求职择业的程序与方法、就业规则与毕业生就业权益保护、适应社会走向成功等九章。

每个职业人的职业发展路径都不相同。农民工进城有的有一技之长，如泥瓦匠、木工等，他们在进城后会找技术性活计干；有的没有一技之长，大多就只能做主要依靠体力的活计，如外卖员、普通建筑工人、普通清洁工等。不少农村妇女进城做家政服务，有的拥有一定的知识和较高的技能水平，就获得较高的收入水平；有的就只能做普通的保姆工作，工资水平就比较低；有的农民工参加了各种学习项目，获得一些证书（包括自修获得的学历证书），这就改变了他们的职业路径。随着我国高等教育进入普及阶段，大学毕业生的就业问题越来越突出。2023 年，毕业生们遇到了一定的就业困难。不过相信，随着经济逐渐走向全面复苏，情况会逐渐缓解。但是，大学毕业生的就业思维还是应深刻变革，政府解决问题的思路也应作出相应调整。在校大学生们参加各种考证项目、第二学位和微专业学习，希望拓展自己的就业空间。不少大学生在就业的前几年多次变换工作单位，希望找到更能发挥自己专业特长的工作岗位。

个人职业发展的路径除了正常的单位职级晋升之外，还有个人努力的途径。个人通过学历继续教育、自修和自主参加社会培训项目等方式，提升自身的职业技能水平，或实现专业领域的转型发展。现在，我国的职业技能培训机构百花齐放，从短期到长期，从家政服务技能到信息数字技术，充分适应社会的需要，年轻人及其家庭也愿意支付费用支持。在新冠疫情期间，人力资源社会保障部曾推荐了 54 家职业技能培训线上平台机构。[1]

3. 组织中的职业发展管理问题

在企业管理学中，把职业发展定义为：[2]"职业发展是组织对企业人力资源进行的知识、能力和技术的发展性培训、教育等活动。职业发展是致力于个人职业道路的探索、建立、取得成功和成就的终生的职业活动。"这其实是指企业（组织）层次的职业发展管理。从社会全局和机构单位发展两方面考虑，机构单位都应注意和支持员工的职业发展，将其纳入单位管理工作议程。

有实践工作者认为，机构组织在员工职业发展管理中存在如下问题：[3]岗位体系为"粗线条、大部制"，没有随着公司战略规划和业务发展的需要进一步细化设置；以项目经理为代表的员工缺乏完善的职业发展体系，人员晋升机制不明确，双通道的晋升体系未打通，职业发展通道不清晰，影响员工工作积极性；职级评定标准、任职资格标准缺失，致使无法科学判定岗位和人员之间的差异，进而无法科学评价薪酬差异。

在知识管理领域，有一个"边界困境"理论，指出：在知识联盟中，联盟成员在维持最大化知识共享的同时可能产生知识泄漏风险，而避免知识泄漏的风险就会阻碍知识共享。一些学者把这个理论推广到组织中的个人职业发展研究中[4]指出：职业人在最大化个人职业发展和与群体或组织中内部机会

---

[1] 人力资源社会保障部推荐 54 家职业技能培训线上平台机构，http://www.mohrss.gov.cn/SYrlzyhshbzb/dongtaixinwen/buneiyaowen/202003/t20200302_361095.html.

[2] 陆雄文．管理学大辞典［M］，上海辞书出版社，2013.

[3] 陈瑶，张杨．刍议央企 IT 企业员工职业发展管理体系［J］．当代电力文化，2022（6）：66-67.

[4] 杨付，刘军，王婷，等．中国组织情境下员工职业发展过程中"边界困境"产生机理：工作不安全感的视角［J］．南开管理评论，2019，22（6）：176-187.

主义者竞争中面临两难困境。在市场经济主导的社会中，各种组织为了获取持续竞争优势，都在积极引进诸如末位淘汰、竞争上岗、并购重组等激烈的竞争机制，这导致员工之间及员工与组织之间的关系发生了重大扭曲，员工的就业状况变得越加不稳定，提高了员工对失去工作或造成工作利益损害的可能性知觉，带来强烈的工作不安全感。[1]在学术人员职业发展中存在类似的困境。稿件投出去就意味着研究成果向社会公开，如果不能及时被录用，则既失去了发表的机会，学术思想还可能被他人抄袭。学术成果如果不能及时发表，就既面临失去成果所有权的风险，还影响未来职业前途。所以，快速拥有学术界的地位和稳定的成果发表渠道对学术人是非常重要的。但是，作为机构单位管理者，对于员工之间的恶性晋升竞争必须严肃对待，期望靠员工竞争提高绩效的做法不是最优的管理制度，也不是公平合理的管理理念。

在当前社会中，35 岁是求职找工作的一道坎，正如一句顺口溜所说："上有老，下有小，找工作嫌你老，想退休嫌你小。"有些单位在分析问题时，把不断增大的员工平均年龄看作是严重的问题，提出员工年龄要年轻化。对此要正确认识员工队伍的年轻化课题。我国已走向老龄化社会，全国居民的平均年龄必然趋向增大，无可避免，大多数机构单位的员工队伍平均年龄也必然趋向增大。在这个背景下，是阻碍招聘大年龄员工还是积极作为应对大龄化挑战，是企事业单位必须面对的战略挑战。根据第七次人口普查结果，我国人口目前的平均年龄是 38.8 岁，那么当一个中型企业的员工平均年龄为 42.3 岁时是否不正常呢？更需注意的是，此时的高学历人员比例正显著提高。[2]

4. 国家职业发展支持体系

国家职业发展支持体系主要包括两个方面：一个是教育体系，一个是职业技能资格体系。

我国的教育体系包括学历体系和非学历体系。非学历体系包括学前教育体系和继续教育体系。非学历继续教育体系比较庞大，可以分为三个部分：

---

[1] 杨付，张丽华．团队沟通、工作不安全氛围对创新行为的影响：创造力自我效能感的调节作用［J］．心理学报，2012，44（10）：1383-1401.

[2] 刘云霞．国有企业如何建立员工职业发展通道［J］．现代企业文化，2022（18）：133-136.

党政体系、企事业单位体系和社会培训体系。我国党政培训教育具有完整的体系，一是干部的定期培训和专项培训，二是新入职或新晋升干部的培训。这样的职业培训体系既提高了我国党政干部的职业素质，也促进了个人职业发展。企事业单位对员工的职业培训包括委托学历教育、委托专项培训（委托高校或社会专门培训机构对本单位的人员进行特定方向的专业技能或知识培训）和内部在岗培训。

我国的学历教育体系除了普通中小学教育和高等教育外，还有中等学历职业学校、开放大学教育、自学学历教育。普通中小学教育是基础素质教育，而包括专科教育在内的各类高等教育都是职业教育范畴。无论是基础素质教育还是职业教育都要为毕业生就业准备相关职业知识和技能。专科学生升本、本科学生考研、硕士研究生考博都是为了更好的职业发展。

我国的职业资格与职称体系存在已久。改革开放后，首先，重建了教师和其他专业技术人员职级体系；其次，重建了军人军衔与职级体系；再次，改革了党政干部职级体系；最后，建立了一系列职业资格技能认证制度。随着改革的不断深入和实践经验的持续积累，我国职业资格体系越来越全面系统。大学教师的职称评审逐渐下放给学校，学校的自主权不断增强。一部分职业的职业资格认证采取了考试模式，如医师资格、计算机技术与软件专业技术资格、财会人员专业资格等考试体系，但是，具有资格的专业人员是否被工作单位聘为相应的岗位职级则是机构单位的权责，这就是所谓的评聘分离制度。现在，在公务员的职业发展通道中，除了行政级别的晋升途径外，也建立了职级通道。2014 年 12 月，中共中央办公厅、国务院办公厅印发了《关于县以下机关建立公务员职务与职级并行制度的意见》，2019 年 3 月中共中央办公厅印发了《公务员职务与职级并行规定》，新制度打开了基层单位公务员职业发展的天花板，使公务员的待遇具有了充分的发展空间。

2016 年，中共中央办公厅、国务院办公厅印发了《关于深化职称制度改革的意见》（以下简称《意见》），对全面规范各类从业人员的职业认定提供了政策指导，使职称制度改革走向完备化。《意见》提出："以职业分类为基础，统筹研究规划职称制度和职业资格制度框架，避免交叉设置，减少重复评价，降低社会用人成本。在职称与职业资格密切相关的职业领域建立职称与职业资格对应关系，专业技术人才取得职业资格即可认定其具备相应系列和层级的职称，并可作为申报高一级职称的条件。初级、中级职称实行全国统一考试的专业不再进行相应的职称评审或认定。”

三、职业发展分析[1]

职业种类体系的形成发展是社会分工发展的结果。在原始人类社会中，几乎不存在稳定的分工秩序，除了老弱病残外，每个人什么活都能干，且都必须干。随着三次社会大分工的形成，社会的职业体系逐渐形成。

1. 职业体系的发展

远古时期，人类最初的生产活动主要有采集、狩猎、捕鱼，每个人都是多面手。后来出现了饲养业和种植业的专门化，形成了畜牧业和原始农业，于是有了畜牧职业和农民职业。然后，社会单位逐渐扩大，对生产工具、建筑、武器和日用品的需求日益庞大，需要专门的人员生产供给，于是有了手工业人，职业的种类越来越精细。随着部落间交换的需要和货币的出现，人们发现可以从专门的交换中介活动中获得财富，于是商人职业就出现了。

在古代，生产同一类产品的生产单位形成一个行业，因为生产技术单一，大多数行业掌握关键生产技术的只有一类人，也就是一种职业，因此，所谓的三百六十行就是三百六十种职业。三百六十行不是一个确数，喻言多。我国古籍中记载有酒行、肉行、米行、茶行、柴行、纸行、巫行、海味行、鲜鱼行、酱料行、花果行、汤店行、药肆行、官粉行、成衣行、珠宝行、首饰行、文房行、用具行、棺木行、针线行、丝绸行、仵作行、驿传行、铁器行、玉石行、顾绣行、扎作行、皮革行、网行、花纱行、杂耍行、鼓乐行、故旧行、陶土行等。这些行业有些是专指销售者，有些包括制作者。

产业革命以后，在畜牧业、种植业、手工业、商业发展的同时，纺织业、交通业、机械制造业、冶金业、化工业、造纸业、通信业、广告业、教育业、科研业、医疗业、金融业、保险业等各行各业迅速发展起来，新职业成千上万，出现了前所未有的职业体系大发展。在当代市场经济中，技术日

---

[1] 齐经民，刘新建，等．职业经济解析：国计民生基本问题研究［M］．北京：经济科学出版社，2018：261-267.

新月异，生活日益丰富，新的职业层出不穷，老的职业大量消失。从 2004 年至 2009 年，我国政府职能部门发布了十二批 122 个新职业，2019 年至 2021 年又发布了四批 56 个新职业，2022 年发布了新版《中华人民共和国职业分类大典》。2020 年，人力资源社会保障部发布《关于持续开展新职业信息征集工作的通告》，决定每年向社会发布新职业信息。

2. 职业体系发展的影响因素

职业体系在多种原因共同作用下发生变化。社会的节奏越快，职业体系的变化也越快。在普适新技术的爆发时期，变化更剧烈。下面讨论引起职业体系变化的八种因素。[1]

（1）科学技术进步

科学技术进步导致职业分化发展与新职业产生。指南针的发明，推动了航海业的发展，诞生了水手和船长等职业；印刷术的发明，推动了造纸业的发展，诞生了造纸相关工种和职业；电的发明，不仅改变了人类的照明和动力方式，而且诞生了近现代通信业，形成了电话业和电报业，还带动了电力、电影、电视、计算机等一大批新兴行业和相关职业。现代化通信技术的发展，不仅诞生了新的通信技术职业，还淘汰了一批老的职业。因此可以认识到，科学技术是推动职业生成与发展变化的最强大因素。

（2）生活需要变化

科学技术进步不仅改变了生产方式，而且改变了生活方式。人类生活的衣食住行娱随着时代而变化。古代，陶瓷器提供人们的生活用具，反过来促进陶瓷职业的发展；金银铜铁锡技术的发展不仅提高了生产率，也改变了人们的生活方式，为此催生了金匠、银匠、铜匠、铁匠、锡匠等一连串相关职业；豆腐技术的发明催生了豆腐师傅职业；家具的需要促进了木匠职业的发展；娱乐文化的需要催生了各种艺人职业。

职业随着人们的生活需要应运而生，当人们的生活需要发生了变化，职业也随之变化。管家曾是古代社会的重要职业，在现代社会已基本绝迹。在 21 世纪初期，随着我国人民生活的富裕，大操大办婚礼成为流行风尚，于是婚庆职业近些年发展迅速。但是，随着社会风俗的变化，红白事简办成

[1] 齐经民．职业经济学（第二版）[M]．北京：经济科学出版社，2004：69-72.

为风尚，这个职业也可能消失。在快节奏生活的今天，快餐业和电商快速发展，外卖员和快递员成为大众职业，但未来，家政机器人和无人驾驶技术的发展可能使这些职业萎缩甚至销声匿迹。

（3）分工发展

职业的划分和分离就是分工。历史上的三次大分工使畜牧业、种植业、手工业、商业分化发展起来，形成了三大类职业。在分工中，个人被相应地限制在特殊职业范围内。[1]

在公元前 12 世纪至公元前 8 世纪的希腊“荷马时期”，手工业开始同农业分离，铁匠、瓦匠、皮革匠、木匠、陶工等许多手工业者产生了。[2]而在中国商代前期，铸铜、制陶、制骨等手工业不仅已从农业中分化出来成为独立的生产部门，而且在各行手工业内部也有一定分工；到了后期，手工业更大规模地从农业中分化出来，也从旧手工业中分裂出新行业。从考古发掘资料来看，其专业有青铜冶铸业、制陶业、兵器制造业、骨器业、玉石工艺业，还有皮革、竹木、舟车、建筑等。各种工匠见之于文献记载的有陶工、酒器工、椎工、旗工、绳工、马缨工等，每个专业生产部门中还有更细的分工，如青铜冶铸工艺就有采料、配料、冶炼、制模、制范、浇注、修整等一系列程序和分工。周代手工业在商代基础上又有进步，种类增多，分工更细致，号称“百工”。[3]

到了近现代，劳作分工更加精细，职业种类更加分化。显然，分工有利于促进职业生成与职业分化发展。分工在提高效率的同时，也对人的全面发展造成了损害。

（4）交换发展

交换既是分工的结果，同时反过来促进分工发展，加快职业体系的发展。人们在交换中发现，通过交换可以得到自己需要的东西，并从中获利，用不着样样都自己劳作，可以选择从事对自己更有利的某一项专门劳作的职业。依着互通有无、互相交易的一般倾向，把各种才能所生产的各种不同产物结成一个共同的资源，各个人都可以从这个资源购取自己需要的别人生产

[1] 马克思. 资本论（第一卷）[M]. 北京：人民出版社，1975：389.

[2] 李纯武，等. 简明世界通史（上册）[M]. 北京：人民教育出版社，1981：88.

[3] 杜石然，等. 中国科学技术史稿（上册）[M]. 北京：科学出版社，1982：56-57.

的物品。[1]

通过物品和劳动交换，个人可以根据自己的体力、智力、经验及可以支配的资源，选择从事最适合自己的职业，获取较大的收益。不考虑资本的中介作用，经济交换的本质是劳动交换。

（5）劳动资料发展

科技进步催生劳动资料的改进或发明，新型劳动资料的出现要求新的劳动技能，从而催生新的职业或老职业变革。如火车、汽车、轮船、飞机等交通工具的发明创造，极大改变了交通运输业，既形成了一大批制造业职业，又诞生了一批新驾驶职业。

（6）职业联系的改变

在一个社会中，各种职业活动相互合作，形成了有机联系。当一种职业发生变化时，相关联的职业也会跟着发生变化。以商业为例，商业是在畜牧业、种植业、手工业等职业劳作有了剩余产品的基础上形成的；而商业活动的发展又促进了广告业的产生，同时还要求改善交通运输业；交通运输业的发展要求修路筑桥，还要求改善交通运输工具，这就要求建筑业、制造业等相关产业的发展，新兴产业的发展就要求众多专门职业的发展。

（7）社会规范的变化

社会规范是指国家或社会组织制定的法律、规章等制度规则。法律、条例、标准等规范对职业形成与发展具有很大的强制作用。如法律明文规定，不准毒品买卖，因此，毒品制造和贩卖不可能成为社会的合法职业。

（8）环境与资源变化

环境与资源是人类社会经济发展的基础，也是职业活动的条件。环境与资源条件的变化必然影响和改变社会职业体系。比如，一个地区因为资源而繁荣，聚集了大批人口，那么，当资源枯竭时，相关职业就会消亡。

大庆市是我国因资源而兴的新型城市，由于石油开采技术不断进步和经营得当，保持了持续的繁荣发展，并且在未雨绸缪可持续发展思想指导下，旅游等新的产业正在兴起，新的职业群体不断涌现。而另一个因石油而兴的城市——甘肃省玉门市，因为资源枯竭，人口从最多时的 11 万锐减到现在

---

[1] 〔英〕亚当·斯密.国民财富的性质和原因的研究［M］.郭大力，王亚南，译.上卷，上海：商务印书馆，1972：16.

的3万,一大批职业在本地消失。日本长崎的军舰岛因海底煤炭资源丰富曾是世界人口密度最高的地区之一。1960年以后，随着资源的枯竭以及经济的萧条，三菱公司于1974年正式宣布关闭这里的煤矿，现在已荒无人烟了。

四、职业发展趋势❶

随着科学技术的进步和社会生产力的发展，职业种类也在发生着显著的变化。虽然有些职业种类消失了，但是到目前为止的发展总体都是朝着越来越丰富多样的方向发展。在未来，人们都能接受最好的教育，不再有脑力劳动者和体力劳动者的区分，都以脑力劳动为主，大多数人都可以在不同工种的岗位之间快速转换，因此，未来社会的职业种类将会趋向减少。

1. 服务业发展与职业发展

服务业成为发达社会的主导产业已经是人们的共识。职业活动的本质就是服务。因此，现代服务业的发展必将深刻影响社会职业的发展。

区分服务发展和服务业发展是重要的学术问题。在学术研究中，不少文献混淆使用劳务与服务概念。人们长期争论生产性劳动和非生产性劳动，是对服务作为产品的性质认识不清楚的表现。因此，对服务及其相关概念需要从底层逻辑上解释清楚。

马克思指出：❷“服务无非是某种使用价值发挥效用，而不管这种使用价值是商品还是劳动。”马克思这句话算是对服务的一个定义，❸但从语义逻辑上并不严谨。在汉语中，服务可以作为过程，是一种活动，也可以作为一种产品，是活动的结果。作为服务业产出统计的服务应该是指产品，但是，对于产出的统计方法，由于不同服务的不同特性，有些是从过程统计，有的是从效果统计，这就如劳动的计酬形式，有的是计件工资，有的是计时工资。

---

❶ 本节内容是在关于服务业发展与产业革命的研究基础上发展延伸而来。参阅：刘新建．生产性服务业发展与产业革命论［OL］. CSTR：32003.36.ChinaXiv.202301.00025.V1.［2023-06-24］.

❷ 马克思．资本论（第一卷）［M］. 北京：人民出版社，1975：218.

❸ 马克思在另一处的说法是：“商品借以成为使用价值、成为消费对象的这种作用，可以称作商品的服务，即商品作为使用价值提供的服务。”（马克思恩格斯全集：第十三卷．人民出版社，1998：25）.

马克思定义的使用价值是事物具有的某种属性，其蕴含于事物之中；效用是使用价值这种属性发挥出来在对象上产生效果的现象。作为使用价值的拥有者必然是某种事物，因而马克思定义的后半句话就不通，因为这里的商品或劳动不是使用价值本身，而是使用价值的拥有者。

活动的结果产出是产品时，可以出售或被使用，但活动的效果如果直接体现在活动对象身上，则这种对象如果是物就会形成新产品或使老产品发生变化；如果对象是人，则活动的产出就可以两种形式记录——一种是直接以对象即人的或显或隐的某种变化来记录，一种是以活动的量记录。产品在其生产出来时应该归生产者所有。与物质产品相比较，服务产品的所有权在其生产出来的瞬间就转移给了消费者，并被即时消费，无法储存。商品和劳动本身不是使用价值而是使用价值的载体，它们具有使用价值，其使用价值被发挥出来的过程就是商品和劳动提供服务的过程。以此来看，作为过程的服务和作为产品的服务在时空上具有统一性。

简而言之，说某事物提供服务，就是其被使用。广义地看，任何东西——物体、场、信息和思想、概念、理论——被某一个过程使用时，就可以认为该东西提供了服务。机器被用来加工零件，机器提供了服务；电力用来加热食品，电力提供了服务；光用来照明，光提供了服务；情报用来作出决策，情报提供了服务；思想、概念和理论被用来思考，思想、概念和理论就提供了服务。

物（广义的，即事物）能提供服务是因为物具有某种功能或能力。服务的过程就是功能或能力发挥的过程。根据上面对服务的定义，功能或能力被使用也可以说功能或能力提供了服务。人们的劳动能力被使用，用于生产产品、用于帮助他人甚或自己进行消费，人们的劳动能力就提供了服务。在劳动能力提供服务这件事上，劳动能力总是附着于人的躯体上，也可以说，躯体提供了服务。劳动能力的使用是一个过程，消费者从这个过程获得其效用，所以，也可以说，这个过程——劳动提供了服务。所以，在同一个服务产品的提供中，其生产活动的承担者包含了三个层次：物质承担者、生产能力和生产活动本身，三者都是服务的提供者，是一个统一体。这个服务的使用价值就是改变服务对象。服务对象可以是人或物或二者组成的任何事物。如果服务对象是人，那么，形成的改变对服务对象来说是希望的还是不希望的，则是另一个问题。在市场经济下，如果对象购买了服务，一般来说，这种改变就是对象希望的。

当服务的需求者是人时，可能存在二重服务对象——直接服务对象和间接服务对象。比如，一户家庭购买了房屋清洁服务，那么，清洁服务的直接对象是房屋，而人享受的是房屋提供的服务。这样，人就是一个清洁服务的间接对象。

在现代社会中，人们获得的服务一般是由若干事物的协同共同完成的，所以，人们从社会中获得的服务与一般产品一样，是由一个过程生产出来的。旅客在宾馆得到的服务是由宾馆建筑、电力、空调设备、电脑、网络、家具、工具等物质条件以及前台人员、客房服务员、电工、清洁工等人员的协同完成的，是由一系列单个过程组成的复合过程。因此，服务作为一种产品不宜被称为劳务。

为了区别，可以把单个事物提供的服务称为元服务，把若干事物协同提供的服务产品称为复合服务。二者一般都简称为服务。

在一般人的概念中，服务直接等同于人的劳动，这是不准确的。如现代无线通信服务，人们直接获得的服务是由电磁波提供的。[1]除去附加服务，房屋租住者直接获得的服务提供者是建筑物。

基于以上认识，现在给“服务”下一个定义：当事物甲对事物乙发生作用，如果作用的效果是人类所希望的，就说，事物甲对事物乙提供了服务。如果事物乙是某个人或人的集团所拥有或享用，则可以说，事物甲对这个人或人的集团提供了服务。事物甲和乙可以是许多事物的复合体。

这个定义特别强调了人的主体性，没有人，则无所谓服务的存在。作为经济活动的产品的服务，其提供者事物甲必须是人或人的集团，或者归人或人的集团所拥有。当事物甲只有一个人时，其服务就是劳动，属于元服务。

在经济统计学中，产业是由生产同类产品的生产单位组成的集合。定义“同类”范畴的属性越多，一个产业包含的产品种类就越少，产品的同质性就越强。根据产品的存在形式，可以把所有人类生产的产品分为物质性产品

---

[1] 如果认为电磁波由手机产生，归手机使用者所有，那么，电信公司提供的是电磁波传输服务，其直接提供者是相关机器设备。

和服务性产品。[❶] 物质性产品可以被储存，服务性产品是在生产的同时就被使用。[❷] 但是，必须注意，实际应用研究中使用的产业概念是一个模糊概念，即不同产业类别的界限存在交叉。实际应用研究中的服务业的边界也可能是模糊的，即其中同时包含了物质性产品。比如，宾馆及餐饮业一般被划到服务业，但是，顾客的消费同时包含食品、饮料、水、电等物质性产品。[❸]

服务作为产品的计量存在一定的困难。根据服务的供求关系特征，有的服务是以提供者的活动时间或活动次数计量，如理发是以既定类型理发的次数计算，小时工是以服务的时间计算；有的是以服务对象物的变化量计算，如运输是以吨公里计算，小麦机收服务是以收割的面积计算；有的服务是与商品混合计算的，如餐饮服务的价格包含食物和用品的费用；有的服务则难以计量，因为其效果是无形而隐蔽的，如公共行政服务的总量无法统计，不仅因为 8 小时工作制是不严格的，而且因为其活动强度和服务质量无法保证，许多产品最终无法确切体现（如国防和社会治安）。

根据服务的定义，职业活动中的职业人提供的就是一种服务，属于元服务。职业人相对于其工作的机构提供的就是服务，而机构的产品不论是物质产品还是服务产品，都是由整个机构的整体运动生产的，即多种类职业人合作联合生产的。

2. 产业革命理论

影响职业的诞生与消失的最根本因素就是技术进步。技术进步形成技术革命，技术革命引发产业革命。技术革命和产业革命都将催生新的职业，并使一批老的职业消失。产业革命理论是描述人类社会生产力进步规律的科学认识成果。考察技术革命和产业革命发展的历史规律可以为职业发展的历史

---

❶ 这里没有直接称“物质产品”和“服务产品”是因为：（1）虽然在哲学上电磁场也是物质，但物理文献中通常将场与物质并列；（2）现代经济中，售后服务是生产者对其产品使用者提供的一项重要附加产品，虽然名义上免费，但实际是与原产品捆绑在一起；（3）有大量看作服务的产品实际上是服务与物质产品的混合，如宾馆服务提供早餐。

❷ “服务一经提供随即消失”，这是亚当·斯密对服务的属性描述，马克思给予赞同（《马克思恩格斯全集》第 26 卷第 1 册［M］. 北京：人民出版社，第 152–167 页）。

❸ 这里要注意区分服务消费中对物质产品的消费与商品生产中对物质产品的消耗。比如，快递公司提供的是物件运送服务，但是，快递公司对电力及其他办公用品的消耗属于生产过程中的消耗。

趋势指明方向。

（1）生产力要素演化理论

技术是生产力的基本构成要素，但技术必须附着于一定物质之上，所以，生产力演化的历史就是技术进步的历史。

社会分工发展的前提是生产力的进步。生产力的组成要素包括生产工具、原材料、辅助材料、劳动力和组织。虽然说科学技术是第一生产力要素，但是，这个范畴是一个综合范畴。首先，生产工具、原材料、辅助材料、劳动力和组织的发展及其水平体现就是科学技术水平，科学技术内嵌和表现于这些要素之中。其次，一个社会的科学技术内容不是全部都用在了生产上，还有大量处于未应用状态（仅为一种认识存在）。最后，所有生产要素在运用中形成一个体系，处于各种各样的关联中。这种关联方式也是科学技术的体现，涵盖了从微观元器件到宏观社会经济系统的大系统。在各种生产要素中，生产工具的进化具有基础性的作用，是生产率的决定因素。生产工具的飞跃性进步引起产业革命。

生产工具的进步水平涉及三个维度：动力维度、材料维度和控制维度，其发展进程也沿着这三个维度从低级到高级逐渐加速进化。表 8-2 列示了体现产业革命的重大阶段。

表 8-2　人类社会生产力发展中的重大阶段

发明物	发明时间	发明地	说明
石器	300 万年前—公元前 5000 年前	世界各地	世界各地发展的步调不一致，精准时间无法确定
铜器	公元前 4000 年左右	中国 伊拉克	根据考古发现，陕西姜寨遗址出土的公元前 4700 年前冶炼黄铜片及黄铜圆环为世界上最古老的冶炼黄铜，标志着人类初步掌握了金属冶炼技术。在幼发拉底河与底格里斯河流域出土了公元前 4000 年的冶炼青铜器，人类初步踏入了青铜时代的门槛
铁器	公元前 1510 年—公元前 600 年左右	中国	铁的冶炼虽然出现较早，但作为生产力进步标志的铁犁出现在公元前 600 年左右的春秋时期 相传，夏禹时代奚仲驯马拉车，而牛拉车更早。中国在春秋时期开始用铁犁，也开始用牛耕地
蒸汽机	1698—1776 年（历 78 年）	英国	1698 年托马斯·塞维利和 1712 年托马斯·纽科门制造了早期的工业蒸汽机，主要用于煤矿排水水泵 1776 年制造出第一台有实用价值的直线往复式蒸汽机，用于矿山排水泵
内燃机	1794—1897 年（历 103 年）	英国 德国	1833 年，英国人赖特提出了直接利用燃烧压力推动活塞作功的设计 1897 年，德国工程师狄塞尔（Diesel）首创的压缩点火式内燃机（柴油机）研制成功，为内燃机的发展开拓了新途径

续表

发明物	发明时间	发明地	说明
电动机	1821—1873 年（历 52 年）	英国 比利时	1821 年法拉第完成了电动机的原理性发明。1873 年，比利时人格拉姆发明大功率电动机，电动机从此开始大规模用于工业生产
发电机	1832—1896 年（历 64 年）	法国 德国 比利时 美国	1832 年，法国人毕克西发明了手摇式直流发电机 1866 年，德国的西门子发明了自励式直流发电机 1869 年，比利时的格拉姆制成了环形电枢，发明了环形电枢发电机 1882 年，美国的戈登制造出了输出功率 447kW，高 3 米，重 22 吨的两相式巨型发电机 1896 年，特斯拉的两相交流发电机在尼亚拉发电厂开始营运
电子管	1904 年	英国 美国	1904 年，英国物理学家弗莱明发明世界上第一只电子二极管 1906 年，美国发明家德福雷斯特发明第一只真空三极管
计算机	1930—1946 年	美国	1930 年，美国科学家范内瓦·布什制造出世界上首台模拟电子计算机 1946 年 2 月 14 日，世界上第一台电子计算机“电子数字积分计算机”（ENIAC）在美国宾夕法尼亚大学问世
互联网	1965—1970 年	美国	1969 年，美国国防部委托开发 ARPANET，首先用于军事连接，后将美国西南部的加利福尼亚大学洛杉矶分校、斯坦福大学研究学院、UCSB（加利福尼亚大学）和犹他州大学的四台主要的计算机连接起来。1970 年，ARPA 网在美国东海岸地区建立了首个网络节点。并开始向非军用部门开放，许多大学和商业部门开始纷纷接入，后由于 TCP/IP 体系结构的发展，ARPA 网在 20 世纪 70 年代迅速发展起来并演变成今日的互联网

古代社会的生产工具进步首先是从材料维度开始的。人类的农业生产工具从木材到石材，再从黄铜到青铜，最后到钢铁，都显著地提高了劳动生产率。在动力维度上，从纯粹的人力到借助简单工具——木器和石器，再到畜力，个别借助了自然力。可以认为，人类生产力的革命性发展是材料革命。

在公元元年前后人类开始使用水力做动力，中外都曾用于驱动磨盘、风机和纺纱机。水力在英国资本主义初期也发挥了巨大作用。但是，只有以蒸汽机为特征的大机器工业的出现才促成人类生产力水平突飞猛进的发展，并最终摧垮封建制度，开启资本主义社会形态的历程。[1] 特别是电力的出现，使人类社会进入了现代化阶段——电气化阶段。

当前，人类社会生产力的发展在经过信息革命之后又出现了新的革命趋

[1] 欧洲历史学界把公元 500 年到公元 1500 年称为中世纪（Middle Ages 或 Medieval Ages），是欧洲封建社会时期，而欧洲近代史在定性上普遍以资本主义的产生发展为标志，只是在具体年代上有分歧。

势，这就是人工智能的发展和能源技术革命。从电气化时代到信息化和智能化时代，是生产动力从强电控制向弱电控制、从宏观控制向微观控制进化的时代。信息革命和智能革命两者是相辅相成的。这次革命的特征是控制革命，是对人的脑力的提升和解放的革命。因此，从纵向来看，人类生产力的发展经历了从材质到动力到控制方式的三大阶段，也是从体力辅助和肢体延伸到体力替代、从器官替代到智力替代的过程。当然，后一个阶段不是对前一个阶段的否定，而是继承和进一步融合发展和利用。关于生产工具智能化代替人脑阶段的前景，现在争论还很大。

我国的四大发明对于推动人类社会生产力的发展起到决定性作用。指南针成为航海事业发展的基础技术之一，火药的使用为近代矿山开采效率的提高和道路的建设起了重大的作用，❶并被看作是欧洲文艺复兴的重要支柱之一。造纸术和印刷术是文字产生以后信息记录与备份技术的进步，是古代信息与知识传播技术的革命。

（2）七次产业革命论

产业革命的前提是技术革命或生产力革命。根据前述生产力进步三维度理论和生产力发展历史，人类的生产力革命经历了如下的阶段：三个材料革命阶段、两个动力革命阶段、一个控制力革命阶段，正在启动第二个控制力革命阶段，从而构成七次产业革命。

①第一次产业革命，由第一次工具材料革命所引发。第一次材料革命是石器制作技术的革命，使人类从旧石器时代进化到新石器时代。这次技术革命引起的产业革命经历了漫长的时期，在生产方式上催生了三次社会大分工，使人类社会从原始社会进化到奴隶社会。当然，这个时期的材料技术不仅是石器，还有木器、陶器和纤维技术（缫丝、麻布），以及建筑技术，但是，作为当时的主要产业的农业，其生产工具一直主要是以石器为主导。

②第二次产业革命，由第二次材料革命即铜器技术革命所引发。铜器技术革命不仅使人类的生产工具进化到青铜器时代，而且使得手工业和商业进一步分化和扩展。铜器技术革命通过生产力发展的积累，促进了社会组织方

❶ 火药对欧洲历史的影响历来都集中于武器发展，但是，武器不是生产力的组成部分，只有生产力进步才是推动人类社会进步的根本力量。从近现代史中也能说明这一点。核能用于原子弹不会直接推动人类社会的进步，只有用于发电和其他生产工具才真正成为人类社会的进步动力。

式的进步，使人类社会达到奴隶社会的顶峰，出现封建社会的萌芽。在这个时期，金银制品也出现了，中国瓷器技术开始发展。

铜器技术革命虽然促进了手工业和商业的巨大发展和人类生活方式的巨大进步，但是，对于处于社会主导产业的农业促进不大。

③第三次产业革命，由第三次材料革命即铁器技术革命所引发。铁器技术的出现和发展，极大地改进了农业生产技术，促进了农业经济的发展，也改进了手工业生产技术，使手工业在民间普及起来。铁器技术革命催生了封建社会形态的成熟发展，使得手工业真正在社会经济中成为一个产业。

前三次技术革命从出现到发展成熟都经历了两千余年的发展过程，在此过程中，既催生了一个产业的形成，也催生了新的社会制度。中国封建社会形态真正成熟是在宋朝时期，这时，不仅手工业摆脱官府垄断形成制度性独立发展，同时商业也成为社会的独立力量。正是由于手工业和商业组织的发展，在封建社会内部萌芽了资本主义生产方式。但是，这个萌芽只有在新的动力技术革命的时代才能催生社会革命。

④第四次产业革命，即第一次动力技术革命引发的产业革命。第一次动力革命阶段起始于水力技术的大规模应用，但是，真正引起产业革命的是蒸汽机的发明和推广使用，开始于 18 世纪后期。后来从蒸汽机发展到内燃机（1860 年），能源从煤炭发展到石油。这次技术革命使得工业成为社会经济的主导产业，资本主义社会制度在世界上占据主导地位。这个阶段，因为英国完成了社会统治力量的转换，成为工业革命的先行国家，中国则由于从明朝到清朝的倒退式换代，迟滞了 200 余年。这次产业革命是公认的历史性巨变，不仅形成了动力机器产业，而且催生了其他产业，如大规模机械运输产业：汽车、火车、飞机、轮船。总而言之，这一次产业革命极大地提高了人类劳动生产率，使剩余价值的普遍生产成为可能。

⑤第五次产业革命，即第二次动力技术革命引发的产业革命。第二次动力革命阶段是电力技术革命。发电机发明于 19 世纪前期，真正带来工业动力革命有赖于大功率电动机的发明，时间是 1873 年。电力技术不仅扩展了煤炭和石油能源的使用，而且不断开发了新的电力技术，以核能为主的新能源技术不断涌现，形成了基础性的能源产业。在这个时期，由于化学科学的发展和化工技术的发展，形成了化学纤维工业（1891 年），还出现了橡胶工业（1844 年）和塑料工业（1907 年）。

⑥第六次产业革命，即第一次控制力技术革命引发的产业革命。第一次控制力革命是电子技术革命。首先是1904年发明二极管，1906年发明三极管；其次是20世纪30至40年代研制了电子计算机，1950年发明晶体管，1958年发明集成电路，最终在1969年出现了互联网技术，使得这次技术革命的力量不断升级，在20世纪90年代形成了新经济概念。电子技术革命不仅带来了自动化产业革命，而且带来了通信技术革命，形成了电子工业，催生了软件产业、新文化娱乐产业等一系列新兴产业，改造升级了传统工业产业。

⑦第七次产业革命，将由第二次控制力技术革命引发。当前，世界正处在第七次产业革命的前夜。大家都能感受到，智能技术和智慧城市等概念正影响着各国的产业战略决策。

第二次控制力革命将以物联网技术和智能技术为核心。可以认为，第二次控制力革命的技术基础是5G及6G移动通信技术，而基础的制造技术则是从20世纪80年代诞生并持续发展的纳米技术。只有这种技术突破才能使智能控制革命实现。这次革命对生产方式的影响首先体现在无人工厂和无人店铺的出现，以及将引起人们工作方式、生活方式和社会组织方式的变革。第七次产业革命的深入发展需要高级的系统集成技术（不是芯片集成）的配合，需要从机构到社会各层面，深入发展和应用钱学森提出的以复杂巨系统问题为处理对象的综合集成研讨厅体系技术。

上述每一次技术革命对经济产业的变革都是非常基础性的作用，不仅自身形成新的产业，而且催生一系列其他新兴产业，改造传统产业，还带来了社会生产方式和生活方式的演进，所以，以它们来划分产业革命的阶段是合理的。从第一次材料革命到第一次控制力革命，六次技术革命带来六次生产力革命，也形成六次产业革命。这里强调一点，技术革命是比生产力革命更基础的概念。一次技术革命不一定引起生产力革命，但一次生产力革命必然以某种根本性技术带起。如化学纤维技术的发明引起纺织技术革命，但纺织技术革命不能算作一次生产力革命，也不是一次广义产业革命，只是某个产业领域内部的狭义产业革命。一次生产力革命引发的是一个社会发展阶段。

每一次重大技术革命都有一个发明、发展到极致的阶段。在极致阶段往往孕育着社会形态的革命，并崔生着新的技术革命。以新控制力为特征的第七次产业革命正在孕育发展之中。从产业革命的历史中也可以看到，每次生产力革命都是对人体的某个器官的延伸或解放。第七次产业革命将极大地解放人脑。

（3）第七次产业革命之后

在前述七次产业革命中，所指生产力的进步主要表现为原材料和生产工具三维度的进步。在生产力的构成要素中还包括辅助材料、劳动力和组织，那么，这些成分的变化是否会引起产业革命呢？这些因素的变化相对于生产工具技术革命都是从属的变化。辅助材料技术的变化是工具技术变化的要求并反过来加速和促进生产工具技术的完善。劳动力为了在新工具技术下工作，需要学习和接受更好的教育，并适应生产关系的变化。因此，是生产工具技术革命推动了劳动力培养方式的变革，催生了现代教育方式，将进一步引起教育组织方式的革命性变化。组织管理的变化以最大限度发挥技术效率为目的，其带来的生产率提高以生产工具能够提供的空间为限。所以，看不出这些要素变化带动产业革命的前景。

预计，第七次产业革命成熟时，社会可能实现生产的全面社会化和智慧化生产，在实业生产一线只有很少的人员，那么，大多数的人力资源将从事什么工作？人类的社会生活方式将是怎样的？基本推断是：绝大多数人将完成高等教育，而职业人的生活方式将是：工作和日常生活紧密结合，有更多的时间休闲娱乐，工作的内容以创新活动为主，产业性质以生产性服务业为主导。这种情形有些类似于当前发达国家的现代化农业。我国的农业前沿正在实现“5G+”，无人机和无人农机技术已经实现和应用。根据第一次动力革命以来产业革命的间隔周期变化，第七次产业革命可能将在今后 30 至 50 年内完成，并将孕育带来第八次产业革命的技术革命。在这个过程中，还会发生促进和完善第七次产业革命的一系列技术革命，如新能源革命、蛋白质革命、航天革命、超算革命等。第八次产业革命的内容将是三大维度的综合成果：智慧技术革命。由于材料、动力（能源）、控制方式的综合进步，人的智慧即创新思维将得到极大的延伸，出现机器生命。

3. 产业革命下的职业发展

可以看到，近代以来，每一次技术革命都产生于专门进行技术创新研究的个人或机构，这是现代生产性服务业以技术服务为主导的特征。具有催生产业革命能力的基础性技术革命，对于生产性服务业具有更大的推动或拉动作用。爱迪生在1876年建立的“门洛公园实验室”，是美国第一个工业研究实验室（俗称“爱迪生发明工厂”）。它招聘工程师，按照计划进行发明，然后将专利权出售给企业。钱学森认为：[1]“爱迪生的研究所开始了现代科学技术的时代，也就是科学技术从个体劳动转变为社会化的集体劳动的时代。”在这个时代出现了职业发明家。

除了生产性技术服务业，与产业革命紧密联系的首先是运输业和商业两大基础性生产性服务业。每一次产业革命都推动了这两个产业的革命性变化，运输工具从人力车到畜力车，再到陆海空天的运输工具，再到智能化的无人运输车，商业也从市井小摊发展到大型超市、连锁店和无人超市，未来将是无人配送商业。这种发展将使得作为一个职业的司机消失，使得售货员和营业员职业消失。其次是修理维护服务业。大型工业设备公司销售的不仅是物质产品，更是具有无限利润的售后服务。在新的技术革命下，是否还有专门的维修技师职业还不好预测。但是，即使有，对维修技师的素质要求也将大大提高。

马克思主义原理阐明，生产力决定生产关系，技术革命引起的产业革命必然要求生产方式的变革。大工业产生以后，工厂生产的组织方式必然要求跟着变化，旧的组织方式容纳不了新的生产速度和生产效率要求。著名的福特流水线生产组织方式并不是福特突发奇想的产物，而是大机器生产速度催生的产物。现代公司制度的诞生和演变也是社会化大生产的必然要求。现代管理方法也被称为管理技术，管理技术的跨越式发展也是技术革命。钱学森把系统工程的普及和应用称为一场技术革命，这场技术革命服务于第五次和第六次产业革命。管理咨询服务在现代生产性服务业中占有越来越重要的地位。可以预言，在第七次产业革命接近成熟时，生产性服务业的地位将得到进一步的提升，综合集成研讨厅系统工程方法论将服务于第七次和第八次产业革命中的经济和社会管理，人类将进入智慧社会时代。在智慧社会时代，职业的分化将会减弱，人类个体走向全面发展，全能与多能型职业人将会越来越多。

---

[1] 钱学森．现代科学技术的特点和体系结构//顾吉环，李明，涂元季．钱学森文集·卷五［M］．北京：国防工业出版社，2012：332-343.

第九章

职业文化

职业文化牵动、支配和影响职业经济活动，直接关系职业效益与职业发展、职业前景等，是职业经济的一个根本要点。在进入全面建设中国式现代化事业的新征程中，国家强调文化传承发展，[1]在新的起点上继续推动文化繁荣、建设文化强国、建设中华民族现代文明，是我们在新时代新的文化使命；要坚定文化自信、担当使命、奋发有为，共同努力创造属于我们这个时代的新文化，建设中华民族现代文明。其中，职业文化是个基本方面，深入认识和进行职业文化教育，培养具有深厚中华文化底蕴和职业文化素养的高质量人才，内容包括职业文化认识、职业文化概况、中华职业文化根基、职业文化培养等，更好地为我国新发展阶段的社会主义现代化伟大建设事业服务，为人民造福，为人类文明进步助力。

一、职业文化认识

职业伴随人生存在，职业文化是人生需要了解和掌握的一个基本方面的文化。但至今人们对职业文化研究与认知还很少，深入认识职业文化是文化认识的基本内容。职业文化是一种细分文化，明晰其定义及其认识，有助于对职业文化的界定和深入了解。

1. 文化认识基础

人们对文化已经做了不少研究，有不少看法，积累了不少认识观点，但至今还没有一致的定义和认识结果。

（1）文化定义认识观点

闵家胤在参加联合国教科文组织的“世界文化发展”项目研讨后，介绍了西方文化两千年的历史文献中相继出现的多学科文化概念，[2]主要有：哲学的定义，文化是心灵的哲学或修养；教育学的定义，文化是习得的行为；人类学的定义是文化或文明是一个复杂的整体，它包括知识、信念、艺术、道德、风俗，以及作为社会成员的人所掌握的任何其他能力和习惯；社会学

[1] 习近平在文化传承发展座谈会上强调　担负起新的文化使命　努力建设中华民族现代文明［N］. 人民日报，2023-6-3.

[2] 闵家胤. 西方文化概念面面观［J］. 国外社会科学，1995（2）：64-69.

的定义，文化是指人造物品、货物、技术过程、思想、习惯和价值观念，它们是一个民族的社会遗产，包括所有习得的行为、智力知识、社会组织和语言，经济的道德的或精神的价值系统；历史学的定义，文化指的是人类创造性所积累下来的书籍、绘画、建筑物之类的财富，为适应我们周围人类和自然环境调节方式的知识、语言、风俗，以及长期以来形成的礼节、伦理、宗教和道德的体系；生态学的定义，文化是人类同自然环境相互作用的手段；生物学的定义，文化是不同物种的组织结构和行为规范；宇宙学的定义，是指人类观察和感知世界，把自己组织起来，处理自身事务，提高和丰富生活，以及把自己安置在世界上的那种方式。他还研究指出：文化是一个进化和有机的过程，是一个相应于不断变化的条件和已经改变了的环境而不断地做适应性变化的过程，文化概念在不断地进化，出现了外延越来越宽、内涵越来越深、趋势整体性、民族平等的进化趋势。

王仲士对马克思的文化概念做了研究，把马克思的文化概念观点表达为，❶文化是人改造自然的劳动对象化中产生的，是以人化为基础，以人的本质或本质力量的对象化为实质的，它包括物质文化、精神文化、制度文化等因素，是一个广义的文化概念。

《辞海》阐释的文化有多种含义，❷可分为五个意思。广义的文化指人类在社会实践过程中所获得的物质、精神的生产能力和创造的物质、精神财富的总和；狭义的文化指精神生产能力和精神产品，包括自然科学、技术科学、社会意识形态的一切社会意识形式；有时又专指教育、科学、文学、艺术、卫生、体育等方面的知识与设施；又泛指一般知识，包括语文知识，如“学文化”即指学习文字和一般知识，对个人而言的“文化水平”即指一个人的语文和知识程度；又是中国古代封建王朝的文治和教化的总称。

曾贵研究认为，❸自1871年英国文化人类学家泰勒所下的首个学术性的文化定义以来，学术史上的文化定义可谓蔚为大观，形成了一个独特的文化定义现象。一方面，这些囿于学科分工所下的文化定义开拓了人类的文化视野；另一方面，这些文化定义过于笼统和抽象玄虚，文化成了一个类似黑格

❶ 王仲士．马克思的文化概念［J］．清华大学学报（哲学社会科学版），1997（1）：22-28.

❷ 辞海编辑委员会编．辞海（下）［M］．上海：上海辞书出版社，1999：4365.

❸ 曾贵．中西方比较视角下的文化本质探讨［J］．创新，2011（1）：116-120.

尔的“绝对精神”的概念，无所不包，更令人心生迷惑。文化定义应该超越学科视野，揭示出文化的本质内涵。就本质而言，文化是在改造世界和认识世界的实践过程中所积累的人类认知。

李德顺研究指出，❶中西辞源显现了共同的内涵，世界上给文化下定义的权威说法有200多种，没有一个公认的精确定义。说到底，文化就是“人化”和“化人”。“人化”是按人的方式改变、改造世界，使任何事物都带上人文的性质；“化人”是反过来，再用这些改造世界的成果来培养人、装备人、提高人，使人的发展更全面、更自由。“化人”是“人化”的一个环节和成果、层次和境界。“文化”这个词，无非是用一个整体性的抽象概念，给人类生存发展的这种根本方式、基本过程、基本状态和总体成果本身，做出了一个概括性的描述。

韩东屏研究认为，❷确切的文化定义应表述为：文化是人类创造力的果实。这个定义将文化限定在“人类创造力”的范围内，具有多重意味：一是意味着文化是属于人的东西，仅为人类所有；二是意味着只有人用创造力产出的东西，才是文化的体现，才是文化之物。反过来说，凡不是由人创造出来的东西，就都不是文化的体现，就都不是文化之物。因此，凡是大自然的产物，亦即所有自然之物，都不属于文化。换言之，文化不是大自然赋予人类的礼物。三是意味着文化始于人的创造，创造是文化的特质所在。四是意味着只要有创造力的果实，就有文化，而第一个创造力果实的出现，就是文化诞生的时间。五是这个文化定义将文化落脚于“果实”，意味着文化作为属于人的东西，只能是指已经定型的东西，而不是尚在变动之中的未定型的东西。因而那些人的还在运动、变化的意识、思想、行为、关系、过程之类，就都算不上是文化。

深入文化溯源可知，❸我国汉语中“文化”一词出现得比较早，可追溯至很古老的《易经》中。《易经》贲卦的《彖辞》中言曰：“刚柔交错，天文也；文明以止，人文也。观乎天文，以察时变；观乎人文，以化成天下。”后合之并用，西汉刘向的《说苑·指武》中言曰：“圣人之治天下也，先文

---

❶ 李德顺．什么是文化［N］．光明日报，2012-3-26.

❷ 韩东屏．文化究竟是什么［J］．山西师大学报（社会科学版），2021 48（6）：50-61.

❸ 参见上海古籍出版社编．中国文化史三百题［M］．上海：上海古籍出版社，1987：1-2页；张硕．文化的概念与生活文化定义［J］．南京晓庄学院学报，2014 30（2）：70-75+124.

德而后武力；凡武之兴，为不服也，文化不改，然后加诛。”晋束皙《补亡诗》中言曰：“文化内辑，武功外悠。”笔者认为：《易经》中的“文”“化”对人而言的意思是说，天造化人，分为男女，男刚女柔交错，自然生成人类，即为化人，亦即天文，乃是自然天道；人类男女共同生活，形成人类社会与国家，成为家国天下，即为人化，亦即人文，乃是人类文明。人类生活既要了解遵循天道常理，秉持天道“化人”所造就人的纯洁禀性，又要了解遵循社会法则，保持文明“人化”所传承人的优良品质。后合之并用的“文化”大体是指与“武力”相对的文治教化。

由此可知，中国文化源远流长，根基深厚，独树一帜，但还没有形成统一的认识，还需要进一步深入探究、传承和创新发展，增强文化自信。

（2）笔者文化探究

简单地说，文化是人对文化现象的认识结晶，文化认识的正确与否取决于对文化现象是否客观准确的认识反映，其中最基本的前提就是明晰文化现象。这里从文化现象着眼探究。

①文化现象。存在决定意识。文化是关于人的文化，是关于人类生活的特质和标识的概括表达，文化现象就是人类生活的客观表现。

人是在大自然的怀抱中生存的，是大自然衍生的不同于其他动物的高级生命，在自然界的人类社会里生活。人具有高智性和能动性，不仅能够认识自己及其相关的事物，而且能够遵照认识的知识和经验做好有关事宜，更好地生活。一方面，认识自然资源，选择适合自己的生存环境，从事一定的职业劳作活动，生产生活需要的食物、衣服、房屋、道路、车辆、工具等各种各样的东西；另一方面，进行吃、穿、住、学、用等各种消费活动，满足生活需要，繁衍发展进步。其中，人类发明文字，制造工具，认识自然从而使社会发展，在自然界里建立了自己的家园，使人与环境资源因素形成一个庞大的人类生存体系。人有两个基本特性和能力：一是人来源于大自然，是大自然的产儿，大自然生养恩惠于人类，赋予了人类的高智性和能动性，使人能够认识自己和外界，能够在自然界里生活；二是人能够利用认知的知识、秩序、规律，更好地生活。这种自然界中的人类生存体系就是文化对象。

②文化定义观点。自然界中的人类社会是人的生存体系，大自然造就出人，产生人类。人认识大自然与人类社会进行生活实践，秉持自然禀性，文明化人，产生文化。经过多年不断地思考和探讨，形成了阶段性的认识观点。

初步认识。在1992年版的《职业经济学》中探讨职业文明时说，[1]文明是人类认识世界和改造世界而能动生活的产物，它与愚昧落后相对称，是人类的进步状态，是积极、进步和高级的人类文化，体现和反映了人类的发展进步。在阐述文明中表达了对文化的基本看法，文化包含文明，是人的能动生活的实践作为的产物，包括吃、穿、住、用等物质文明，教育、思想等精神文明，制度、原则、条例等规范文明。

深入认识。在2016年版的《效在多方　益在多处：公民职业经济学》中探讨认为，[2]文化是人的一个认识领域，是人的理智与能动作为的产物，是人的生活特质的体现和反映。文化的实质是知识，是知识的集成、体现和表达，包括文字文化、实物文化、艺术文化与规范文化等内容，以及职业文化、企业文化、行业文化与经济文化、民族文化等多视角的划分类别。文化的作用主要有两个方面：一方面是记载、积累和传承人的生活知识，对生活进行解读与概括，存储经卷，展现人的生活阅历与进步；另一方面是集中思想，凝聚精神，引导和调控人们的生活实践，发展事业，创造文明，改善民生，美好生活。

基本看法。在2018年版的《职业经济解析——国计民生基本问题研究》中表达为，[3]所谓文化，是人在自然界的人类社会里生活的认识与实践的科学化结果，本质是科学知识，包含理念、学问、技法、用品、设施、方式、规范等。其中，这里的生活是对人们的生产活动与生活消费的概括，生产活动包含产品生产与人类自身生产，生活消费包含吃、穿、住、用、学等消费；理念主要是思想观念、精神信仰和理想追求；知识包含对大自然、人、事等认知的学问；技法主要是行为活动的技术和方法，包含生产劳作与生活消费等技法；用品主要是劳动器具与生活用品等东西；设施主要是道路、桥梁、房屋、机器设备、场地等生产生活物资；方式主要是样子、模式等行为活动的样式；规范主要是对行为活动管控的制度、法规、公约等。

从人类生活发展实践考察，可以了解到特别是在工业化发展对自然资源

---

[1] 齐经民.职业经济学（第一版）[M].兰州：兰州大学出版社，1992：125.

[2] 齐经民，郑涛，等.效在多方 益在多处：公民职业经济学[M].北京：经济科学出版社，2016：18.

[3] 齐经民，刘新建，等.职业经济解析——国计民生基本问题研究[M].北京：经济科学出版社，2018：10-11.

和环境造成严重的不良影响后，世界各国都重视了对自然资源和环境的保护性利用。我国强调坚持人与自然和谐共生，践行“绿水青山就是金山银山”发展理念，走可持续发展的资源开发利用的共同富裕之路。马克思在《1844年经济学哲学手稿》里指出，[1] 人靠自然界生活，自然界是人必须与之发生持续不断的交互的场所。

在自然界里的人与自然交互作用、年年季季、周而复始，文化呈现出自然化人—人化社会—自然化人—人化社会的循环秩序，简言之为化人—人化—化人—人化……大自然化人衍生人类，赋予人具有高级智慧和能动性，秉持“大自然母亲”的“生而不有、为而不持、主而不宰”的品德；[2] 人化社会形成家庭、国家等，遵循社会法则，保持和传承人的家国情怀和优良品质。人在与自然的交互作用中不断地深化认识自然与社会、改变提升自己、优化依附于自然社会有机体的生存方式，这是文化的生存根源与价值所在。

文化定义。文化是人在生活中认识与实践结晶的知识及其集成的科学结果，包括吃、穿、住、用、行、劳等各方面的物质文化和非物质文化的系列内容，物质文化是指文字、书画、诗词、戏曲、典籍、食物、衣服、房屋、家具和工具、机器、设施、场馆、景点、遗迹等实体成果。非物质文化是指思想、程序、软件、法规等，由不同方面的科学知识集成，融合物理、化学、生物、数学、制造、建筑、天文、地理、政治、经济、社会、行为、管理等学科知识，是知识的集成，是人的智慧转化凝聚的科学结果。

③文化体系。文化因人类生活内容的差异而被划分为多种文化。一是从主体组织大小秩序分为：民族文化、组织文化、家庭文化、个体文化等，民族文化细分汉族文化、满族文化、蒙古族文化、藏族文化、壮族文化、彝族文化等；组织文化细分企业文化、学校文化、医院文化等行业部门单位文化；家庭文化细分家教文化、家谱文化、祭祀文化等；个体文化细分言、行、举、止文化等。二是从社会功能分为：政治文化、经济文化等，政治文化细分政党文化、行政文化等；经济文化细分资源文化、行业文化、职业文化等。三是从行为特性按从大到小的秩序分为：生产文化与消费文化，又可

---

[1] 参见：国研中心专家（周宏春）：别忘了恩格斯的告诫：“不要过分陶醉于人类对自然界的胜利”［Z］. 网易研究局（ID：wyyjj163）2020；着力追求人与自然的和谐共生［Z］. 人民网，2020-2-22.

[2] 老子. 道德经（卷一）［M］. 沈阳：万卷出版公司，2009：69.

细分为生产劳作文化、人自身生产文化与生活消费文化，生产劳作文化细分农业、工业、建筑、商业、运输、教育、医疗、旅游、金融、保险、管理等行业文化；人自身生产文化也就是生育文化，细分性文化、子女抚育文化；生活消费文化细分衣、食、住、学、用、行、游等消费文化。四是从区域特点分为：世界文化、地域文化、流域文化、海洋文化等。

④文化与文明。文化包括文明，文明是文化的高级成分，在既定的社会条件下，它总是积极进步的。其中，个人的个体文明是整个文明的基础，既创造文明，又以个人或不同的组织形式表现文明。

同时，存在非文化的人生负产品，是生活无知或偏激扭曲的结果，走向愚昧、野蛮的邪路，如诈骗、偷盗、抢劫等，甚至谋财害命，对人们生活危害大。随着人类生活发展进步，非文化的糟粕、垃圾等有害的负向性东西，将会被不断地清除出去。

随着人类社会实践活动的不断发展进步，社会不断从低级形式向高级形式转化，低级社会的文化就不能反映高级社会的文明状态。在此过程中，文化不断发展提升，出现新的文明，始终持续进步。有关研究指出，[1]“文明”一词的内涵更多地与文化的精华部分相关，“文明”一词是作为文化的精华意义来使用的。

文化伴随人生，是经过持续地认识与实践检验的科学知识的结晶，文明是文化发展的轴心向量，随着人类发展进步，文化经卷长卷无限。

2. 职业文化研究认识

职业文化是一个名称概念，不是人凭空想象出来的，而是有客观对象或现象的，是对客观现象认识的概括。客观现象是认识的本源，需要明确职业文化现象，进而探究认识职业文化。

（1）职业文化现象

职业文化现象是人的职业生活或职业活动中的存在现象，[2]表现为分布在三百六十行从业者的职业活动，细分如粮农种地打粮、织工纺纱织布、筑

---

[1] 仰海峰．文化哲学视野中的文化概念——兼论西方马克思主义的文化批判理论［J］．南京大学学报（哲学·人文科学·社会科学），2017（1）：12、13.

[2] 齐经民．职业经济学（第二版）［M］．北京：经济科学出版社，2004：282-283.

工建房筑路、工人生产物品、商人经销商品、司机客货运输、教师教书育人、医生诊治病人、警察维护治安等，通过交换，各得其所，获得收益，满足生活需要，实现职业效益，涉及人的专业学习、职业配置、就业劳作、培训提高等的整个职业活动，交织着错综复杂的经济社会关系。

它有三个基本特点：一是伴随人生存在，与人的吃、穿、住、行等生活消费需要对应，是保障人们生活需要的基本活动，遍及天涯海角；二是以个人为基本单位存在，个体存在和以农场、工厂、车站、学校、医院、饭店等组织形式存在，分为三百六十行，构成国民经济体系；三是大家分工协作，分别从事种植、养殖、纺织、建筑、制造、运输、商贸、教育、医疗等各种职业，供给和满足人民生活需要，为人民服务。

（2）职业文化认识观点

人们对职业文化的关注和研究很少，对职业文化的定义和表达的认识也不一致。

王文兵、王维国研究认为，❶职业文化是人们在长期职业活动中逐步形成的价值观念、思维方式、行为规范以及相应的习惯、气质、礼仪与风气。它的核心内容是对职业使命、职业荣誉感、职业心理、职业规范以及职业礼仪的自觉体认和自愿遵从。

唐骏、唐博研究认为，❷所谓“职业文化”，可以作如下表述：职业文化是以社会主义精神文明为指导，以职业人为主体，以社会职业为基本的内涵，以追求职业主体正确的职业理念、职业态度、职业道德、职业责任、职业价值为出发点和归宿而构建的文化体系。

董显辉研究认为，❸职业文化概念有广义与狭义之分。狭义概念经常被用于指某一具体职业，如教师、医务人员的职业文化等；广义概念指在多种现代性职业中形成的具有普适意义的职业文化，具体包括职业道德、职业精神、职业纪律和职业礼仪等。

杨柳研究认为，❹职业文化是社会文化的有机组成部分，是职业人为更好地履行职业责任和提升职业生活品质，在长期的职业岗位实践中创造出来

---

❶ 王文兵，王维国．论中国现代职业文化建设［J］．中共长春市委党校学报，2004（4）：71-73.

❷ 唐骏，唐博．论职业文化的构建［J］．企业家天地，2009（10）：70-72.

❸ 董显辉．职业文化的内涵解读［J］．职教通讯，2011（15）：5-9.

❹ 杨柳．人的全面发展视域下的职业文化建设［J］．高等教育研究，2013 34（7）：45-49.

的以价值观念和制度规范为核心的文化样式。职业文化可以从广义和狭义两方面来看：广义的职业文化是指涵盖现代社会众多职业、为广大职业人所普遍遵循的价值观念和行为规范；狭义的职业文化是指独特或相近职业的职业人应遵循的价值观念和行为规范。

这些对职业文化探讨的认识观点，从形成、构建、广义与狭义等多种视角做了探讨，表达各异，从职业文化现象来看，尚需全面深入地进行研究探讨。

（3）笔者职业文化探究

对职业文化的关注与研究是经过多年逐步深入的认识过程。

初步认识。在 1992 年版的《职业经济学》一书中表达认为，[1]职业文化是各种特点的职业现象的总和，包括职业者的思想意识、知识和技术以及职业行为方式等，既包括积极的进步的高级的职业因素，也包括消极的落后的低级的职业因素。在 2004 年第二版《职业经济学》里的“职业文化”中指出，[2]考察职业文化现象可知，职业文化是从业者从事职业活动的思想理念、知识技艺、方式、能力与创造的物质、精神、规范的总和，主要内容有职业思想意识、职业目标、职业经营方式、职业行为规范、职业设施与环境、职业形象与精神、职业知识创新和职业文明。

深入认识。在 2016 年版的《效在多方　益在多处：公民职业经济学》一书中研究认为，[3]职业文化是文化的一个细分内容，是从业者的职业活动作为的结晶，包括职业要素及其活动方式等知识集成、体现和表达，是一个极其重要的文化认识领域，遍及各种职业活动，反映人们职业劳作的状态与进步程度，对人们的生活影响巨大。先进的职业文化促进改变人生、和谐社会和美化世界。

基本看法。笔者在 2018 年版的《职业经济解析——国计民生基本问题研究》一书中表达为，[4]所谓职业文化，就是对在自然界里的人们职业活动的认识与实践的科学化结果，含有职业理念、从业知识、从业技法、从业器

[1] 齐经民．职业经济学（第一版）[M]．兰州：兰州大学出版社，1992：125-126.

[2] 齐经民．职业经济学（第二版）[M]．北京：经济科学出版社，2004：282-297.

[3] 齐经民，郑涛，等．效在多方 益在多处：公民职业经济学 [M]．北京：经济科学出版社，2016：18-19.

[4] 齐经民，刘新建，等．职业经济解析——国计民生基本问题研究 [M]．北京：经济科学出版社，2018：12-14.

具、从业方式、职业规范等，其中，这里的职业活动是人们就业从事的种植、养殖、畜牧、建筑、制造、加工、交通、信息、教育、医疗、旅游、治安、管理等三百六十行各行各业的从业活动；职业理念主要是从业思想观念与理想追求；从业知识主要是从事职业的业务活动学问，以及出行、住宿、交流等公共知识；技法主要是从业作为的技术和方法；器具主要是职业劳作设施、机器和工具等东西；从业方式主要是职业形式、作业模式等职业样式；职业规范主要是对职业行为活动管控的制度、法规、公约等。

职业文化定义。所谓职业文化，是从业者在职业活动中认识与实践结晶的知识和集成的科学结果，包括种植、养殖、畜牧、建筑、制造、加工、交通、信息、教育、医疗、旅游、治安、管理等三百六十行职业领域中的物质文化和非物质文化，职业物质文化是指反映职业作为的书画、诗词、戏曲、典籍、食物、衣服、房屋、家具和工具、机器、设施、场馆、景点、遗迹等物质文化，职业非物质文化是指反映职业作为的思想、程序、软件、法规等非物质文化，由不同方面的科学知识集成，融合物理、化学、生物、数学、制造、建筑、天文、地理、政治、经济、社会、行为、管理等学科知识，是职业知识的集成，是从业者的智慧转化凝聚的科学结果。

职业文化细分为种植职业文化、养殖职业文化、畜牧职业文化、建筑职业文化、制造职业文化、交通职业文化、信息职业文化、教育职业文化、医疗职业文化、旅游职业文化、治安职业文化、管理职业文化等三百六十行各种职业文化，总体就是职业文化体系。

（4）职业文化与职业文明

职业文化包括职业文明，职业文明[1]是职业的进步状态，包含职业者的思想意识、劳动手段、劳动方式、管理规范等。它是作为积极的进步的高级的职业文化而存在的。职业文化既包括积极的进步的高级的职业因素，也包括落后的低级的职业因素。随着人类生活实践活动的不断发展进步，低级职业文化不断被高级职业文化取代，形成新的职业文明。

同时，作为从业活动副产品的非职业文化，如生产经营伪劣产品等歪门邪道，是自私自利的极端反映，损人利己，损公肥私，对人民生活危害较大，随着人类文明进步，将被不断地清除。

---

[1] 齐经民 . 职业经济学（第一版）[M] . 兰州：兰州大学出版社，1992：125-126.

职业文明作为人们向往美好生活的追求，互为、互利、互益，合理追求实现和提高职业效益，“效在多方、益在多处”，促进人民美好幸福生活。

（5）职业文化价值

职业文化价值具有多方面意义：一是标识职业活动地位。职业文化是关于人生的生产劳作与生活消费的两大文化之一，体现和反映生产劳作状态，决定三百六十行乃至国民经济与社会发展，关系整个人民生活水平，见表9-1。[1]二是存储展现职业作为。职业文化以一定的语言、文字、图形、形象、文件、书籍、器具、设施、服装、影像、景观等为媒介或载体，记载、积累和传承职业活动的职业知识，认识、描述、概括和表达职业活动，存储经验，展现人们的职业作为。三是激发创新发展职业文明。有史以来，人类世代从业为生，传承发展进步，积累了大量丰富多彩的职业文化财富，人的理智和能动的文明本性驱使激发当代从业者按科学文明的轨迹从业经营，传承、创新和创造文明，引导和调控人们的职业实践，天人合一，发展职业文明。四是促进从业者美好幸福生活。人们总是希望一代更比一代强，突出地表现在职业领域，子承父业或开发创造，在先人积累的职业文化基础上不断发展进步，进一步改善和美化职业环境，生产更加丰富的产品，创造更多财富，促进富裕美好的幸福生活。

表9-1　2019年与2001年比较就业的职业人员价值创造的增值贡献（人民币）

内容	2001年	2019年	增额/元	增长率/%
人口（万）	127627	140005	12378	9.7
就业人员（万）	73025	77471	4446	6.1
国内生产总值（亿元）	95933	990865	894932	932.9
第一产业增加值（亿元）	14610	70467	55857	382.3
第二产业增加值（亿元）	49069	386165	337096	687.0
第三产业增加值（亿元）	32254	534233	501979	1556.3
人均国内生产总值（元）	7517	70892	63375	843.1
城镇居民人均可支配收入（元）	6860	42359	35499	517.5
农村居民人均可支配收入[2]（元）	2366	16021	13655	577.1

资料来源：国家统计局，以及根据国家统计局有关数据计算。

[1] 中华人民共和国2001年国民经济和社会发展统计公报［R］. 国家统计局，2002-2-28；中华人民共和国2019年国民经济和社会发展统计公报［R］. 国家统计局，2020-2-28.

[2] 2001年的统计名为“农村居民人均纯收入”，2014年起统计名改为“农村居民人均可支配收入”至今，作为与城镇居民人均可支配收入的统一称谓，含义没有变化，都是指扣除价格因素，是农民获得的实际可支配的纯收入。

表 9-1 显示，从 21 世纪初期的 2001 年到 2019 年近 20 年，我国经济稳步发展，逐步富裕起来。从 2019 年与 2001 年比较就业的职业人员价值创造的增值贡献情况，可以了解到三大产业的从业人员创造了巨量的财富，表现为粮食、棉花、牲畜、油料、水产、木材、水泥、矿物、钢铁、机器、电器、化肥、药物、公路、桥梁、汽车、轮船、飞机、拖拉机、电脑、机器人、手机等，以及教育、医疗、金融、保险、旅游、治安、行政管理等劳务的各种各样的形式。这既是职业劳作的物质产品和劳务产品，又是职业文化的生动表现形式。职业者是财富的生产者、是富民强国的劳作者、是职业文化的创造者。

可以发现，在总人口与就业人口方面，相对于财富的价值创造增量与增长率，我国 2019 年比 2001 年的增加额并不大、增长率不太高，分别是 12378 万人、9.7% 与 4446 万人、6.1%。而在国内生产总值与细分的三大产业增加值、人均国内生产总值、城镇居民人均可支配收入、农村居民人均可支配收入等方面，都有大幅度的增加与增长。特别是国内生产总值增长近 10 倍，第三产业增长超过 10 倍，城镇居民人均可支配收入、农村居民人均可支配收入都有大幅度的大体相当的增长幅度，富民强国成效显著。

还值得强调的是，尽管 2020 年以来受疫情等影响，仍保持了稳定发展，中国经济带动了世界经济的复苏和发展。有关研究指出，[1]2022 年 10 月的世界银行报告显示，2013 年至 2021 年，中国对世界经济增长的平均贡献率达 38.6%，比七国集团（G7）成员国贡献率的总和高 12.9 个百分点。国际货币基金组织（IMF）总裁格奥尔基耶娃说，[2] 中国经济正强劲反弹，预计今年中国对全球经济增长的贡献率将达到三分之一左右，为其他国家发展注入动能。

二、职业文化概况

职业文化作为人的职业作为的知识结晶，人自古以来就在职业劳作中接

❶ 徐秀军 . 为世界经济复苏提供中国动力［N］. 光明日报，2023-3-13.

❷ 潘丽君，杨士龙 . 共话中国经济新机遇 IMF 总裁：今年中国对全球经济增长贡献率将达三分之一［Z］. 新华网，2023-3-13.

续发现、发明、创造与创新，实践呈现精彩，这里以人及其职业为线索简要概括。从远古到清末的我国古代、民国时期到新中国时期，历经数千年时代更迭。但职业文化贯通始终，职业杰作留痕，积累了大量文化宝藏，职业文化呈现出不同的发展状况与阶段性特点。

1. 中国古代职业文化概要

古代时期（远古—1864 年）比较漫长，经历了民族纷争和融合发展过程。中华民族一统天下，古代职业文化丰富多彩，如指南针、火药、造纸术、印刷术、地动仪等都是世界首创。多方面领先世界，为人类做出了很大贡献。见表 9-2，其中，指南针的发明者无确认的当事人，一般认为是多人所为，这里表达为“古人”，“职业”栏目内容分职业名称或业务名称等，“作为”栏目内容分作品、成就等，“地位”栏目内容分民族、国家和世界的不同方面和层次。

表 9-2 中国古代职业文化示例

姓名	时代	职业或业务	作为	地位
老子	春秋	守藏史	道德经	世界首创
孔子	春秋	司职吏等	四书五经	世界卓越
古人	战国	磁石研磨	指南针	世界首创
嬴政	秦代	皇帝	统一中国	首个皇帝君主
李少君等	西汉	冶炼	火药	世界首创
卫青	西汉	大司马大将军	抗击匈奴保家卫国	民族英雄
张衡	东汉	太史令等	地动仪	世界首创
蔡伦	东汉	中常侍等	造纸术	世界首创
华佗	东汉	医疗	医术	世界经典
贾思勰	北魏	高阳郡太守	齐民要术	世界经典
韩愈	唐代	监察御史	师说	民族经典
杜甫	唐代	兵曹参军等	古典诗歌	民族经典
毕昇	北宋	书肆刻工	印刷术	世界首创
岳飞	南宋	宣抚使等	抗击金军保家卫国	民族英雄
王守仁	明代	两广总督等	知行合一	民族经典
李时珍	明代	药工等	本草纲目	世界首创
徐光启	明代	礼部尚书等	农政全书	民族经典
宋应星	明代	教谕等	天工开物	世界首创

2. 中国近现代职业文化概要

中国近代时期（1840—1949 年）比较短暂，但政府腐败、政局动荡、外敌侵略，内忧外患严重，中国人民奋起反抗，中华民族同仇敌忾，职业作为主要表现在为民族解放事业奋斗上，涌现出了大量的爱国救亡的民族精英，他们挺起中华民族的脊梁，表现出强大的无所畏惧、无往而不胜的民族力量和中国精神。正如鲁迅所言，[1]中华民族自古以来就有埋头苦干的人，就有拼命硬干的人，就有舍身求法的人，就有为民请命的人，他们是中国的脊梁。

中国现代时期（1949 年至今），新中国进入了历史新纪元，中国人民站起来了，开始了富起来和强起来的伟大实践，百业俱兴，全面发展，世界首创、世界冠军、世界卓越等杰作日益增多，已经取得了辉煌的成就。新时代以来，全面贯彻习近平新时代中国特色社会主义思想，前进在全面建设社会主义现代化国家、全面推进中华民族伟大复兴而团结奋斗的新征程上。可以相信，发现、发明、创造、创新将是中华民族团结奋进的前进轨迹，将成就更加辉煌灿烂的中华职业文化，增新中华职业文明，为人类做出更大贡献。

三、职业文化根基

中华文明源远流长、博大精深，是中华民族独特的精神标识，是当代中国文化的根基。[2]中华职业文化作为中华文化的一个基本组成部分，是伴随人们生活需要与三百六十行的职业实践产生、传承和发展起来的，有深厚的中华文化根基，追溯源头，深扎中国大地，立足根基，保持本色，传承创新，发扬光大。其中，道家思想文化是关于人与自然、人与人两个大方面的文化体系，是最基本的经典中华优秀文化，是人与自然和谐共生永续发展的中华思想文化基础。

刘梦溪研究指出，[3]中华文化是个大包容概念，中华文化起源是多元

[1] 鲁迅．中国人失掉自信力了吗（1934 年 9 月 25 日）［Z］．品诗文网，2019-6-26.
[2] 习近平．把中国文明历史研究引向深入，增强历史自觉坚定文化自信［Z］．求是，2022-7-15.
[3] 刘梦溪．中华文化是个大包容概念［N］．人民日报，2015-6-16.

的，道家思想对中华文化有着重要影响。道家思想独树一帜，世界独一无二。老子的《道德经》就是经典之作。[1]《道德经》是被翻译次数最多的中国典籍，在西方国家也广受欢迎。[2]《道德经》内涵丰富，蕴含宇宙观、天下观、社会观、道德观、价值观，博大精深，内含域、道、德、公、利、母子、观、言、知、行、柔、缺、修、善、美等细分要点。从自然界的原本到外化、微质到万物、产生到运行。论说包括人本身及万物万事的来源、人与自然的关系、道的玄妙、德的立意、公的思想等，以及知理遵道、立德树人、秉公宽容、为人安身等人生问题，以人为基点展开，探索、认识、自律、为人、和谐，直至天人合一，教育思想极其博大精深，影响深远。

1. 域的思想

域是《道德经》中一个不可忽视的基本问题，是整个道家思想文化的根基，道就是关于域的自然的道，接续的修道、遵道、行道，都是基于域的自然基础上的思想内容，构成道家思想文化体系，解读阐释域的思想是首要内容。

原文曰：有物混成，先天地生，寂兮寥兮，独立而不改，周行而不殆，可以为天下母，吾不知其名，强字之曰道，强为之名曰大，大曰逝，逝曰远，远曰反。故道大，天大，地大，人亦大。域中有四大，而人居其一焉。人法地，地法天，天法道，道法自然。

这并不是只讲道，实际是讲了域、道和自然的关系，在三者的关系中描述域、道与自然的现象。首先指出，原始状态下的有物混成的微质物质形态，无声无形，自在循序运行，它先于天地存在，可以为天下母，我不知道它的名字，勉强地称之为道，它宏大、幽深、悠远，循序运行，隐喻天下母与道的关联存在，前者为母之形，后者为道之规。接着指出，域中有道、天、地、人四大方面，并关联作用，人要遵照地理，地要遵照天理，天要遵照天道，道要遵照域的大自然的宇宙之理。

域的思想要点。一是明确“域”是宇宙，是包含人类及万物万事的世界

---

[1] 探究参考：老子．道德经全集（1–4 卷）[M]．沈阳：万卷出版社，2009；饶尚宽译．老子[M]．北京：中华书局，2010；参见齐经民．道家思想文化，载齐经民，刘新建．职业经济解析——国计民生基本问题研究[M]．北京：经济科学出版社，2018：14–24.

[2] 张子岳．译心和译笔：胡子霖《道德经》英译本研究[D]．河北农业大学，2019.

存在，自然界是它的存在现象，地球只是人类等生物在自然界中存在的一个星球；二是明确域中存在“有物混成”的微质物质本元；三是指出域包含道、天、地、人四大方面；四是指出域中的人法地、地法天、天法道、道法自然的宇宙自然法则；五是指出域中的宇宙生养万物的自然母性。显然，域中的自然万物是客观存在的宇宙现象，包括存在看得见的物质、看不见的物质，都按照道的秩序运行。

2. 道的思想

道的思想是道家文化的主导思想，在《道德经》中多处做了论述。笔者认为，道是对自然的宇宙本性认识的概括，原文对道的阐述主要有下列四方面。

（1）道的玄妙

原文曰：道可道，非常道；名可名，非常名。无名，天地之始，有名，万物之母。故常无欲，以观其妙，常有欲，以观其徼。此两者，同出而异名，同谓之玄，玄之又玄，众妙之门。

意思是说，道的玄妙的思想。道可以描述，道非常玄妙；道可以命名，道极不寻常。天地从道不被认知的时候就有了，认知到它的时候，认为它是生养万物的母亲。无欲意的状态下看到它奇妙，有欲意的状态下看到它深奥。同样是道从这两种视角认识有所不同，同样的是它非常玄妙，这是认识揭示道的方法。实际道是大自然生养万物母性的一种表达，可从客观与主观的不同视角来观察认识。

（2）道的母性

原文曰：道生一，一生二，二生三，三生万物。万物负阴而抱阳，冲气以为和。谷神不死，是谓玄牝。玄牝之门，是谓天地根。绵绵若存，用之不勤。

意思是说，道的母性的思想。道生一，一生二，二生三，三生万物，万物背阴而向阳，阴阳交汇和谐。生养万物永续不息，是玄妙的母性。宇宙万物以它为母体而生，是谓天地产生的根源。它绵延持久存在，作用不停息。实际道是大自然生养万物母性的秩序规则。

（3）道的母爱

原文曰：大道泛兮，其可左右。万物恃之以生而不辞，功成而不有。衣养万物而不为主，常无欲，可名于小；万物归焉而不为主，可名为大。以其终不自为大，故能成其大。

意思是说道的母爱的思想。大道广泛流行，左右普遍存在。万物依赖它生生不息，功成而不自有。滋养万物却不主宰，一直无欲无求，可谓之小；万物依存却不谓主，可谓之大。正因为它不自以为大，故使它成为了大。可以说，道就像万物母亲生养子女一样，它无所不在，自动自觉，自无所求，无私奉献，因而受到尊崇，这正是道依附于大自然母体的存在作用形式。

（4）道的作用

原文曰：昔之得一者：天得一以清，地得一以宁，神得一以灵，谷得一以盈，万物得一以生，侯王得一以为天下贞；其致之也，天无以清将恐裂，地无以宁将恐废，神无以灵将恐歇，谷无以盈将恐竭，万物无以生将恐灭，侯无以贞而高贵将恐蹶。

意思是说，道的作用的思想。往昔得道的情况是：天得道清明，地得道安宁，神得道灵验，山谷得道充盈，万物得道生长，侯王得道天下太平。由此可知：天不清明会崩裂，地不安宁会塌陷，神不灵验会休止，山谷不充盈会枯竭，万物不生长会灭绝，侯王天下不太平会颠覆。

3. 德的思想

德的思想是道家文化的主要思想之一，在《道德经》中多处做了论述。德伴随道产生，是宇宙自然本性的体现。

（1）德的道解

原文曰：孔德之容，惟道是从。道之为物，惟恍惟惚。惚兮恍兮，其中有象；恍兮惚兮，其中有物；窈兮冥兮，其中有精。其精甚真，其中有信。自古及今，其名不去，以阅众甫。吾何以知众甫之状哉？以此。

意思是说，通晓认识德，只有从道中了解。德是言道所说的东西，恍恍惚惚的，是那样的恍恍惚惚，其中有形象；它是那样的恍恍惚惚啊，其中有物质；深奥幽远，其中有精神。这种精神非常真切，可以证实。从古至今，它一直存在，通过它可以观察了解万物初始。我是怎样知道万物情状的，就是通过对道与德的了解。实际这是对大自然母性的博大无比、深奥幽远无限的隐喻描写，道是她孕育造化万物的秩序和规律，德是她养育万物的恩惠，生养万物是大自然母亲的道德秉性。

德与道不可分，这两者都是对自然本性的认识，但有所区分：道是对自然本性认识，德是对自然本性的体现；道依存自然，德依存道；道深入，德外化。似乎是说道，实际是说德，是在道中说德，两者相统一。

（2）道德的思想

原文曰：道生之，德畜之，物形之，势成之。是以万物莫不尊道而贵德。道之尊，德之贵，夫莫之爵而常自然。故道生之，德畜之；长之育之，亭之毒之，养之覆之。生而不有，为而不恃，长而不宰，是谓玄德。

意思是说，道德的思想要点。一是道衍生万物，德养育万物，万物生长千姿百态，形成万物繁盛的大自然景象，万物无不尊道贵德；二是道之所以受到尊崇，德之所以高贵，是因为道和德未强制它们而是顺其自然生长；三是道衍生万物，德养育万物，使万物生长发育、适宜自成，滋养与保护万物；四是生养万物而不自有，抚育万物而不自大，居万物之上而不主宰，这是宇宙自然母亲的大德。德的实质是自然本元养育而施惠于万物，是大自然母性的体现。

4. 公的思想

公的思想是道家文化的重要思想，在《道德经》中论述不多，但却是要点，公的思想是自然秉性的反映，是德的直接体现。

原文曰：知常容，容乃公，公乃全，全乃天，天乃道，道乃久，没身不殆。

意思是说，通晓万物生存的秩序和规律的常理，就会包容，包容就会公正，公正就能全面周到，全面周到就会符合天理，符合天理就会符合道，符合道就能长久、安生无险。

以上所说即是公的思想要点。一是公的公理，这个公理也就是所谓的常理，它是万物由道衍生、由德施惠而遵道守德的相互依赖、共同生存的秩序和规律，如动物、植物、微生物与非生物之间的依赖共存关系秩序，以及季节变化规律等；二是公是万物的品性，万物是道的化成，是德的惠物，归根到底来源于大自然，是自然母性的大公体现，万物的品性为公，对人类而言即谓之公民或公众；三是公的作用，致使公正、全面、周到，符合天理，安生无险。

5. 利的思想

利的思想是道家文化的一个基本思想，在《道德经》中直接论述不多，但也是个要点，利是万物生存的攸关所在，利的思想体现了老子对利的关注。

原文曰：圣人不积：既以为人己愈有；既以与人，己愈多。天之道，利而不害；圣人之道，为而不争。

意思是说，利的思想要点。老子是在道、德、公的认知基础上，从圣人的视角阐述了对万物生存利害关系的态度和为利之道的利的思想。一是不积利的思想，从具有高智慧和高贵品德的圣人的视角，阐述不积累财物的利的思想，实际是不主观或不直接谋财积利；二是天道之利的思想，是获自然万物共生共荣共享之利，如都有出生、生长、存在所需要诸多资源的利益；三是不争的为人为利的思想，就是不与别人相争，为人获利而获利的思想，通过努力为别人获得利益，使自己也获得利益，为别人做得越好，自己获得的就越多，越富有。

6. 母与子的思想

母与子的思想是老子关于人与自然关系的一个核心思想，在《道德经》中作了专门的论述，极其重要，值得格外关注和重视。

原文曰：天下有始，以为天下母。既得其母，以知其子；既知其子，复守其母，没身不殆。塞其兑，闭其门，终身不勤；开其兑，济其事，终身不救。见小曰明，守柔曰强。用其光，复归其明，无遗身殃；是为袭常。

老子是从母与子的比拟关系中，阐述了人与自然关系中的人处于子的地位的天人合一思想。天下万物有本源，它是生养万物的母亲。知母就知其子；知其母的子女，要坚守母亲的母性，也就是坚守生养万物慈爱无私的道德本性，就终生无危险；无欲无求，终生无忧，反之终生不救；见其细微叫通理，守其柔弱叫强劲，按其运行之光，复归其明，无祸殃身，这是子承母性的常理。

意思是说，母与子的思想要点。一是母亲思想，母亲是指宇宙大自然，即域的宇宙本元微子及其博大无限的大自然体系；二是子的敬母思想，就是坚守生养万物慈爱无私的道德本性；三是子的传承母性的思想，就是传承生养万物慈爱无私的道德常理。阐明了经典的“天人合一”的思想。

7. 观的思想

观的思想是老子观察认识事物的路径或方式的思想，在《道德经》中有专门的论述，是值得重视和学习的认识方法的思想。

原文曰：致虚极，守静笃，万物并作，吾以观其复。夫物芸芸，各复归其根。归根曰静，是谓复命。复命曰常，知常曰明；不知常，妄作，凶。

老子是从静观道、明常理的阐述中表达了观的思想。观是观察认识事物，在致虚守静的状态下认识万物及其秩序和规律，也就是使自己达到极致的虚无深空幽静的无我状态。在没有主观意欲的状态下观察万物，认清万物，明晰万物生存的秩序和规律的常理。

意思是说，观的思想要点：一是观的目的思想，是明常理，避妄作，安生无险；二是观的方法的思想是虚无至极，宁静至深，在极致的虚无深空幽静无我的状态下观察认识，认清真实情景和常理；三是观的内容和结果的思想，观察万物共同生存，纷繁并茂，往复变化，各自回归其根，归根叫作清净，清净叫作复原本性，复原本性叫作常理，通晓常理叫作明白，明白就不会妄为，从而就会安生无忧。

8. 言的思想

言的思想是老子的一种认识思想，在《道德经》中谈到，也是值得重视和学习的思想。

原文曰：信言不美，美言不信。善者不辩，辩者不善。知者不博，博者不知。

意思是说，言的思想要点。一是真实的话语不一定华丽，华丽的话语不一定真实；二是和善的人不诡辩，诡辩的人不和善；三是有真知的人未必广博，广博的人未必有真知。告知人们，言语表达要真实、朴实、实在，不争不辩，和善沟通交流。

9. 知的思想

知的思想是老子关于人生认知的思想，在《道德经》中有较多的论述，内容较多，分为下列方面。

（1）知人的思想

原文曰：知人者智，自知者明；胜人者有力，自胜者强；知足者富，强行者有志；不失其所者久，死而不亡者寿。

意思是说，知人的思想要点。一是认识他人的人有智慧，认识自己的人高明；二是战胜他人的人有力量，战胜自己的人刚强；三是知道满足的人富有，知难而进的人有志气；四是不失根本的人能够长久，肉体死亡精神犹存的人才算长寿。

（2）知道德的思想

①原文曰：上士闻道，勤而行之；中士闻道，若存若亡；下士闻道，大笑之。不笑不足以为道。故建言有之：明道若昧；进道若退；夷道若纇；上德若谷，广德若不足，建德若偷，质真若渝；大白若辱，大方无隅；大器晚成；大音希声；大象无形。道隐无名。夫唯道，善始且善成。

意思是说，上士听道努力践行，中士听道信又不信，下士听道哈哈大笑。不被嘲笑，就不是道了。通常有这样的说法：明显的道好像暗昧，前进的道好像后退，平坦的道好像崎岖，崇高的德好像空虚，广大的德好像不足，最白的东西好像有污，崇尚的德好像苟且，质朴纯真好像虚无，大方圆通无角；大器晚成；最美妙的音乐声音轻韵，最大的形象看不到形体。道幽隐无名，唯有道的造化和德的善行形成万物。

②原文曰：不出户，以知天下，不窥牖，以知天道。其出弥远者，其知弥鲜。是以圣人不行而知，不见而明，不为而成。

意思是说，足不出户就明知天下世事，不望窗外就知道宇宙自然大道，有的外出很远，他知道的很少。圣人不出行就知情，不看见就明白，不行为就成功。表达了圣人或高明的人若善于理性认识，就能认识到根本和成功。

（3）知知的思想

原文曰：知不知，尚矣；不知知，病也；是以圣人不病也，是以不病。圣人不病，以其病病；夫唯病病，是以不病。

从知与不知的态度结果上，阐述要有自知的思想。知自己不知就好；不知道，却自认为知道，就是祸患；圣人没有祸患，就是因为他知道不知就是祸患，从而防范不发生祸患；唯有自己知道自己不知就是祸患，就会防范而不发生祸患。

（4）知名利生死的思想

原文曰：名与身孰亲？身与货孰多？得与亡孰病？是故甚爱必大费，厚藏必多亡。故知足不辱，知止不殆，可以长久。

从名利生死的比较中分清孰重孰轻，明白适可而止的道理。名声与身体哪个是根本，生命与财物哪个重要，得名利与失生命哪个是害，过于喜爱必有大的浪费；过多的持有必有大的损失。知道满足就不会屈辱，知道休止就无危险，这样就可以长久。

10. 行的思想

行的思想是老子的重要思想，是道家思想的一个基本内容，在《道德经》中有专门的论述，内容要点如下。

（1）行前把握有利时机的思想

原文曰：其安易持，其未兆易谋。其脆易泮，其微易散。见之于未有，治之于未乱。

讲在做事行动前要把握有利时机。形势安稳容易把握，事情未有征兆容易谋划。脆弱容易瓦解，微小容易消散。在未发生事端时做起，在未乱之前治理。

（2）行按秩序进行的思想

原文曰：合抱之木，生于毫末；九层之台，起于累土；千里之行，始于足下。为者败之，执者失之。是以圣人无为故无败，无执故无失。民之从事，常于几成而败之。慎终如始，则无败事，是以圣人欲不欲，不贵难得之货；学不学，复众人之所过。以辅万物之自然，而不敢为。

意思是说，合抱之粗的大树生长于微小的萌芽，九层高台起于泥土积累，千里之行始于脚下。急于求成就会失败，过于把持就会失去。圣人无求而不败，无过于把持而不失。百姓做事常在就要成功时却失败了。从始至终谨慎作为就不会失败，圣人是无欲之求，不稀罕贵重财物。不学重复众人所犯的过失，以促万物遵道而不妄为。

（3）行持三宝的思想

原文曰：天下皆谓我道大，似不肖。夫唯大，故似不肖。若肖，久矣其细也夫！我有三宝，持而保之。一曰慈，二曰俭，三曰不敢为天下先。慈故能勇，俭故能广；不敢为天下先，故能成器长。今舍慈且勇；舍俭且广；舍后且先；死矣。夫慈，以战则胜，以守则固。天将救之，以慈卫之。

意思是说，天下的人都说我讲的道博大，好像难以具体掌握；正因为道博大，才不好具体掌握；若可以具体掌握的话，它早就琐碎不堪了。我存持有三宝，一是慈爱，二是俭约，三是不与天下人争名利；慈爱就能全力以赴，俭约就能广泛长久利用资源，不与天下人争名利就能成为万物之长；舍弃慈爱而要勇敢，舍弃俭约而要挥霍，舍弃退让而要争先，那就是一条死路。秉持慈爱进攻就胜利，秉持慈爱坚守就稳固，天要救助就会用慈爱护佑。

11. 柔的思想

柔的思想是老子推崇的一种人生状态的思想，是道家思想的一个基本内容，在《道德经》中有专门的论述，内容要点如下。

（1）柔的强大的思想

原文曰：天下莫柔弱于水，而攻坚强者莫之能胜，以其无以易之。弱之胜强，柔之胜刚，天下莫不知莫能行。天下之至柔，驰骋天下之至坚。无有入于无间，吾是以知无为之有益。不言之教，无为之益，天下希及之。

意思是说，天下没有什么比水更柔弱，但攻坚克强没有能胜过水的，其他无可替代。弱胜强，柔胜刚，天下没有不知的却不能实行。天下最柔弱的东西，能够征服天下最坚硬的东西，无形的东西可以进入无间隙之中，我因此知道无为的好处。不言的教诲，无为的好处，天下很少有人能够认识到和做到。

（2）柔的强性的思想

原文曰：人之生也柔弱，其死也坚强。草木之生也柔脆，其死也枯槁。故曰坚强者死之徒，柔弱者生之徒。是以兵强则灭，木强则折。强大处下，柔弱处上。

意思是说，人活着，身体柔软，死后变得僵硬，草木活着也柔脆，死后变得干硬。所以坚强的东西属于死亡一类，柔弱的东西属于生的一类。所以军队逞强就要灭亡，树木长大就要砍伐。处于下位的表现强大，处于上位的表现柔弱。

（3）柔的法则的思想

原文曰：勇于敢则杀，勇于不者则活。此两者，或利或害。天之所恶，孰知其故？天之道，不争而善胜，不言而善应，不召而自来，繟然而善谋，天网恢恢，疏而不失。

意思是说，勇猛逞强者亡，善于谦让者生，这两者一个有利，一个有害，谁知道是不是上天所厌恶一方的缘故。自然的法则是不争而胜，不言而应，不召而来。宽缓安然而周全谋划，天网宽大无边，稀疏却无遗漏。

12. 缺的思想

缺的思想是老子推崇的一种辩证认识的思想，是道家思想的一个基本内容，在《道德经》中有专门的论述，内容要点如下。

原文曰：大成若缺，其用不弊。大盈若冲，其用不穷。大直若屈，大巧若拙，大辩若讷。静胜躁，寒胜热。清静为天下正。

意思是说，缺的思想要点：一是最美好的东西好像有残缺，但它的作用并无弊端；二是最充实的东西好像空虚，但它的作用无穷尽；三是最正直的东西好像弯曲，最灵巧的东西好像笨拙，最卓越的辩才好像木讷；四是清净克制浮躁，寒冷克制炎热，清净循道安然和谐。

13. 修的思想

修的思想是老子的修身育人的教育思想，是道家思想的一个重要内容，在《道德经》中有专门的论述，内容要点如下。

原文曰：善建者不拔，善抱者不脱，子孙以祭祀不辍。修之于身，其德乃真；修之于家，其德乃余；修之于乡，其德乃长；修之国邦，其德乃丰；修之于天下，其德乃普。故以身观身，以家观家，以乡观乡，以国观国，以天下观天下。吾何以知天下然哉？以此。

意思是说，善于建树的人坚韧不拔，善于抱持的人持之以恒，子孙崇敬传承不绝。修道于身其德纯真，修道于家其德充裕，修道于乡其德绵延，修道于国其德丰厚，修道于天下其德普惠。所以，以自身情况观察他人情况，以自家情况观察他家情况，以本乡情况观察他乡情况，以本国情况观察他国情况，以现在天下情况观察未来天下情况，我就是凭这种认识知道天下修道行德情况。

实际是从为子孙世代传承发展的视角讲修道行德，具体从为已、为家、为乡、为国、为天下修道，倡导德已、德家、德乡、德邦、德天下的大修道和行大德，是一种天人合一的道德理想的表达。

14. 善的思想

善的思想是老子关于宇宙自然本性的一种思想表达，是道家思想的一个基本内容，在《道德经》中有专门的论述，内容如下。

原文曰：上善若水，水善利万物而不争。处众人之所恶，故几于道。居善地，心善渊，与善仁，言善信，政善治，事善能，动善时。夫唯不争，故无尤。

意思是说，善的思想要点。一是最善的人像水一样，水滋养万物而不相争，总是处于众人都不喜欢的低洼之地，最近乎道；二是最善的人居于最宜施善的地方，心善慈深，施善于人，诚实守信，施政善治，善于处事，善抓时机，与世无争，没有过失。

15. 美的思想

美的思想是老子道家思想的一个基本内容，在《道德经》中论述不多，但也有简明精致的表达，主要内容如下。

原文曰：道者万物之奥。善人之所宝，不善人之所保。美言可以示尊，美行可以加人。人之不善，何弃之有？故立天子，置三公，虽有拱璧以先驷马，不如坐进此道。古之所以贵此道者何？不曰：求以得，有罪以免邪？故为天下贵。

意思是说，道是万物生存之奥妙。是懂得道的人的法宝，也为不懂得道的人有所保。美好的遵道语言可以得到人们的尊重，美好的遵道行为可以得到人们的信任，增多朋友；即使不懂得道的人，也不能抛弃道。所以天子即位，三公就职，虽然前有拱璧、后有驷马的尊贵礼仪，也不如静坐深持此道。古时候之所以尊崇道，不就是有求必有得，有罪可以豁免，所以为天下所尊崇。

意思是说，美的思想要点。一是懂道之美，道为万物万事生存奥妙，人生法宝，美妙无极；二是美言之美，美好的遵道交流方式，可以得到人们的尊重，大家愉悦；三是美行之美，美好的遵道行为受益大家，可以得到人们的信任，增加朋友，是人生之美。实际说的是懂道修道行道为之美。

结语：职业人员要珍重和传承道家经典文化。中华先贤的经典文化，如同汉字一样，是中华民族的符号，是中华民族血脉相承与先人们智慧的凝结，成为深植神州大地的中国教育的根，传承经典，发扬光大，凝聚特色，是新时代我国教育发展大计。（1）传承中华优秀传统文化符合天理世道。特别是道家文化从自然渊源探索认识人类生活，阐述了人与自然的关系，解释了天理世道，有助于深入理解我国社会主义宏图伟业。一是公有制符合天理。人与万物是大自然的产物，是自然母亲的德的施惠，无私奉献，生养万物不为己有，母德子传，人与万物的本性为公，人们与万物共同生存，社会就是人们共同生活的有机体，社会的本性为公，公有制是维护大家共同生活利益的制度保障，契合天理。二是人类命运共同体符合世道。社会的实质是人与人的组织和人为人的体系，主要是由家族血缘关系与职业劳作关系维系起来的人类群体，生来靠父母，离去靠他人。特别是新时代的分工、合作、交易社会化和全球化，职业劳作直接成为社会劳作的一部分，吃穿住行用等各种东西主要由社会供给，大家互为互利，共生共存共命运，构建人类命运共同体势在必然，大道之行，天下为公。（2）从天人合一的大视角认识传承中华优秀传统文化，一要怀有敬母情怀爱护自然，通顺人与自然的关系，明晰天下有始、以为天下母、既知其子、复守其母、没身不殆的警言，尊重自然，爱护自然，与自然同生永续。二要怀有尊人情怀善待社会，通顺人与人之间的关系，大家同是自然之子，恪守其母是自然法规，立德树人，德惠于人，善待他人，尊老爱幼，帮弱扶贫，分工互为，合作互利，效在多方、益在多处，共同富裕，和谐生活，美好社会。

四、职业文化培养

文化传承和发明、创造与创新发展的基本路径是对人的文化教育，培养具有德智体美劳等综合素质能力强的高质量人才。职业文化培养是教育的一个基本内容，培养好职业人才，是社会发展进步的基础工程，为我国社会主义现代化建设事业提供坚实的人才支撑和保障。

1. 国家关于职业文化培养要求

自改革开放后国家高度重视职业人才培养，快速恢复和发展院校的专业教育，对职业人才培养提出了明确的要求，职业文化培养成为时代教育主题。

（1）改革开放初期职业人才培养要求

邓小平在1978年的全国教育大会上的讲话要求，[1]提高教育质量，提高科学文化教育水平，更好地为社会主义建设服务，把毛泽东提出的培养德智体全面发展、有社会主义觉悟的有文化的劳动者的方针贯彻到底，贯彻到整个社会的各个方面，提高整个职工队伍的政治质量和科学文化素养，满足不同工种、职业的特殊要求。各级各类学校要与生产劳动相结合培养学生，整个教育事业必须同国民经济发展的要求相适应。不然，学生学的知识和将来要从事的职业不匹配，不能学非所用与用非所学。他在1985年把教育工作认真抓起来的讲话中又指出，[2]把教育搞上去，提高我国的科学技术水平，培养出数以亿计的各级各类人才。

之后，1985年发布的《中共中央关于教育体制改革的决定》指出，教育必须为社会主义建设服务，面向现代化、面向世界、面向未来，为90年代以至21世纪初叶我国经济和社会的发展，大规模地准备新的能够坚持社会主义方向的各级各类合格人才。要造就数以亿计的工业、农业、商业等各行各业有文化、懂技术、业务熟练的劳动者；要造就数以千万计的具有现代科学技术和经营管理知识，具有开拓能力的厂长、经理、工程师、农艺师、经济师、会计师、统计师和其他经济、技术工作人员；还要造就数以千万计的能够适应现代科学文化发展和新技术革命要求的教育工作者、科学工作者、医务工作者、理论工作者、文化工作者、新闻和编辑出版工作者、法律工作者、外事工作者、军事工作者和各方面党政工作者。

所有这些人才，都应该有理想、有道德、有文化、有纪律，热爱社会主义祖国和社会主义事业，具有为国家富强和人民富裕而艰苦奋斗的献身精神，应该不断追求新知，具有实事求是、独立思考、勇于创造的科学精神，把全民族的文化科学素质和精神境界提高到一个崭新的水平。

这里讲的各级各类合格人才，就是各行各业各部门的各个层次所需要的专职人才，也就是各方面的职业人才。这是对职业文化培养教育提出的明确要求。其中，强调把全民族的文化科学素质与精神境界提高到一个崭新的水平，就职业人才来讲，文化科学素质不仅是从业的专业文化科学，还包括与

---

[1] 邓小平．邓小平文选（第二卷）[M]．北京：人民出版社，1994：106-107.

[2] 邓小平．邓小平文选（第三卷）[M]．北京：人民出版社，1994：120.

工作有关的社会科技文化，如公共知识、公共科技、公共规范等方面。并提出逐步建立起一个从初级到高级、行业配套、结构合理又能与普通教育相互沟通的职业技术教育体系。

（2）新时代职业人才培养要求

中国发展进入新时代以来，国家对于教育发展和人才培养要求更加具体，更加重视职业教育，有了突破性的大发展。主要表现在两个方面。一方面是纵向突破发展，在高等职业专科教育与较少的高等职业本科教育的基础上，大批普通本科高等学校向应用型转变，稳步发展职业本科教育，并根据产业需要和行业特点，适度扩大专业学位硕士、博士培养规模，推动各地发展以职业需求为导向、以实践能力培养为重点、以产学研用结合为途径的专业学位研究生培养模式，把职业教育由大专提升到本科及以上的硕博教育，提高到了顶端层次；另一方面是横向突破发展，即明确职业教育与普通教育是两种不同教育类型，具有同等重要地位，职普融通，产教融合、科教融汇，职业教育多维性社会化大发展，建设职业教育与普通教育相融合等多维一体的高质量人才培养教育体系，职业教育影响力不断扩大，开辟了中国教育事业发展的新天地。

2. 传承中华先贤优秀教育经典思想文化[1]

几千年来，中华民族在神州大地上耕耘探索，生息繁衍，进行生产和生活，教育民众，产生了老子、孔子、荀子、韩愈、张之洞、蔡元培等著名先贤，积累了大量的教育思想财富，存储于典籍。特别是孔子一生主要从事教育职业，以及后继者接续传承发展，著有《学记》《劝学》《师说》等教育名篇，包括关于教育的作用、对象、内容、方法等，内容丰富，蕴含中华先贤的教育公式、教育体制的经典教育思想，独树一帜，值得探究，意义深远。

（1）中华先贤的教育公式的思想

教育公式是揭示教育存在的一般关系的认识提炼与定式表达，在同一状态下普遍存在，是对教育事理的一种基本认识。从把教育对象培养成才而做好教育事业的定式来讲，中华先贤的教育思想文化中包含一个经典的教育公

[1] 齐经民，刘新建．职业经济解析——国计民生基本问题研究［M］．北京：经济科学出版社，2018：24-26.

式如下，可叫作中华先贤教育公式，由教育内容、教师职责、教育方式与培养人才四部分组成。其中，教育内容、教师职责与教育方式是三项基本教育要素，都包含培养什么样的人，集中体现在两个根本点上，一是立人，二是本事。立人在于“德”，本事在于“能”。中华先贤教育培养的目标人是“德能人才”，是有中华特质的道德人。

天人合一 + 传道、授业、解惑 + 授人以鱼不如授人以渔 = 培养德能人才

教育内容。是“天人合一”的具体内容，是关于遵循自然法规生活的思想认识与科技文化，包括关于自然、农医、工商、人文等系列内容。从最初的识文断字、道德培养、行为规范等内容，逐步拓展细化到农学、工学、商学、医学、数学、天文学等学科。实际分为“共同的”与“专业的”两大方面的内容，德与能贯穿其中。

教师职责。教师职责即是“传道、授业、解惑”。“传道”是解读事物与传授做人做事的道理，使学生了解自然、人类社会与国家及其关系和向往追求；“授业”是教授业务学问及其技能，使学生了解有关职业知识，培养理解认识、读写与操作等本领；“解惑”是解答“道”与“业”诸方面的疑惑问题，使学生遵道守德，掌握业务本事，将来从业有所作为，做好为人、为国和为社会的服务事宜，幸福生活，突出体现德与能。

教学方式。教学方式是“授人以鱼不如授人以渔”，可以解读为教授识鱼知识，不如传授捕鱼本领。实际是以捕鱼为例，说明要使学生能够以从业为生，不仅教授从业知识，更重要的是教授从业本领，包括从业的素质、技术、方法、经验及其能力，其中，学习能力是根本。

（2）中华先贤的教育体制的思想

教育体制不同于教育公式，是指教育实施的一种标准样式或可以遵循的形式，是在对既定的条件下教育运行活动方式的概括，是关于教育事业形态的认识表达，也就是基于教育关系基础上的做好教育事业的方式表达。

有史以来，中华先贤在教育中一直进行不断探索，沿袭和发展中华教育。并在教育发展过程中，注意到了国外的长处，强调学习西方先进的东西，形成了特定的教育体制的思想。

到清末时期，形成了“中学为体”与“西学为用”的中华先贤教育体制的思想主张。“中体西用”是关于中西方教育结合发展中国教育的观点，集

中于张之洞《劝学篇》中的有关主张。

前后有林则徐、魏源等诸多先贤论及或认同或进一步阐述。[1]如林则徐的了解西方和学习西方的思想；魏源的“师夷之长以制夷”的思想；冯桂芬的“以中国之伦常名教为原本，辅以诸国富强之术”；郑观应指出，“中学其体也，西学为末也，主以中学，辅以西学”；孙家鼐提出，京师大学堂立学宗旨“应以中学为主，西学为辅；中学为体，西学为用”，“以中学包罗西学，不能以西学凌驾中学”。

张之洞概括阐释了“中学为体”“西学为用”的教育思想。首先是要传授中华经史之学，这是基础，要放在优先的地位，然后再学习西方的有用的东西，以补充中学的不足。其中，中学内容包括古代经典文化，西学包括西史、西艺等。西史是指西方国家的历史知识，西艺是指算、绘、矿、医、电等科学技术。

“中学为体”与“西学为用”包括原有中国教育的主体内容，吸纳国外的补充内容，客观上形成一种教育体制的思想，这是在特定的历史条件下，精简表达中国教育的一种概括，可称之为中华先贤的教育体制的思想。

另外，开国领袖毛泽东在新中国初期谈到“古为今用，洋为中用”的相关主张。[2]可以说，毛泽东以更加开阔的思维，从“古今中外”的博大时空视角，以“我”为中心，从“古”与“洋”的两个维度，提出“古为今用”的纵向自我继承发展与“洋为中用”的横向博采众长的远见卓识，亦可说是“中华先贤教育思想”的一种不同时代的精化表达。

（3）珍重秉承中华先贤教育公式与教育体制的思想

坚持教育文化自信，要认祖追宗，应秉承中华先贤教育公式与教育体制的思想。在天人合一的思想框架下，保持根本，内外双优结合，设置共同内容与专门内容的课程，建立有中华文化特点的中国教育体系，提高教育质量和效益。

---

❶ 王炳照，郭齐家，刘德华，等．简明中国教育史［M］．北京：北京师范大学出版社，2008：271-277.

❷ 邓纯东，冯颜利．深刻认识毛泽东“古为今用，洋为中用”思想的重要意义［N］．光明日报，2013-12-22.

3. 秉持人天性的人力开发培养的教育观[1]

教育的实质是开发学生人力，培养学生的能力，把学生培养成才，就业有所作为，为国家强盛、社会文明、人民共同富裕的美好幸福生活有所贡献。为此，要从人的实际出发，秉承人的天赋秉性，因势利导，顺势而为，开发培养，促进成才。

（1）人的学和问禀赋

学和问是人的天生禀赋。学和问是大自然赐予人的天生禀赋。人是高级动物，具有高级智慧与能动性，能认识包括自己的事物，并支配控制自己的行为，生来就是如此。婴儿时期，一片茫然，什么都不知，吸奶、认人、识物、穿戴、游玩等，主要以父母为师。从会说话开始，总是问这是什么、那是什么，从自己的感官、肢体、手脚到食物、碗筷、玩具、衣服、床铺等。从父母、亲戚到花草树木、日月星辰等，从入托到入校上学等，一直进行学和问或问和学。在学和问或问和学中生活，在生活中学和问或问和学，代代接续。

（2）人的探索禀性

探索一般是人认识事物或为做好某种活动所进行的对有关情况了解、分析研究、寻求正确的认知或解决方案，是人的一种本性，由人的理智与能动性使然，是人生认识与实践的必然活动。作为职业活动或生活中的探索是人具有一定思维认识能力条件下的知或做的追求与延伸，其结果必然是发现、发明、创造或创新。当其结果是先于他人或是首次认识到的科学见识就是发现，先于他人或是首次做出的有用东西就是发明、创造或原创，若是在先前他人作为成果基础上有所改进发展就是创新。人类社会发展进步是人的发现、发明、创造与创新的必然现象，世代持续不断地超越发展，是人生探索秉性的客观表现，其结果就是文化和文明的发展进步。

（3）人的自我学习本分

学习是人的一种天性的自立生活的活动，是人生不断超越自我的获得知

[1] 在笔者的“秉持人天性的人力开发培养的教育观”认识基础上进一步探究增改，参见齐经民，刘新建．职业经济解析——国计民生基本问题研究［M］．北京：经济科学出版社，2018：26-27.

能的实践活动，是人基本的生活机能或本分，要义有三。一是学习是当事人自己的学习活动，具有不可替代性；二是学习内容是人生需要的道德、知识、技术方法、规范管理等天人合一的德能内容；三是学习效果是道德修养和认知能力增强与知识、技术方法、经验等增长的自我超越。学习的进步就在于不断地自我超越，增加劳作和就业生活的本事。

（4）人的基本学习方法

学习主要通过学、问、做实现，学、问、做是基本的学习方法。了解认识未知事物，学习掌握未知知识，做未曾做过的事情，就得问，就得学，问知、学做，问来问去，学来学去，做来做去，就有学问，就有能力，或成匠人或专家等。实际就是主动在生活中实践学习，生活之学、生活之问、生活之做，结果就有生活学问和生活本事。

（5）人的学习路径是学习内容复原

学得既定的已有的知识，把它转化给自己，实际是对其解读认识的事物再现的“复原”了解和掌握，有的可直观复原，有的可抽象性展示。分为直接复原认知与间接复原认知，直接复原认知是学习者自己复原认知。如认知“榴莲”，自己可到超市水果摊查看或购买榴莲品尝认知。间接认知是通过老师等他人帮助复原认知，如认知“笔记本电脑”，老师可以带“笔记本电脑”在课堂给学生讲解认知。“复原”学习的实质是对知识“对象”考察了解而认识它，确立概念，掌握内容。经过复原做出的判断认定，能切实有效学得。其中，直接复原认知掌握扎实。但是，原理、软件、规律等非实物形态就难以直接复原认知，可以抽象性展示，通过分析、论证、求解或实验证明，达到原本认知。

（6）人的成才方法[1]

把学生培养成为具有德智体美劳等综合素质能力强的高质量人才，其中，德智体美劳等综合素质能力的构成要点不同，形成的路径不同，教法就不同。

知识可教而知，通过教师的讲解“复原”，帮助学生走捷径增加知识积累，但受“复原”条件限制，教而知之是有限的。

---

[1] 齐经民．基于三维视角的教育创新的就业促进探讨［Z］．中国高质量发展与就业创业融合创新论坛，2018-10-20.

德的本质是实惠于人，必然在人与人的关系中培养，体现在助人的表现上，见之于德绩，如帮助同学解决困难、敬老爱幼、做义工等，在于利人益人的作为，积德成品性，方可立德。

素质是人本来的、原有的身体状态，是指人体组织构成的体质或质地或先天条件，如脑想、眼看、耳听、嘴说、手动、脚行等基本状态，是父母给的，后天可以改变，只有自己实践锻炼，才能增强或提升。

素养，是人的平日修养，在于养成习惯，形成定式。主要在于坚持，不仅在课堂，而且在整个学习生活中的坚持养成，习惯成自然。

能力，是人体组织功能的功力，是生来就有的生存能力，如婴儿出生就会呼吸、吸奶等。伴随人的成长与自己的学习实践，人的能力会不断全面生成和提升，实践是能力生成和提升的根本路径。

知识可以教知，而德、素质、素养、能力则不是教出来的，立德树人、素质增强、素养形成、能力提升，在于自己的学习行动培养，主要靠学生实践修得，必须由学生个人的实践培养造就。教师等他人可以指导实践，但不可替代。

学习只有自己有感知才会有效，真知实感只会发生在自己的学习活动实践中，在学习的有效性上，正如彼得·德鲁克（Peter F.Drucker）所言[1]：“有效性虽然人人可学，却无人可教。”

（7）教育的基本准则

教育的基本准则是秉持人的认识探索禀性、自主学习本分，因势利导，开发培养人才。主要的教育方式是教师指导学生探究实践方式。

（8）教育的质量效益

教育的质量效益是人才培养教育的成效，分为教育质量和教育效益，是人才培养教育评价的两个基本指标。

教育质量主要是指教育培养的人才品质，我国社会主义人才培养教育质量体现在德智体美劳等综合素质能力的高质量人才标准上，适应我国社会主义现代化建设事业要求的高标准高质量人才，既是国家建设者和接班人，又是美好家庭幸福生活需要的就业劳作者，是具有家国情怀与共同富裕追求的高质量人才。

---

[1] 彼得·德鲁克．卓有成效的管理者［M］．北京：机械工业出版社，2005：168.

教育效益是教育用较少的耗费做好较多的人才培养事宜，多培养适应我国社会主义现代化建设事业要求的高质量人才，在国家与社会各行各业各部门建功立业，为国家富强和人民美好幸福生活，以及人类进步文明，做出更大贡献。

4. 人才培养主要教育内容

教育是为社会培养人才的事业，从人们就业从业的职业需求来讲，职业文化培养内容，不仅包括职业劳作本身特有的专业内容，还包括有关社会公共活动的普通内容。前者就是职业教育内容，后者就是普通教育内容，是人才培养教育的两个基本方面的内容。针对职业活动的需要，职业教育传授职业劳作的知识、技术等劳动本领；有关社会公共活动的需要，普通教育或公共教育传授共同活动的知识、技术、规范等社会本事。

教育始于劳动，伴随人生存在，职业教育是首要教育形式，继而出现共同的普通教育或公共教育。中国是世界上文化绵延不断的伟大文明古国，有悠久的文字、遗迹等可考历史。从很早的古代起，我们中华民族的祖先就劳动、生息、繁衍在这块广大的土地上。[1] 在我国原始时期，[2] 人们在集体生产劳动和社会生活过程中逐步积累一些经验，语言和思维也得到了相应的发展，就有必要教育后代怎样制造和使用劳动工具，怎样团结互助进行集体采集和狩猎活动，怎样与毒蛇猛兽及其他自然灾害进行斗争，以保证社会生产和集体生活的安全。于是产生了原始教育，在劳动和生活中培育后代。比较复杂的工作由专人承担，居住比较稳定，几百人或上千人组成一个聚落，有固定的葬俗等。聚落中心有公共活动的场所。首领的选举、重要事情的讨论、节日庆典和宗教活动都在这个公共活动的场所进行，自然就成为对成员和后代进行教育的重要场所。上面讲了两个方面的教育，关于维持生计的劳作教育就是初始的职业教育，关于公共活动教育就是初始的普通教育，是一奶同胞的孪生两兄弟。到了清朝末期，[3] 京师大学堂的教育课程明确细分为普通学与专门学两类，普通学有经学、理学、诸子学、文学、体操、外国语

---

[1] 毛泽东选集第二卷［M］. 北京：人民出版社，1991：621.

[2] 王炳照，郭齐家，等. 简明中国教育史第四版［M］. 北京：北京师范大学出版社，2008：2.

[3] 王炳照，郭齐家，等. 简明中国教育史第四版［M］. 北京：北京师范大学出版社，2008：285.

和中外掌故学等，专门学有高等算学、高等地理学、农学、矿学、工程学、商学、兵学等，形成了普通教育与专门教育两个方面内容的双重教育格局。

国外的教育情形大体一样。有关研究指出：[1]教育最根本的源泉首先是劳动，教育是生产的需要，是人能生存下去的需要，主要职能就是生产经验的传授，教育起源于劳动，并为生产劳动服务；并强调指出，人类社会刚刚形成的时候，教育内容主要是生产劳动的经验，是创造和使用工具的知能，随着社会发展，生产劳动经验日益增多，各种生活习惯、行为规范及原始宗教仪式日益增多，传递社会生活经验也就成为教育的一项重要内容，成为教育的重要职能之一。于是，传递社会生活经验与传递生产劳动经验在教育中具有同样重要的地位。职业教育和普通教育先后相继出现，并列存在，同等重要。

职业教育和普通教育有史以来，伴随人类生产劳动发展、科学技术进步，历经时代变迁，内容深入细化、形式复杂多样，但万变不离其宗，两者并列共存格局没有变，并驾齐驱发展。中国著名教育家黄炎培在新中国成立之前就说，[2]职业教育的目的是谋个性之发展，为个人谋生之准备，为个人服务社会之准备，为国家及世界增进生产力之准备，使无业者有业，使有业者乐业。在他的四卷教育文集中，他从理论与实践的结合上，对职业教育的定义、方针、准则、课程、方法、要求等作了系统的研究，阐述了职业教育学问，形成了中国的职业教育学，极大地推动中国职业教育事业的发展。特别是我国新时代以来，职业教育的认识与实践得到了很大的发展，明确职业教育与普通教育是同等重要的两种不同教育类型，并强调以职业需求为导向把人才培养程度提升到了专业博士研究生教育的顶端高度。职业教育事业得到了高度重视和突破发展，呈现出了职业教育和普通教育融合发展的局面。

当代我国专业院校的职业教育和普通教育的内容，有史以来，一脉相承，见图 9-1。[3]一方面是对学生进行细分的种植、养殖、畜牧、纺织、建

---

[1] 王天一，夏之莲，等 . 外国教育史（上册）第四版［M］. 北京：北京师范大学出版社，1984：4-5.

[2] 黄炎培教育文集（第一卷）［M］. 中国文史出版社，1994：6.

[3] 齐经民，李晓彤 . 高校教育的双重性及其双重性教育研究［J］. 淮海工学院学报，2015（2）：123.

筑、制造等各行各业专业方面的“专业课”教育，即专业教育，实际就是职业性教育或职业教育，着力培养造就学生具有家国情怀的拔尖创新能力；另一方面是对学生进行思政、外语、体育、计算机等公共方面的“公共课”教育，约定俗成，就是公共教育或普通教育，着力培养造就学生具有中国特质的高品质公共能力。把学生培养造就成我国社会主义现代化事业建设需要的具有中国“家气和匠能”的高质量人才。

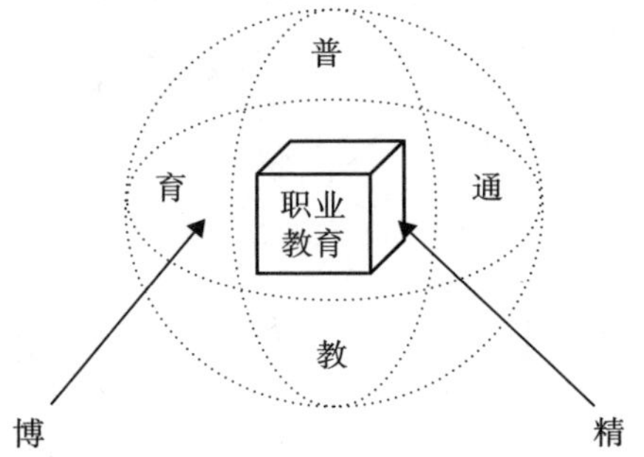

图 9-1 高质量人才培养双重内容教育结构

图 9-1 中，一方面“正方体”表示专业教育，亦即职业教育，表明各专业不同，有棱有角，各有特点，要求学生学“精”，越精越好，胜任工作的职业能力强，就业创业的力度就大；另一方面正方体之外的“虚线球体”，表示共同的普通教育，亦即公共教育，虚线圆通，没有区别，要求学生学“博”，越博越好，职业工作及其社会生活的自由度就大。这两个方面教育内容有机构成，融合在人才培养方案中，体现在具体的课程设置上，以四年制本科人才培养为例，一年级主要上公共基础课与专业基础课等；二年级主要上重点公共课与专业主干课等；三年级主要上公共选修课与专业方向课、专业选修课等；四年级主要上专业实践课等。

5. 基于人天赋禀性的人力开发的高质量人才培养秩序与方式要求

任何活动都存在最佳的路径与秩序，对路就顺畅，循序走捷径，职业文化教育培养上也是一样，有一定的秩序和方式可循。

（1）教与学“1—0—1”转变秩序

在学校教育中，教师的教与学生的学同时存在，互相转化，在学生入学进校开始接受教育与毕业离校结束教育时发生相反变化。在入口与出口的两个点上教与学呈现两个相反现象，学生在入学进校开始接受教育时，主要通过教师的讲解等了解掌握专业内容，学生的学习主要是接受教师的教；而在学生毕业离校结束教育时，教师的教结束，学生完成学业，而学生的学并没有结束，要根据社会工作生活的需要继续学习，这时的学主要靠自己。教与学在客观上存在着互相转化的一般关系（见图 9-2）[1]。

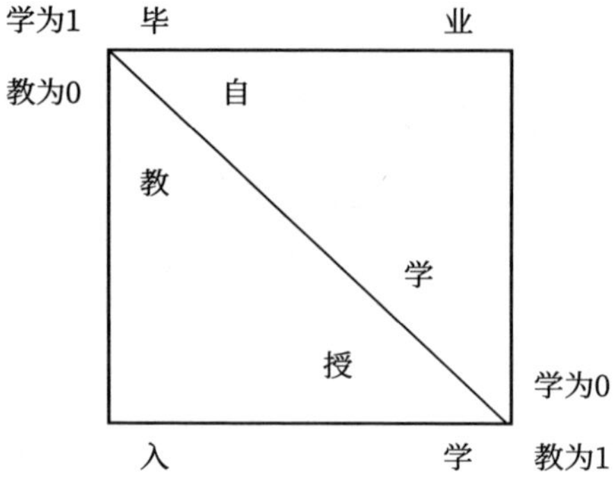

图 9-2　教与学转变关系

用 1、0 分别表示教师的教与学生的学发生与否，1 为发生，0 为不发生。从总体上说，学生入学开始时，教为 1，学为 0，教发生“1—0”转变变化；学生毕业时相反，教为 0，学为 1，教与学是同一过程的两个方面。

教与学“1—0—1”转变秩序是客观存在的，是教与学转化的自然秩序。学生从入学到毕业，教与学发生对应相反的变化，入学开始时，学生靠教师的教掌握学习内容；到毕业时，教师的教结束，学生的学主要靠自己学习，学习能力达到百分之百的学即为 1。

教与学“1—0—1”转换秩序赋予了教育的特定要求，应因势利导，逐步加强对学生学习和探究能力培养。三年级就要加大转变节奏，教师减少主讲内容，加强指导学生自学。到毕业时教师的教学结束，学生自学能力要达到 1，能自学探究所需要的东西，把学生培养成自学能力强的高质量人才。

（2）教与学接合秩序

学习认识是人的天性，但人们理解认识能力存在差异，有的理解认识能

[1] 齐经民 . 创新人才的教授与自学 1—0 转换培养模式探讨［Z］. 在教育部高教培训中心主办的全国公共事业教育改革学术研讨会做的专题发言，2005-4-20.

力强，有的理解认识能力弱，客观上存在着自我学习认知掌握的比例，教学上就要考虑这个实际，把握好教与学的接合。我们曾对 20 所 985、211 等高校的学生进行调查，[1] 选择文理工等兼有的具有普遍意义的几种基本课程，即外语、计算机、专业基础课、专业课。为了便于从总体上了解情况，我们将自学掌握 50% 及以上内容的学生比例加总。结果显示：能够自学掌握外语、计算机、专业基础课、专业课 50% 及以上内容的学生比例，分别是 81%、71.5%、75.9%、73.9%，结果见表 9–3。

表 9–3 学生自学能够掌握诸门课程内容的比例 单位：%

能够自学掌握课程内容比例	能够自学掌握课程内容的学生比例			
	英语	计算机	专业基础课	专业课
10	3.3	4.0	2.4	3.1
20	3.0	5.5	4.2	5.0
30	6.1	8.2	8.0	7.1
40	6.6	10.8	9.5	10.9
50	12.7	13.5	17.2	17.5
60	11.8	13.1	13.4	12.6
70	13.7	11.7	15.7	13.9
80	22.9	16.9	19.0	20.4
90	13.4	10.2	7.9	7.7
100	6.5	6.1	2.7	1.8
50% 及以上	81.0	71.5	75.9	73.9

资料来源：齐经民，于莎莎，杨小乐．基于学生的自学能力与社会需求的教育创新探讨［J］．西北人口，2009（5）：125.

初步研究表明：有 71.5% 的学生能够自学掌握 50% 及以上课程内容。这说明学生自学能力基础好，但是能够完全自学掌握的很少，专业课最少，只有 1.8%，英语最多，是 6.5%。

当然，调查对象主要是教育部所属的重点高校的学生，比一般院校学生优秀，一般院校的学生自学能力要差一些，自学掌握比重要低一些。

教与学的接合秩序就是教与学适应对接、促进学生成才的教学规则。教

---

[1] 齐经民，于莎莎，杨小乐．基于学生的自学能力与社会需求的教育创新探讨［J］．西北人口，2009 30（5）：124–129.

师教的重点在于学科引入、根本内容讲解、指导探究、解惑答疑、实践讲评以及全面要求等。学生学的重点在个人的思考、分析、认识、讲答、合作、公益、纪律等实践方式学习，促进学生提高学习能力，全面发展成才。

（3）梯度提升培养创新人才秩序[1]

根据教与学“1—0—1”教学转变秩序梯度提升学生素质能力，扎实培养造就以创新人才为实质内容的高质量人才。以4年制的大学本科教育为例，应做好4年创新教育的设计，与特定的教学内容做好衔接，逐步深入进行学习创新教育。见图9-3。

大一阶段，注重与高中基础衔接，在创新资本的积累和强化过程中，重点加强学生认知、讲解、操作、合作等自身素质强化提升的创新学习，生成增加创新资本。

大二阶段，注重与专业特质相衔接，重点加强学生学习本专业领域中的理论、技术等创新方法掌握的同时，进行创新事例研究教育，领悟创新经验，鼓励个人创新参与活动。

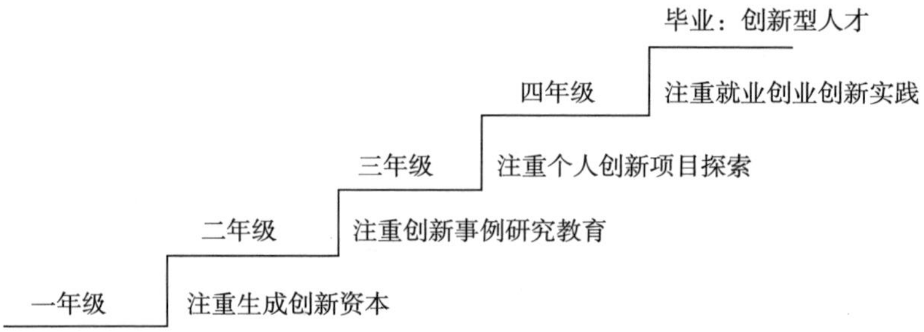

图9-3 梯度提升培养创新人才秩序

大三阶段，注重与实践教学衔接，在对学年论文或实习、专题教育等实践教学的同时，要求学生进行感兴趣的创新学习与实践，鼓励和支持学生探索创新。

大四阶段，注重与就业创业相衔接，在对学生进行毕业论文或毕业设计等教育的同时，重点对学生进行就业创业的创新培养，取得创新成果，最终

---

[1] 齐经民在第五届全国大学生创新创业年会中的“创新方法教学研讨会”上的发言［Z］. 2012-11-24.

成为综合素质能力强的创新人才。

（4）实施教师指导学生探究实践的人力开发培养教学方式[❶]

这种教学方式是紧密结合学生实际，调动学生积极性、主动性、创造性的一种多方面的教学方式，督促学生面向社会，主动行动或利用父母、亲戚、朋友等社会关系，挖掘可利用的实践平台等，促进教育资源充分利用，大力提高教育质量。

实施教师指导的学生实践学习的教学方式有以下三个要点。一是注重德、智、体、美、劳等基本素质能力培养，在助人中立德、在思考认识中增长智慧、在劳动或体育活动中增强体质、在学习和生活中培养美好的思想行为，在学习实践中培养劳作能力等；二是注重专业能力培养，主要通过观察、提问、回答、解析、讨论、对策与操作等方式提升独立思考能力、操作能力、创新能力与应变能力等高级职业能力；三是注重社会能力培养，主要通过公德、沟通、合作、协调、技能、方案等社会实践内容培养能够从容应对工作中的社会环境事宜的高级普通能力或社会公共能力。

（5）学生把学习当作工作来做[❷]

主要是从学生毕业就业创业的职业活动实际需要出发，要求学生把学习当作工作来做，把“教、学、用”三者直接统一起来，即把教师的教、学生的学与社会工作生活的要求统一起来。①教师从学生未来工作需要出发，把课堂作为工作的场所，把教学内容作为工作内容。教师作为工作的指导、监管、评价的管理人员，负责和进行学生管理。②学生把课堂当作工作的平台，把学习作为工作的一种体验和实践，按照工作要求学习教学内容，全面提升学生的综合素质能力。

同时还要强调，要对学生严格要求和严格管理。笔者研究发现，[❸]在同样学校、同样教育环境条件下，接受专门国防教育的国防生与非国防生差异甚大，气质和精神面貌大不一样，可适当将军人教育及其管理方式融入到学

---

❶ 齐经民，佟琦．培养造就高级专门人才的几个教学环节要点探讨［J］．教育教学论坛，2011（34）：185-186.

❷ 齐经民，在2013年秋学期，为11级公共事业管理专业学生上《职业经济学》课时，强调提出“学生把学习当作工作来做”的一系列要求，探索实施，得到了学生们的认同，积极配合，认真学习，很少请假缺课，效果比较好。

❸ 笔者“在非国防教育学科中融入国防教育问题研究”，中国高等教育学会在江西南昌召开的“全国高校国防教育与课程建设研讨会”做的专题发言［Z］．2013-6-23.

生教育管理之中，如团队意识、组织纪律、整洁卫生、不怕艰难困苦、雷厉风行、奉献精神等军人的优良元素，加强综合素质能力全面提升。

6. 基于职业经济学课程的职普融通培养高质量人才❶

职普融通是新时代新发展阶段国家要求高质量人才培养的教育新发展，是有效地利用职业教育与普通教育资源加强高质量人才培养的一种方式。课程教育是职普融通的一个基本路径和实现平台。职业经济学是笔者开设的一门专业教育的公共基础课，属于一门职业文化基本课程，❷与职业教育和普通教育密切相关，以这门课程为例对职普融通培养高质量人才做探究。

（1）基于职业经济学课程的职普融通培养高质量人才探索

职业经济学是一门理论与应用相结合的综合性经济学科，是以讲求提高和实现职业效益为核心的内容体系，细分为职前学习、求职选择、在职劳作、职后消费等活动的一系列内容。教学内容的范围比较宽，包括综合素质能力、专业性与公共性的知识和技能、管理规范等。分为综合素质能力的基础教育、专业性知识和技能等的专业教育与公共性知识和技能等公共教育或普通教育三个方面。三者互相联系构成职普融通的一个教育平台。

笔者近年在燕山大学的职业经济学教育实践就是一个例证。以 2017 级、2018 级两级经济学本科专业学生的《职业经济学课程》教学为例。在系统了解职业经济学内容的基础上，注重以下环节要点：①在开始的引入教学中，从自然与社会的大视角探究学习职业经济学的内容，要求提升认知能力、德智体美劳等综合素质能力和增强积累职业资本。目的是毕业后顺利就业创业，成家立业，为国家、社会、家庭，乃至人类，有所作为、有所贡献和创造美好生活。②基于小组探究团队分工模拟职业人员进行实践培训，职业人员包括管理人员、统计人员、分析人员、文秘人员、讲解人员等，学生探究实践学习，全面实践锻炼，促进成才。③安排督促课后学习的三项作业，一是学习能力、德智体美劳等综合素质、职业资本三者关系以及强化提

---

❶ 参见齐经民：基于职业经济学课程的职普融通教育探究，载赵险峰，等．高校职普融通创新发展教育研究［M］．2022：39-41.

❷ 齐经民．开辟一门新学科——职业经济学［J］．甘肃人事，1991，（8）：15-17；建立社会主义职业经济学［N］．中国劳动报（理论版），1991-8-27；新课设置——职业经济学介绍［J］．教育与职业，1994（2）：33.

升的个人打算；二是自己的职业兴趣与职业向往想法，促进学生深入强化自修和未来发展思考；三是个人学习业绩记录，主要是课后督促学生扎实学习、留有痕迹、有所积累、有所提升。④经典事例教育[1]等，引导、指导、督促和要求学生能动学习、精致学习和拓展学习，把学习当作工作来做，职普交融，全面增强学生的素质能力，促进高质量人才培养，提高教育的质量和效益。⑤结课综合考核，学生提交综合学习报告，包括到课表现、作业、学习总结、团队合作、专题研究五部分。其中，还有“加分”，是对平时的提问、讲答、助人、环保等方面表现突出者予以加分激励（1~10 分）。

教学实践结果显示：[2]效果良好。学生的线上学习与线下学习、课上学习与课下学习、教授学习与自主学习统一起来，学习的内容多方向深入和拓展，延伸到不同课程或跨专业的学科领域，如思政课、技能课、实践课、人文课、理工课、专业课、公共课等，呈现出集聚在德、智、体、美、劳等综合素质能力的教育、专业课的职业教育、公共课的普通教育的三个大方面。一如 2017 级数量经济的学生王溯所说，若是说老师的哪句话让我最为深刻，无异于要培养人们德智体美劳的综合素质，这句话我深深铭记于心，仔细想想，确实如此，如果社会上每个人的职业道德和职业素养都是十分优秀的话，我甚至认为整个社会的总产值能翻一倍。二如 2017 级数量经济学生邢悦所说：要结合自己的兴趣发展和提高自己的技能，在大学四年里把专业知识学好，储备更多的技能资本，多锻炼自己的人际交往能力、实践能力等。三如 2017 级数量经济的学生李晨景在“职业资本及其问题应对”的讨论中说道：跨行业职业资本转换问题和“互联网 +”时代的职业资本变化问题的应对方案，也是现在面对以及将来可能要面临的问题，作为大学生应该牢牢地把握这些机会，增值自己，形成良好的个人职业能力和自身独特的社会竞争力，可以从建立良好的人际交往、提高创新力和培养领导力这三方面做起。四如 2018 级金融经济系的学生王海培所说，让我对自己以后想从事的职业以及人生目标有了更深层次的认识，认真思考自己以后想从事的工作以及想过的生活，进行了初步规划，并为此不断努力。五如 2018 级数量经济的学生郑星夜所说，内外兼修是我在这门课上最深刻的体验，在关注知识

---

[1] 如学习了解中国的世界著名企业管理职业家张瑞敏的事例等。

[2] 资料来源于燕山大学 2020—2021 年的职业经济学的课上教学与课下作业。

点的落实之外，更应该思考身处大三的自己的德智体美劳的现状及未来，“路漫漫其修远兮，吾将上下而求索”是我最后的课程感悟，也是今后的人生态度。由此可见，在客观上出现了学生积极自主地进行“职普融通”的深入和广泛学习的良好教育局面。

（2）基于职业经济学教育的职普融通人才培养教育体系

在职业经济学教育的平台上，职业经济学的教育内容“多点式”地与职业教育和普通教育联通与交融，德智体美劳等综合素质能力的基础教育、专业性的职业教育、公共性的普通教育或公共教育三个方面有机构成。从根本上说，职普融通教育机制是职业教育和普通教育与相关的多方面教育资源要素互相联系作用培养造就人才的耦合关系。其中，德智体美劳等综合素质能力的教育是基础，与职业教育和普通教育融合，互相作用，形成稳定的三方教育关系，构成基于德智体美劳等综合素质能力的职业教育与普通教育的职普融通教育体系，[1] 见图 9-4。

图 9-4　基于德智体美劳等综合素质能力的人才培养职普融通教育体系

资料来源：笔者研究整理。

图 9-4 所示，是基于多年的有关教育研究的一个基本认识，特别是在 2015 年发表“高校教育双重性及其双重教育研究”成果之后，在加强对学生进行德智体美劳等综合素质能力培养的教学实践探索中形成的。[2] 就“构建综合素质能力、公共性与职业性三维教育内容体系”的细分内容中指出，培养高标准的中华人才，要有扎实的德智体美劳等综合素质能力基础，要有

[1] 参见齐经民：基于职业经济学课程的职普融通教育解析（图 3-3），载赵险峰，等．高校职普融通创新发展教育研究［M］．2022：41.

[2] 参见齐经民的“建设特色鲜明、国内一流、世界知名研究型燕山大学的几点思考”［Z］．2020-7.

比较广泛的适应性，要有比较强的学科专业针对性，以及还有进步文明的先进性，并用三角形直观表示。不仅将三个教育方面有机构成的教育体系直观表示出来，也恰好用三角形稳定性的数学之理表达它的扎实稳定性。这种基于德智体美劳等综合素质能力的职普融通人才培养教育体系，扎扎实实，不走样，培养造就德智体美劳等综合素质能力强的具有职普双重资质的高质量人才。

从根本上说，基于德智体美劳等综合素质能力的职普融通人才培养教育体系，符合人类生活本性的要求。人类生活是以个体为单位的群体共同生活的整体形式存在的，是一个以自我为单位的个体性与人们共同生存的社会性的对应统一的有机体。人类之所以生生不息、世世代代地生存发展，主要在于一直进行个人为生的劳作本领与共同生存的生活本事的传承和教育培养。从长辈、亲人的言传身教与师傅的传帮带，到私塾、学校的专门培养教育，一直沿袭、传承和发展到今天，家国融为一体。据教育部信息，[1]我国已建成世界上规模最大的教育体系，教育现代化发展总体水平跨入世界中上国家行列。当前我国接受高等教育人口达到 2.4 亿人，新增劳动力平均受教育年限为 14 年。提升了人才自主培养能力，笔者认为，形成以德智体美劳等综合素质能力为基础的专业性的职业教育与公共性的普通教育或公共教育的人才培养教育格局，应培养德智体美劳等综合素质能力强的具有家国情怀的复合型创新型高质量人才，包括技术技能人才、大国工匠、拔尖创新人才等。为我国社会主义现代化建设事业提供有力的人才支撑和保障，国家富强、社会繁荣昌盛，人民共同富裕的美好幸福生活必将永续前行。

（3）职业经济学教育视角的学生身份转变融通职普提升人才培养质量和效益[2]

职业经济学教育面向各个专业学生，面对多方面需求，促进他们成才，集中表现在学生身份转变上。国家要把学生培养成社会主义事业的建设者和接班人，行业部门要求把学生培养成他们的职业岗位需要的职业人员，家庭希望把学生培养成能从业为生、成家立业的人，这三个方面是统一的。其中，根本和核心是为了人民共同富裕的美好幸福生活。

---

[1] 高晨源，于乔．教育部：我国已建成世界上规模最大的教育体系［Z］．光明网，2023-7-6.

[2] 参见齐经民．多维视角的人才需求分析与教育改革创新［Z］．2022-2-6.

从专业人才培养的社会现象考察可知，与高中及以下的基础教育不同，专业或事业教育学校的学生身份细分专业学生、家庭成员、社会公民等多重社会身份，随着毕业离校学生身份发生转变，地位作用亦随之发生变化（见表 9–4），赋予了特定的教育目标目的，（见表 9–5）。

表 9–4　专业或事业教育学校的学生毕业身份、地位、作用转变

专业学生	毕业转变为主要的社会身份、地位、作用			
身份	国家建设者和接班人	行业从业人员	家庭主要成员	重要公民
地位	国家主人	社会主要成员	家庭主人	主要公民
作用	决定国家未来	决定国计民生	决定家庭生活	决定公共生活

表 9–4，专业学生毕业，身份、地位、作用发生重要变化，身份转变为国家建设者和接班人、行业从业人员、家庭主要成员、重要公民，地位变为国家主人、社会主要成员、家庭主人或主要成员、主要公民，作用是决定国家未来、国计民生、家庭生活、公共生活。

表 9–5　专业或事业教育学校的学生教育目标、目的

教育目标	把学生培养成为国家的建设者和接班人、行业单位的职业人员、家庭的主人、重要公民，是德智体美劳等综合素质能力强的具有职普双重资质的高质量人才。
教育目的	毕业就业创业，从业为生、成家立业，有所作为，服务好国家、社会、家庭，为富民强国、社会进步、家庭美好幸福生活，以及人类文明，做出更大贡献。

表 9–5 中，教育的目标与目的有所不同，教育目标是把学生培养成才，是各方面需要的高质量人才；教育目的是毕业就业创业，从业为生、成家立业，有所作为、有所贡献，“效在多方、益在多处”。高质量教育主要在于提升人才培养的质量和效益。

从大学的立业、职能和责任上说，研究型大学与非研究型大学的人才培养教育在这方面没有差异。差异在于研究型大学的毕业生更适合研究型职业或高级应用型职业，从事科学研究、科技创新、市场开发等事业的工作。

在提升人才培养的质量方面，要具体体现在学生的身份转变和成才的提升上。以高质量培养为切入点，融通职普。针对学生毕业转变身份，明晰多重的教育目标、目的，使学生感知学习的全面性、综合性，明晰多方面的使命、责任与要求，促进学生成熟，激发学生担当作为的学习劲头和进取精神。培养好国家建设者和接班人，要加强立德树人、家国情怀等“思政课”内容的教育；培养好行业从业者，要加强职业知识、技术、方法等职业教育，增强职业本领；培养好家庭主人、重要公民，要加强社会知识、技能、规范等普通教育，增强公共本事。把国家、社会、家庭的需求统一起来，全面培养造就学生，促进学生全面发展进步成才。

在提升人才培养质量的效益方面，要具体体现在毕业生就业创业、从业作为的实效上。应大力发展职业经济学等职业文化教育，增强职业经济能力等，要在各行各业的职业岗位上充分发挥能动作用，促进国计民生事业高质量发展，用较少的耗费做好较多事宜，带来更多利益，“效在多方、益在多处”，助力国家强大、社会繁盛、人民共同富裕的美好幸福生活。

后　记

在燕山大学，成立了职业经济研究中心，我们面临新的工作和发展要求，特别是我国开始了全体人民共同富裕、物质文明和精神文明相协调、人与自然和谐共生、走和平发展的现代化之路。共同富裕是中国特色社会主义的本质要求，也是一个长期的历史过程，这必然要通过各行各业的全体从业者付诸实践和实现。我们从职业经济的新视角出发，在多年有关研究的基础上进行探究，组织团队有关成员共同完成本书。

成员简介：齐经民，毕业于兰州大学，教授；刘新建，毕业于中国科学院，博士，教授；郑涛，毕业于北京理工大学，博士，教授；徐蕾，毕业于北京师范大学，博士，副教授；段辉娜，毕业于中央财经大学，博士，副教授。

研究分担：齐经民负责第一、五、六、九章；徐蕾负责第二章；郑涛负责第三章；段辉娜负责第四章；刘新建负责第七、八章。

大家就“职业经济研究”所分担的要点进行深入探究，在教育工作繁重的情况下坚持完成研究工作，既切入衔接主题，又保留个人风格特点，花费了不少时间和精力，形成了具有系统性、探索性、理论性和实践性特点的新成果，在此感谢所有团队成员的努力。这一研究得到了燕山大学经济管理学院“2023 年学术著作出版资助”资金的资助，特此致谢。

燕山大学职业经济研究中心主任

齐经民

2023 年 7 月 23 日